浙江省"新世纪 151 人才工程"第二层次资助项目成果
浙江省科技厅软科学研究项目研究成果（2010C35011）
浙江金融职业学院"985"工程建设成果

基于发展方式转变的中小企业金融支持体系研究

孔德兰　等著

中国金融出版社

责任编辑：张　铁　丁　菁
责任校对：李俊英
责任印制：丁淮宾

图书在版编目（CIP）数据

基于发展方式转变的中小企业金融支持体系研究（Jiyu Fazhan Fangshi
Zhuanbian de Zhongxiao Qiye Jinrong Zhichi Tixi Yanjiu）/孔德兰等著 . —北
京：中国金融出版社，2012. 10
ISBN 978－7－5049－6616－2

Ⅰ.①基…　Ⅱ.①孔…　Ⅲ.①中小企业—金融支持—研究—浙江省
Ⅳ.①F279. 243

中国版本图书馆 CIP 数据核字（2012）第 236828 号

出版　中国金融出版社
发行
社址　北京市丰台区益泽路 2 号
市场开发部　（010）63266347，63805472，63439533（传真）
网上书店　http://www. chinafph. com
　　　　　　（010）63286832，63365686（传真）
读者服务部　（010）66070833，62568380
邮编　100071
经销　新华书店
印刷　保利达印务有限公司
尺寸　169 毫米×239 毫米
印张　13. 25
字数　228 千
版次　2012 年 10 月第 1 版
印次　2012 年 10 月第 1 次印刷
定价　30. 00 元
ISBN 978－7－5049－6616－2/F. 6176
如出现印装错误本社负责调换　联系电话（010）63263947

前　言

本书既是浙江省"新世纪 151 人才工程"第二层次资助项目成果，也是浙江省科技厅软科学研究项目研究成果（2010C35011）和浙江金融职业学院"985"工程建设成果。

中小企业转型是市场经济体迈向现代化必然经历的阶段，也是整个经济体实现发展方式转变的关键环节。继《国务院关于进一步促进中小企业发展的若干意见》（国发〔2009〕36 号）、《中共浙江省委关于深入学习实践科学发展观加快转变经济发展方式推进经济转型升级的决定》（浙委〔2008〕88 号）后，浙江省政府又于 2010 年 1 月 25 日专门针对促进中小企业"两创"问题颁布了《浙江省人民政府关于促进中小企业加快创业创新发展的若干意见》（浙政发〔2010〕4 号），其中第三、第四大部分主题分别是"支持中小企业创新促升级"和"改善中小企业融资环境"，足见政府对中小企业转型升级及其金融支持的重视。

本书以浙江省中小企业为研究重点，对金融支持中小企业转变发展方式的体系进行系统研究，对金融支持中小企业转变发展方式的理论与实践进行了创新，构建了金融支持中小企业转变发展方式的作用机理、金融支持中小企业转变发展方式的准入机制与退出机制，以及金融支持中小企业转变发展方式的原则与间接融资体系、直接融资体系和信息支持体系构建的完整理论框架，创造性地提出了金融支持对中小企业发展方式转变的绩效评价，从转变发展方式的效果来评价和研究金融支持的力度及效果，并以此为切入点分析了目前浙江省对中小企业转变发展方式的金融支持存在哪些不足，并有针对性地提出了对策建议。

本书由 7 章构成，浙江省教学名师、浙江金融职业学院孔德兰教授主持全书写作，负责大纲设计、书稿总纂、修改和定稿，并完成第 1 章、第 3 章的撰写，姚星垣撰写第 2 章，薛燕博士撰写第 5 章、第 6 章，许辉博士撰写第 4 章、

第 7 章。

　　本书在撰写过程中，参阅了大量国内外已经发表的文献，在此谨向原作者表示衷心感谢。本书属于探索性研究，由于著者学识与精力方面的局限，难免有疏漏和不当之处，敬请各位专家读者批评指正。

著　者

2012 年 7 月 15 日

目　　录

第1章 导　　论

1.1　研究背景与意义

1.1.1　研究背景

中小企业转型是市场经济体迈向现代化所必然经历的阶段，也是整个经济体实现发展方式转变的关键环节。继《国务院关于进一步促进中小企业发展的若干意见》（国发〔2009〕36 号）、《中共浙江省委关于深入学习实践科学发展观加快转变经济发展方式推进经济转型升级的决定》（浙委〔2008〕88 号）后，浙江省政府又于 2010 年 1 月 25 日专门针对促进中小企业"两创"问题颁布了《浙江省人民政府关于促进中小企业加快创业创新发展的若干意见》（浙政发〔2010〕4 号）文件，其中第三、第四大部分主题分别是"支持中小企业创新促升级"和"改善中小企业融资环境"，足见对中小企业转型升级及其金融支持的重视。

浙江省是民营经济强省，中小企业量大面广，数量占全省企业 99% 以上，在全省经济中具有举足轻重的地位。无论从内在因素还是从外部环境上看，浙江省中小企业转型升级是浙江经济可持续发展战略的内在要求。从内在因素角度看，浙江已经进入工业化的后期阶段，传统工业企业效益明显回落，迫切要求转型升级；"民工荒"等新问题的涌现又在不断强化转型升级的内在推动力。从外部环境上看，全球金融危机的影响尚未完全消除，外向型经济特征明显的浙江经济增长发生较大波动。此外，"低碳经济"等新的理念和实践正在成为浙江加快转型升级的助推力。因此，加快经济发展方式转变和经济结构调整，尤其是加快浙江中小企业的转型升级是浙江积极应对后危机时代国内外宏观发展环境深刻变化的战略抉择。

然而，浙江中小企业要真正实现转型升级却面临着极大的挑战。根据浙江省中小企业局调查统计，中小企业平均寿命仅为 2.9 年。而难以获得有效的金融支持一直是困扰中小企业发展的老问题，在转型升级阶段，这个问题将更加突出。再加上国际经济金融形势动荡和全球主要经济体增长减速，浙江中小企业普遍面临着前所未有的挑战，短期面临生存的压力，中长期又面临转型升级的考验。如何向中小企业提供金融支持，有效"输血"、"输氧"，提升浙江省中小企业的市场竞争能力和可持续发展能力，成为浙江中小企业真正实现转型升级的重要考量因素。本课题的研究既具有一定的理论意义，又具有很重要的实践意义。

1.1.2 研究意义

本书研究的意义体现在理论和实践两个层面。

在理论层面，主要是基于金融支持经济发展和金融功能视角，探讨如何有效提高中小企业转型升级的金融支持力度与效率，着重探讨以下问题：

（1）探讨金融总量增长和效率提升对中小企业转型升级的支持作用。高效的金融市场和金融制度可迅速将资金引向素质好、技术可行和有市场前景的产业和项目上，助推中小企业顺利实现转型升级。

（2）考察金融自身结构调整对中小企业转型升级的支持作用。核心是发展和完善现有金融服务体系，增大金融服务中支持中小企业转型升级的比重和力度。

（3）研究金融服务功能的完善对中小企业转型升级的支持作用。由于在金融形态变迁过程中，金融功能具有相对稳定性，运用功能范式可以为政策制定者更有效地改革金融组织结构和体制指明方向（博迪，2000）。在金融功能范式框架下，逐步打破原有金融机构格局，更加突出在金融服务功能上加强对中小企业的支持。

在实践层面，本项目研究浙江省中小企业转型升级的金融支持体系，在厘清当前浙江中小企业转型升级过程中所面临的困难和挑战，为浙江不同类型、不同阶段的中小企业转型升级设计和提供相应的金融服务，通过推动区域金融创新强化和完善金融支持中小企业转型升级等方面有广泛的应用前景。

（1）梳理中小企业转型的原因、一般步骤。这是研究金融支持中小企业转型升级的逻辑前提。

（2）推动金融机构改革和发展，为浙江中小企业转型升级设计和提供相应的金融服务。主要体现在发展股份制商业银行相关业务，支持中小企业发展；发展村镇银行、小额贷款公司等地方金融机构，加大金融支持中小企业发展力度。通过鼓励发展产业投资、风险投资性金融机构，建立和拓展多种形式的风险投资渠道，以解决技术开发的资金困难，有效推动产业技术结构升级和高新技术企业发展，推动中小企业转型升级。

（3）推动区域金融创新，强化和完善中小企业转型升级的金融支持体系。比如，大力发展直接融资，优化融资结构；通过推广和完善近年来浙江"金融仓储"等金融创新业务，增强浙江中小企业转型升级过程中的金融服务功能。

（4）可以为经济转型升级时期政府引导与监督金融支持中小企业转型升级提供切实可行的政策建议，进而推动浙江经济又好又快发展。

总之，本书的研究结果对于加强和完善中小企业转型升级中的金融支持体系建设，顺利实现浙江省中小企业转型升级，提升全球性经济格局调整背景下中小企业经济效益和可持续发展能力、维护金融秩序的稳定具有重要的理论和现实意义。

1.1.3　国内外研究现状和发展趋势

中小企业转型是市场经济体迈向现代化所必然经历的阶段，也是整个经济体实现发展方式转变的关键环节。不少学者针对中小企业转型的相关问题进行了深入探讨。比较有代表性的观点有，Merry 和 Levy（1986）认为，危机或潜在威胁是导致企业转型的主要原因；刘志彪等（2009）则把转型与产业链高端攀升联系起来，认为转型包含"工艺升级"、"产品升级"、"功能升级"以及"链条升级"四个依次递增的环节，是对盖尔菲等人（Gereffi et al.，1994，2005）的全球价值链（GVC）的自然延伸，遵循 OEM 到 ODM 再到 OBM 的转换逻辑。

中小企业转型升级需要大量的资金支持，不少文献都是从融资支持角度加以研究。无论在发达国家还是新兴工业化国家，中小企业的地位都越来越重要，中小企业代表着经济发展的一个方向（杨小凯，2004）。国外对中小企业融资问题的研究主要集中在中小企业资本结构与融资困境形成原因两个方面。西方学者认为，处于成长期的中小型企业的融资主要以间接融资为主，信用担保、中小商业银行、合作信用机构等的建立，应该是解决融资难的最佳途径；当企业发展进入成熟期以后，才能考虑直接融资。Stiglitz 和 Weiss（1981）的《不完全信息市场中的信贷配给》发表后，信息不对称被公认为是造成中小企业融资供给约束的最主要原因（Berger and Udell, 1998；林毅夫、李永军, 2001）。Berger 和 Udell（2002）提出通过关系型贷款解决银企关系中的"软信息"问题的思路。

国内学者中，史晋川（1997）、张杰（2000）提出通过政府供给担保来解决中小企业的抵押担保不足问题。林毅夫、李永军（2001），李志赟（2002）和张捷（2002）等从不同角度提出用发展中小金融机构来克服信息不对称的思路。江曙霞、刘二斌（2004）运用新制度经济学和信息经济的原理，对中小民营企业外源性融资市场进行分析。董华、董丽（2005）从制度、信息与理念多角度研究中小企业融资问题。杨丰来、黄永航（2006）从企业治理结构、信息不对称角度对加剧我国中小企业融资难问题的特殊制度因素进行了分析。任曙明、原毅军（2007）将中小企业与金融中介在债务融资中的博弈作为中小企业融资难的另一解释。王满四、邵国良（2007）将金融体系自身缺陷作为中小企业融资障碍的原因。Graham 和 Havey（2001）几乎对企业投融资全部主题都进行了综合的分析，他们细致区分了不同特征的企业的投融资行为，是迄今为止最全面和成功的研究之一。Bancel 和 Mittoo（2004）描述了欧洲 16 国的资本结构实践，并用多元回归方法比较国别之间的差异，从各国融资体系的角度出发分析原因。

中小企业转型升级中的金融支持，从广义上理解，是属于经济增长与金融发展之间关系的范畴。国外已有文献就金融发展与经济增长的关系的研究成果十分丰富，对金融发展推动经济增长的机理有多种视角的考察，取得了不少积极的进展，但是对金融发展支持产业升级尤其是中小企业转型升级的专门研究并不多见，国内的相关研究也是刚刚起步。

早期金融发展对经济增长贡献的研究主要是从金融的某一功能方面对金融在经济增长中的作用加以认识的。如格利和肖是从金融的储蓄转化为投资的功能，帕特里克（H. T. Patrick）从金融的资源配置功能，而希克斯（J. Hicks）则强调金融在提供流动性以分散风险方面的功能等。

美国耶鲁大学经济学家帕特里克（1966）指出，在金融发展和经济增长的关系上，有两种研究方法：一种是强调金融服务的需求方的"需求追随"（Demand—following）方法，还有一种是"供给领先"（Supply—leading）方法，它强调的是金融服务的供给方，金融机构、金融资产与负债和相关金融服务的供给先于需求。鉴于理论界对后一种方法的相对忽视，帕特里克认为应该把这两种方法结合起来。帕特里克着重考察了金融发展和经济增长的关系。他的出发点或参照物是金融资产与负债存量和实际资本存量的关系，因为他事先假定在资本存量和实际产出之间有着很强的正相关关系。帕特里克指出，金融体系对资本存量的影响体现在三个方面：第一，提高了既定数量的有形财富或资本的配置效率，因为金融中介促使其所有权和构成发生变化；第二，提高了新资本的配置效率，因为金融中介促使新资本从生产性较低的用途转向生产性较高的用途；第三，加快了资本积累的速度，因为金融中介促使人们更加愿意储蓄、投资和工作。

20 世纪 90 年代金融发展理论家继承并发展了麦金农—肖学派的观点，认为金融发展（包括金融中介体的发展和金融市场的发展两个方面）既对经济增长产生影响又受到经济增长的影响。在理论上，把金融发展置于内生增长模型中，建立了大量结构严谨、逻辑缜密和论证规范的模型；在实践上，通过实证分析试图对理论模型的结果加以检验，并提出更加贴近现实的政策主张。

从分析范式来看，长期以来，人们对金融经济关系的研究普遍采用的是机构分析的范式，简称为机构范式，具体表现为既定的结构—功能—行为绩效的研究思路。依此思路，金融要发挥其推动经济增长的功能必须在现有的金融结构框架下进行，根据现有的金融结构赋予其相应的功能，并通过其行为绩效判断其功能实现的效应。

就中小企业转型升级的金融支持体系而言，结构范式思路的局限性就在于，它仅仅着眼于既有金融机构内部的所谓改革，这样，针对现有的金融机构的举措可能不少，但其固有的问题却总得不到有效解决，同时还可能造成现实中对某些金融功能的需求由于没有相应的功能实现手段而得不到满足，另一些功能需求却由于过度集中于某一手段来实现而会发挥过度，其结果可能会损害资源配置的效率。为此，我们需要一种新的范式来重新认识金融经济的关系，以此指导中小企业转型升级的金融改革，这就是功能范式的研究着眼点。

最早提出功能观点是默顿和博迪以及皮尔士（Merton and Bodie, 1993；Pierce, 1993）。默顿和克里（Merton, 1995；Crane, et al., 1995）则将这一方法又运用于对全球金融体系和货币政策与监管的分析。此后，美国弗吉尼亚大学经济学家列文（Levine, 1997）将金融功能概括为 5 项，即动员储蓄、配置资源、监督经理与实施对公司的控制、风险管理以及推动商品和服务的交易。博迪和默顿（Bodie and Merton, 2000）则将其概括为 6 项基本核心功能，即在时间和空间上转移资源、管理风险、清算和支付结算、储备资源和分割股份、提供信息和解决激励问题，标志着已将研究的侧重点集中到金融功能本身。

功能范式与机构范式的不同之处在于，它是从分析系统的目标和外部环境出发，从中演绎出外部环境对金融的功能需求，然后探究需要何种载体来承担和实现其功能需求。它遵循的是目标和外部环境—功能—结构的思维模式。这一范式的要义在于，在一个系统的形成过程中，应依据系统目标关注金融系统与环境的功能关系，在此基础上发展出能够实现金融功能的规则、制度等具体的金融形态，据此对系统进行结构优化，这种优化既包括对现有系统内部构造的优化，也包括在系统内加入一些新的必要因素，通过这些因素使系统结构得到增量改进。由此看来，功能范式所表明的功能观点实际上与经济学中的需求导向观点是一致的。

同时，在金融形态变迁过程中，由于金融功能具有相对稳定性（这是与机构范式的最大不同之处），从而在金融变迁和动荡的环境中，运用功能范式可以更清晰地认识和把握金融经济之间的内在关系及其演化趋势，使金融体系更好地适应外部环境对其功能要求的变化，因而用这种方法研究金融体系比机构方法更加准确和全面。对于转轨国家尤其是中国来说，以此规划本国的金融发展和稳定战略，就可以更好地利用金融的功能实现制度转轨，促进经济增长和稳定，从而这一范式可以为政策制定者更有效地改革金融组织结构和体制指明方向（博迪，2000）。

拉詹和津加莱斯（Rajan and Zingales，1998）通过研究金融发展对企业外部融资成本的影响来研究金融发展对行业成长的促进作用。一个行业在成长过程中，对外部融资的依赖程度越大，金融发展对其促进作用越大。也就是说，那些对外部融资具有很大依赖程度的行业在金融体系发达的国家中成长速度超乎寻常地快。这是因为，金融体系有助于企业克服道德风险和逆向选择问题，从而使企业的外部融资成本下降。罗丹阳、殷兴山（2006）从分析民营中小企业的组织经营特征及融资需求的特殊性角度论证了非正规融资对中小企业融资的适应性。

拉詹和津加莱斯在衡量行业对外部融资的依赖程度时，把美国行业对外部融资的依赖程度作为其他国家该行业对外部融资的依赖程度的标准。为了深入研究行业成长的原因，他们把行业成长分解为两个分量：行业中单位（Establishment）数量的增加和行业中现有单位平均规模的扩大。新建单位对外部融资的依赖程度往往比现有单位高，从而在对外部融资依赖程度较高的行业中，单位数量的增加应该对金融发展特别敏感。情况确实如此，他们的估计结果表明，金融发展对单位数量增加的经济效应几乎是对现有单位平均规模扩大的经济效应的两倍。林毅夫（2003）以全球制造业1980—1992年数据分析指出，在经济发展的过程中，金融结构的演变主要取决于实体经济活动对金融服务的要求，以及不同的金融中介在企业融资中相应的比较优势。他主要考察了金融结构的两个方面，一个是银行业的结构，另一个是金融市场的融资结构。研究结果表明，只有金融结构与制造业的规模结构相匹配，才能有效满足企业的融资需求，从而促进制造业的增长。

中小企业的转型升级需要政策层面的大力支持。欧盟国家的政府从法律、财政和金融方面采取了改善中小企业转型的措施，尤其在金融支持上可建立地方性中小企业发展银行，为中小企业发展提供相对稳定的资金来源；建立中小企业贷款担保机构及再担保机构；吸引外资积极参与中小企业的发展等（周长城，杨敏，2002）。由于企业转型过程中面临的困难和纠纷可能比创立之初更多（周长城，杨敏，2002），因此，负担较轻的税收政策有利于企业的顺利转型，同时，为了鼓励企业的二次创业，可对那些利润额高达某一数目的转型企业实行减税的优惠政策。

1.2 研究思路与研究方法

1.2.1 研究思路

本书研究在国际经济金融新格局下和浙江省委提出加快"经济转型升级"背景下浙江省中小企业转型升级的金融支持体系构建问题。研究框架根据研究的流程和解决理论和实践问题的需要来设计，逻辑顺序为提出问题、基础理论研究、实证研究、应用研究和政策研究。

本书研究的基本框架如图1-1所示。

研究的基本步骤如下：

第一步，文献资料收集与整理。首先对中小企业标准、中小企业转型升级的内涵进行界定，梳理中小企业转型的原因和一般步骤，以及国外促进中小企业转变发展方式的金融支持经验。结合浙江省经济实际说明开展中小企业转型升级的金融支持体系研究的重要意义。

第二步，问卷设计和调查。设计浙江省中小企业转型升级调查问卷，并在浙江省各地市随机抽取约300家左右中小企业组织开展调查，分析指出浙江省

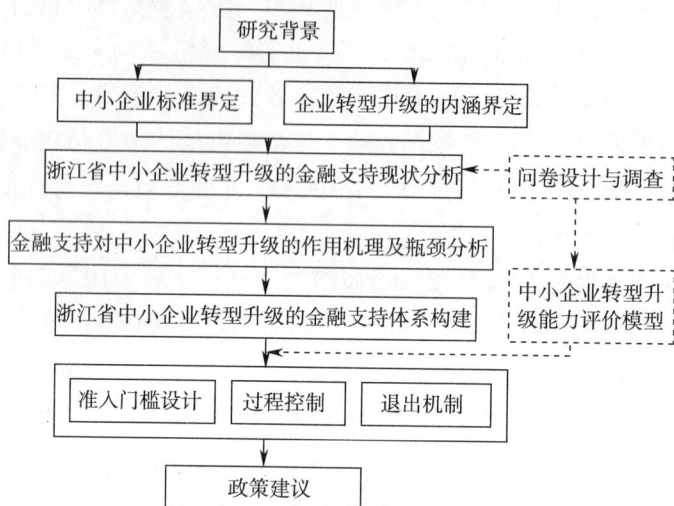

图1-1　项目研究的基本框架图

中小企业转型升级的金融支持的问题和不足。

第三步，理论分析与对比分析。从理论上探讨浙江省中小企业转型升级的金融支持体系体。从功能的观点研究浙江省中小企业转型升级的金融支持。

第四步，实证分析和应用研究。就中小企业转型升级的金融支持体系而言，需要突破传统的结构范式思路的局限性，从中小企业转型升级的金融需求角度出发，从功能范式的研究着眼，建立模型评估中小企业转型升级能力，以此为基础分别对金融支持体系的准入门槛、过程监督和转化退出等问题进行应用性研究。

第五步，研究结论与对策研究。基于以上研究，提出在政策层面多角度构建浙江省中小企业转型升级的金融支持体系。

1.2.2　研究方法与技术路线

本项目的研究方法可以概括为：

理论研究与实践应用相结合。通过理论研究为金融支持中小企业转型升级提供理论依据，同时注重对现实情况的研究，使理论分析和实证分析的结果能够对实际操作有较强的指导意义。

定量分析与定性分析相结合。通过模型的建立与应用，分析关键变量之间的经济学含义，同时用实际数据加以定量研究。

演绎推理与归纳推理相结合。通过一般经济金融理论推导，同时采用问卷调查的方式，对实际问题加以归纳和提炼。

　　本项目利用金融工程、管理学、宏观经济学、计量经济学等学科的研究手段展开，项目按照"实践—认识—再实践—再认识"的思路和"定性分析—定量分析—定性分析"的技术线路开展研究。具体研究路线如图 1-2 所示。

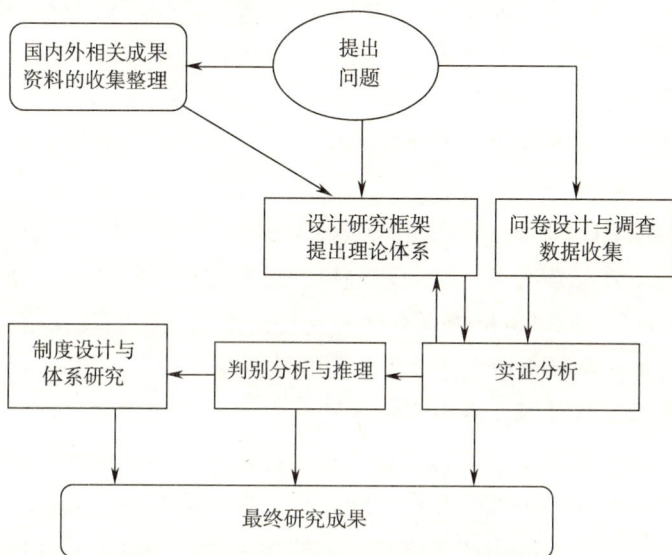

图 1-2　研究技术路线图

1.3　研究内容与创新点

1.3.1　主要研究内容

　　本书紧紧围绕中小企业发展方式转变下的金融支持问题，分七部分展开：

　　第 1 章导论。主要介绍本书的研究背景与意义，研究思路与研究方法，研究内容与创新点。

　　第 2 章金融支持中小企业转变发展方式的逻辑前提。旨在剖析金融支持企业发展方式转变的内在逻辑。首先分析中小企业发展方式转变的必要性及可选路径，指出企业发展方式转变的内在动因主要来自原料成本、人工成本及融资成本的上升，而产业政策、宏观调控和国际形势构成转变的外部冲击，企业内部缺陷如经营战略失误、产业结构矛盾和核心技术缺失则是企业转变发展方式亟待转变的深层次原因。在此基础上提出转变发展方式的现实路径，主要包括产业转型、产业链攀升和产业区域集聚与产业集群转型。

第3章国外促进中小企业转变发展方式的金融支持经验。包括欧洲促进中小企业发展的财政金融政策，美洲促进中小企业发展的财政金融政策，以及亚太地区促进中小企业发展的财政金融政策，在此基础上对世界各国促进中小企业发展的金融支持政策简要评价，为浙江省中小企业转变发展方式的金融支持政策提供借鉴。

第4章基于发展方式转变的浙江省中小企业金融支持分析。首先回顾浙江省中小企业在全省经济发展中的主要成就，分析了"小企业、大市场"的"浙江模式"，进而指出发展方式转变的必要性与迫切性，肯定了目前浙江对中小企业金融支持的绩效（金融支持对企业规模、组织结构、科技投入和外贸出口结构等方面的影响），同时也指出现有金融支持的不足主要表现在信贷支持力度、资本市场支持力度和社会信用建设体系的不足。

第5章金融支持对浙江省中小企业转变发展方式影响的实证分析。首先对浙江金融与经济的发展关系进行实证分析，讨论了机构、城乡居民储蓄存款余额与地区生产总值的相关性，并进一步分析金融深化指标、储蓄率和储蓄转化为投资比率等指标与地区生产总值增长率的相关性。通过多元变量回归分析发现，浙江中小企业附加值不高，中小企业获得资本后创造的效益不高，导致相同的资金获得效益比贷给国有工业的效益低。由于投资回报率低、投资效率差，大量投资变为沉淀成本而无法收回，银行"惜贷"心理加剧。基于博弈理论，本章分别构建银企在融资过程中的单次博弈模型和重复博弈模型，解释了由于信息非对称造成融资行为中"逆向选择"和"道德风险"的存在；对浙江中小企业融资可得性所作的数理统计分析表明：企业的财务信息、基本情况、企业规模、债务状况等因素会对贷款可获得性产生综合影响。

第6章金融支持浙江省中小企业转变发展方式的机制设计。首先探析金融支持体系应具备的8项功能，即资金提供、自身稳定、价格信号、项目筛选、政策激励、降低成本、产权保护和扶持创业，并对浙江现有金融支持平台进行功能评估，指出现有体系的功能缺陷，强调金融支持中小企业转变发展方式的准入机制设计，具体包括准入机制的目标、原则和现实路径选择。考虑到金融支持的多重效果，本章还特别设计了金融支持的退出机制，具体包括退出机制的主持机构、制度安排和路径设计。

第7章金融支持浙江省中小企业发展方式转变体系构建。考虑到企业筹资渠道差别，对浙江省中小企业发展方式转变的金融支持组织架构进行设计。基于间接融资视角，分别对国有商业银行、中小银行及小额贷款公司等不同组织形式的金融支持体系构建及运行提出建议；从直接融资角度，就省内企业参与资本市场、产权交易市场和中小企业集合债等组织的规范运行提出建议。作为补充，本章最后强调指出融资信息支持体系的重要性，具体围绕信用评价体系和信用担保体系建设，分析了当前存在的问题并提出改进建议。

1.3.2 主要创新点

目前，国内外学者对中小企业融资问题以及转型升级问题进行了大量系统的研究，而对中小企业转型升级中的金融支持体系进行系统研究的同类课题、学术研究资料及成果较少，尤其是缺少在全球金融危机背景下的中小企业转型升级的金融支持体系问题的研究。本书的创新性和实际价值主要表现为：

（1）从理论层面对金融支持中小企业转型升级的作用机理进行研究，认为浙江省中小企业转型升级的金融支持体系体现在互相关联的三个方面，即金融总量的增长、金融效率的提高和金融结构的调整。这三个方面对中小企业转型升级均有支持作用。

（2）从功能的观点探讨浙江省中小企业转型升级的金融支持。就中小企业转型升级的金融支持体系而言，需要突破传统的结构范式思路的局限性，从中小企业转型升级的金融需求角度出发，从功能范式的研究着眼，建立支持中小企业转型升级的金融支持体系。

（3）在政策层面多角度分析浙江省中小企业转型升级的金融支持体系，包括多元化的金融体系支撑、充足的专项资金支撑、丰富的金融产品支撑、良好的金融服务支撑、立体的金融政策体系支撑以及健康的金融生态环境支撑。

第 2 章　金融支持中小企业转变发展方式的逻辑前提

　　"十二五"时期是我国国民经济发展的重要时期，也是国民经济转变发展方式的关键时期。作为国民经济的微观经济主体，中小企业能否顺利转变发展方式，是整个国民经济转变发展方式的重点，也是难点所在。

　　金融是现代经济的核心。在中小企业转变发展方式的过程中，是否需要金融发挥更大的作用？金融会发生怎样的作用？通过何种机制和渠道发生作用？这些都是值得深入思考和研究的问题。

　　总体而言，金融支持中小企业转变发展方式不仅仅局限于在一定程度上缓解中小企业"融资难"，而是立足中小企业长期可持续发展，在转型升级过程中构建和完善金融支持体系，从而加快推动经济发展方式转变，推动国民经济健康持续发展。

2.1　中小企业转变发展方式的基本含义

　　什么是中小企业转变发展方式？它与相关的概念，比如一般意义上的转变发展方式，或者"中小企业转型升级"、"国进民退"、"产业转型"、"技术进步"等在内涵和外延上有何区别？我们试图从梳理这些容易混淆的概念出发，厘清"中小企业转变发展方式的基本含义"。

2.1.1　中小企业标准

1. 中小企业划分标准概览

我国的中小企业划分标准自新中国成立以来曾做过八次更改：

第一次是 20 世纪 50 年代，主要是以企业职工人数的多少作为企业规模的划分标准：职工在 3 000 人以上的为大型企业，500 ~ 3 000 人之间为中型企业，500 人以下为小型企业。

第二次是 1962 年改为按固定资产价值数量作为划分标准。第三次是 1978 年，国家计委发布《关于基本建设项目的大中型企业划分标准的规定》，把划分企业规模的标准改为"年综合生产能力"。1984 年，国务院《国营企业第二步利改税试行办法》对中国非工业企业的规模按照企业的固定资产原值和生产经营能力创立了划分标准，主要涉及的行业有公交、零售、物资回收等国营小型企业。如规定京、津、沪三市固定资产原值不超过 400 万元且年利润不超过 40 万元的属国营小型公交企业，三市以外相应标准为固定资产原值 300 万元以下和年利润 30 万元以下。

第四次是 1988 年，对 1978 年标准进行修改和补充，重新发布了《大中小型工业企业划分标准》，按不同行业的不同特点作了分别划分，将企业规模分为特大型、大型（分为大一、大二两类）、中型（分为中一、中二两类）和小型四类六档。当时中小企业一般指中二类和小型企业。具体规定为：凡产品比较单一的企业，如钢铁联合企业、炼油厂、手表厂、水泥厂等按生产能力为标准划分；一些企业，如发电厂、棉纺厂，习惯上以生产设备数量为标准划分；对于产品和设备比较复杂的企业，以固定资产原值数量标准划分。

1992 年和 1999 年分别进行了第五次和第六次修改。1992 年增加了对市政公用工业、轻工业、电子工业、医药工业和机械工业中的轿车制造企业的规模划分标准。1999 年再次修改，根据 1999 年 11 月国家统计局和国家经贸委制定的我国企业类型划分标准，将销售收入和资产总额作为主要考察指标，分为特大型、大型、中型、小型四类：资产总额和年销售收入 50 亿元以上为特大型企业，资产总额和年销售收入 5 亿元以上为大型企业，资产总额和年销售收入 5 000 万元以上为中型企业，资产总额和年销售收入 5 000 万元以下为小型企业。2000 年中期又针对企业所处的不同行业，又出台了一些新的解释。参与划分的企业范围原则上包括所有行业中各种所有制形式的工业企业。

第七次是在多年中小企业发展的基础上，为贯彻实施《中华人民共和国中小企业促进法》，国家经济贸易委员会、国家发展计划委员会、财政部、国家统计局于 2003 年 2 月 19 日联合公布的国经贸中小企〔2003〕143 号文件《关于印发中小企业标准暂行规定的通知》中规定的。

最近一次更改即第八次更改是 2011 年 6 月 18 日，工业和信息化部、国家统计局、国家发展和改革委员会、财政部联合印发了《关于印发中小企业划型标准规定的通知》。按照新规，中小企业划分为中型、小型、微型三种类型，具体标准根据企业从业人员、营业收入、资产总额等指标，结合行业特点制定。

下面重点对最近两次标准更改做一比较分析。

2. 2003 年和 2011 年中小企业标准

（1）2003 年中小企业标准

2003 年 2 月 19 日《关于印发中小企业标准暂行规定的通知》指出，《中小企业标准暂行规定》中的中小企业标准上限即为大企业标准的下限，国家统计部门据此制定大中小型企业的统计分类，并提供相应的统计数据；国务院有关部门据此进行相关数据分析，不再制定与《中小企业标准暂行规定》不一致的企业划分标准；对尚未确定企业划型标准的服务行业，有关部门将根据 2003 年全国第三产业普查结果，共同提出企业划型标准。中小企业标准根据企业职工人数、销售额、资产总额等指标，结合行业特点制定。该规定适用于工业、建筑业、交通运输和邮政业、批发和零售业、住宿和餐饮业（见表 2 - 1）。其中，工业包括采矿业、制造业、电力、燃气及水的生产和供应业。

表 2 - 1　　　　　　　　　2003 年中小企业划型标准规定

行业	职工人数（人）	销售额（元）	资产总额（元）	备注
工业	300 ~ 2 000	3 000 万 ~ 3 亿	4 000 万 ~ 4 亿	中型企业须同时满足三项指标下限，其余为小型企业
建筑业	600 ~ 2 000	3 000 万 ~ 3 亿	4 000 万 ~ 4 亿	
批发业	100 ~ 200	3 000 万 ~ 3 亿		中型企业须同时满足两项指标下限，其余为小型企业
零售业	100 ~ 150	1 000 万 ~ 1.5 亿		
交通运输业	500 ~ 3 000	3 000 万 ~ 3 亿		
邮政业	400 ~ 1 000	3 000 万 ~ 3 亿		
住宿和餐饮业	400 ~ 800	3 000 万 ~ 1.5 亿		

相关说明：

1. 中型企业：同时满足上表三项一般标准和三项中型企业标准的企业；小型企业：同时满足上表三项一般标准，但不同时满足三项中型企业标准的企业。

2 工业包括采矿业、制造业、电力、燃气及水的生产和供应业。其他行业如房地产业、服务业等的标准另行制定（国家目前尚未制定）。

3. 职工人数以现行统计制度中的年末从业人员数代替；工业企业的销售额以现行统计制度中的年产品销售收入代替；建筑业企业的销售额以现行统计制度中的年工程结算收入代替；批发和零售业的销售额为现行统计制度中的年销售额；交通运输和邮政业，住宿和餐饮业企业的销售额以现行统计制度中的年营业收入代替；资产总额以现行统计制度中的资产合计代替。

（2）2003 年中小企业标准存在的不足

2003 年标准的中小企业划型标准是经国务院批准，由国家经贸委、国家计委、财政部和国家统计局于 2003 年 2 月发布实施的。标准在界定企业范围、明确统计分类、分析中小企业情况、制定中小企业政策措施等方面起到了非常重要的作用，但也存在一些缺陷。

一是对各类行业在指标上采取"一刀切"。原标准对各类行业同时采用职工人数、销售收入和资产三个指标进行划分，存在"一刀切"问题，不能真实反映不同行业的特点和状况。

二是标准门槛有待调整。原标准实施至 2011 年已有八年，随着科技进步和劳动生产率的提高，部分标准门槛已与现实状况不符，如中型企业划型标准中，销售收入标准上限偏低，人数标准偏高。

三是标准涵盖的行业不全。原标准只包括工业、建筑业、批发和零售业、交通运输和邮政业、住宿和餐饮业等行业，未包括房地产业、租赁和商务服务业、信息传输业、软件和信息技术服务业等行业。

四是缺乏微型企业标准。原标准只有中型和小型，没有微型企业。目前世界大多数国家划型标准中，都有微型企业标准。由于原标准存在的上述问题，已越来越不适应经济发展和行业变化，特别是在国际金融危机中，中小企业尤其是小型、微型企业得不到应有的政策扶持，社会各方面反应强烈。

（3）2011 年中小企业标准

2011 年 6 月 18 日，工业和信息化部、国家统计局、国家发展和改革委员会、财政部联合印发了《关于印发中小企业划型标准规定的通知》。按照新规，中小企业划分为中型、小型、微型三种类型，具体标准根据企业从业人员、营业收入、资产总额等指标，结合行业特点制定。这次划型标准修订是按照国务院下发的《关于进一步促进中小企业发展的若干意见》（国发〔2009〕36 号）和 2010 年温家宝总理政府工作报告关于修订中小企业划型标准的要求，由工业和信息化部会同国家统计局、国家发展改革委、财政部、银监会等部门开展的。

工业和信息化部组织了国务院发展研究中心、社科院等开展中小企业划型标准课题研究，研究成果为划型标准修订提供了理论依据。国家统计局以第二次全国经济普查统计数据为基础，分行业、分指标、分区间反复进行详细测算，测算数据达 26 万条组，为划型标准修订奠定可靠翔实基础。

在分析、研究和测算的基础上，工业和信息化部、国家统计局依据《中小企业促进法》和《国民经济行业分类》，结合我国经济社会和中小企业发展实际，起草了《关于中小企业划型标准的规定（征求意见稿）》。工业和信息化部会同有关部门多次召开座谈会听取有关部门、地方、企业和行业协会等社会各界的意见和建议，同时采纳了部分人大代表、政协委员相关建议和提案的内容。

标准征求了国家发展改革委、财政部、银监会、证监会、保监会等20多个相关部门和单位的意见，并与相关部门反复协调，达成共识。标准修订工作从2009年9月开始，历时22个月，经反复修改磨合，数易其稿，形成了《关于中小企业划型标准的规定（送审稿）》，上报国务院审定。

适用的行业包括：农、林、牧、渔业，工业（包括采矿业，制造业，电力、热力、燃气及水的生产和供应业），建筑业，批发业，零售业，交通运输业（不含铁路运输业），仓储业，邮政业，住宿业，餐饮业，信息传输业（包括电信、互联网和相关服务），软件和信息技术服务业，房地产开发经营，物业管理，租赁和商务服务业，其他未列明行业（包括科学研究和技术服务业，水利、环境和公共设施管理业，居民服务、修理和其他服务业，社会工作，文化、体育和娱乐业等）。划型标准如表2-2所示。

表2-2　　　　　　　　　2011年中小企业划型标准规定

行业	划分依据	中型企业	小型企业	微型企业	备注
农、林、牧、渔业	营业收入	500万元及以上	50万元及以上	50万元以下	
工业	从业人员	300人及以上	20人及以上	20人以下	
	营业收入	2 000万元及以上	300万元及以上	300万元以下	
建筑业	营业收入	6 000万元及以上	300万元及以上	300万元以下	
	资产总额	5 000万元及以上	300万元及以上	300万元以下	
批发业	从业人员	20人及以上	5人及以上	5人以下	
	营业收入	5 000万元及以上	1 000万元及以上	1 000万元以下	
零售业	从业人员	50人及以上	10人及以上	10人以下	
	营业收入	500万元及以上	100万元及以上	100万元以下	
交通运输业	从业人员	300人及以上	20人及以上	20人以下	
	营业收入	3 000万元及以上	200万元及以上	200万元以下	
仓储业	从业人员	100人及以上	20人及以上	20人以下	
	营业收入	1 000万元及以上	100万元及以上	100万元以下	
邮政业	从业人员	300人及以上	20人及以上	20人以下	
	营业收入	2 000万元及以上	100万元及以上	100万元以下	
住宿业	从业人员	100人及以上	10人及以上	10人以下	
	营业收入	2 000万元及以上	100万元及以上	100万元以下	

续表

行业	划分依据	中型企业	小型企业	微型企业	备注
餐饮业	从业人员	100 人及以上	10 人及以上	10 人以下	
	营业收入	2 000 万元及以上	100 万元及以上	100 万元以下	
信息传输业	从业人员	100 人及以上	10 人及以上	10 人以下	
	营业收入	1 000 万元及以上	100 万元及以上	100 万元以下	
软件和信息技术服务业	从业人员	100 人及以上	10 人及以上	10 人以下	
	营业收入	1 000 万元及以上	50 万元及以上	50 万元以下	
房地产开发经营	营业收入	1 000 万元及以上	100 万元及以上	100 万元以下	
	资产总额	5 000 万元及以上	2 000 万元及以上	2 000 万元以下	
物业管理	从业人员	300 人及以上	100 人及以上	100 人以下	
	营业收入	1 000 万元及以上	500 万元及以上	500 万元以下	
租赁和商务服务业	从业人员	100 人及以上	10 人及以上	10 人以下	
	资产总额	8 000 万元及以上	100 万元及以上	100 万元以下	
其他未列明行业	从业人员	100 人及以上	10 人及以上	10 人以下	

说明：

1. 中型企业与小型企业两个标准需同时满足，即两者关系是"且"；而微型企业两个标准只需满足一个即可，即两者关系是"或"。

2. 这次标准修订与《国民经济行业分类》修订工作紧密结合。新修订的《国民经济行业分类》已于2011 年 5 月发布，本次中小企业划型标准在行业门类上都与新修订的《国民经济行业分类》完全一致，以便于标准统一和贯彻执行。

3. 2003 年和 2011 年中小企业标准比较

（1）两个标准的主要区别

2011 年修订是我国历史上的第 8 次标准修订，也是涉及面最广，行业面最宽，划型较全的一次。新标准与 2003 年原标准相比，有以下几点突破和亮点：

第一，增加了微型企业标准。这次标准修订的重要突破，就是参照一些国家将中小企业划分为中型、小型和微型的通行做法，结合我国的实际，在中型和小型企业的基础上，增加了微型企业标准。如工业企业，微型企业为从业人员 20 人以下或年营业收入 300 万元以下，其他行业大多是 10 人以下为微型企业。标准的这一细分，不仅有利于对中小企业的分类统计管理，也有利于使我国标准的类型更加完善，与世界主要国家对微型企业标准界定大体一致。

第二，标准的行业覆盖面广，基本涵盖国民经济主要行业。新标准适用的行业包括农、林、牧、渔业，采矿业，制造业，电力、热力、燃气及水的生产和供应业，建筑业，批发业，零售业，交通运输、仓储和邮政业（不含铁路运输业），住宿业，餐饮业，信息传输、软件和信息技术服务业，房地产开发经营，物业管理，租赁和商务服务业，科学研究和技术服务业，水利、环境和公共设施管理业，居民服务、修理和其他服务业，社会工作，文化、体育和娱乐业等，涉及84个行业大类，362个行业中类和859个行业小类，分别占大、中和小类的比重为88.42%、91.41%和94.09%，基本涵盖了国民经济的主要行业。

第三，指标选取注重灵活性。《中小企业促进法》规定中小企业的划分标准根据企业从业人数、销售收入、资产总额等指标，结合行业特点制定。新的标准结合行业的具体情况，突出了以下几个特点：一是简化了指标，从原标准的3个简化为2个或1个。如工业，交通运输、仓储和邮政业，批发和零售业，住宿和餐饮业，信息传输业，软件和信息技术服务业，采用了从业人员、营业收入2个指标。建筑业采用营业收入、资产总额2个指标。农林牧渔业采用经营总收入，居民服务、文化、体育等服务行业采用从业人员单个指标。二是不同行业指标有所不同，注意结合行业特点，具有很强的灵活性。如建筑业职工人数受项目或季节影响，人员变动起伏较大，新标准取消了原标准采用的职工人数指标，采用能够反映行业实际的营业收入和资产总额指标。服务业从业人员能够较好反映其行业特点，因此绝大部分行业均采用从业人员的指标，如科学研究和技术服务，水利、环境和公共设施管理业，居民服务、修理和其他服务业，社会工作，文化、体育和娱乐业等行业门类采用从业人员单个指标，等等。三是与现有制度相衔接，便于实际操作。新标准指标由原标准的销售收入按现行财务要求统一为营业收入，同时由原来的三个指标减少到两个或一个指标，有利于标准出台后的实施，有利于对企业规模的认定，实际操作性更强。四是在新标准的划定上，兼顾了国情和国际化。如工业企业营业收入标准由原来的3亿元提高到4亿元，人数却由原来的2 000人下降为1 000人。

第四，将个体工商户纳入参照执行范围。个体工商户具有特殊性，目前在法律上个体工商户适用《城乡个体工商户管理条例》，不是企业。但考虑到个体工商户按规模应为小型或微型企业范畴，且数量大、就业人数多，为促进个体工商户的发展，发挥其在解决社会就业中的重要作用，新标准将个体工商户纳入标准范围，参照新标准执行。

表2-3为新旧标准的比较。

比较项目	2003 年版	2011 年版	备注
划分类型	中型、小型	中型、小型、微型	
指标数量	3 个或 2 个	2 个或 1 个	
主要指标	职工人数、销售额、资产总额	从业人员、营业收入、资产总额	2011 年版依据行业不同选择 2 个或 1 个指标
行业数量	8 个	16 个	
执行范围	未纳入个体工商户	个体工商户参照执行	

表 2 - 3　2003 年和 2011 年中小企业标准比较

（2）新标准修订的基本原则

结合我国中小企业发展的实际和特点，这次修订中小企业标准遵循了以下几项基本原则：

第一，真实反映中小企业市场竞争中的规模和对社会就业的贡献，并与原标准衔接好。随着经济和社会的发展，劳动生产率的提高，中小企业划分标准的门槛应不断变化，体现中小企业在实际市场竞争中的规模和现状，真实反映企业实际情况。同时，新标准也应与原标准衔接好，以保证标准的连续性和稳定性。新标准是在原有标准的基础上进行修订、补充和完善，不是对原标准的全盘否定，比如标准在确定行业指标临界值时，就充分考虑了原指标的界限。

第二，力求囊括国民经济各行业，并适用于各种所有制、各种组织形态的企业，有比较广泛的覆盖性。原中小企业划型标准包括工业，建筑业，交通运输和邮政业，批发和零售业，住宿和餐饮业等行业。新标准除《国民经济行业分类》中金融业、教育、卫生、公共管理和社会组织、国际组织等以外行业均有涉及，基本涵盖了国民经济的主要行业。同时，个体工商户和本标准以外的行业参照中小企业划型标准执行，扩大了标准的适用范围，具有很强的覆盖性。

第三，标准符合我国企业的实际，具有国际可比性。不同国家、不同经济发展的阶段、不同行业中小企业的标准不尽相同，且随着经济的发展而变化。随着我国经济发展和劳动生产率的变化，这次划型标准的门槛有所提高，如工业企业营业收入标准由原标准 3 亿元提高到 4 亿元，人数指标由原标准的 2 000 人下降为 1 000 人。当然，与发达国家相比，新标准工业中型企业指标上限临界值的营业收入指标仍然偏低、从业人数偏高，这是与我国目前劳动生产率仍然不高，人数多的实际相符的。但新标准对企业类型的分类、指标等与国际上基本一致，具有国际可比性。

第四，指标简单、明了，具有灵活性和可操作性。原中小企业划型标准中，工业和建筑业都采用职工人数、销售额和资产总额三个指标，批发和零售业、交通运输和邮政业、住宿和餐饮业采用职工人数和销售额两个指标。新标准对指标进行了简化，如工业，交通运输、仓储和邮政业，批发和零售业，住宿和餐饮业，信息传输业，软件和信息技术服务业，物业管理采用了从业人员和营业收入两个指标；居民服务和其他服务业、文化体育和娱乐业采用从业人员单个指标。指标的简化以及兼顾各行业特点选择，便于在实际执行中操作，有利于标准的执行。

（3）新标准修订的意义

修订后的中小企业划型标准，不仅解决了原来标准存在的问题，而且对研究和实施中小企业政策，加强分类指导和推动中小企业发展具有重要意义。

一是有利于中小企业分类管理、政策实施和宏观决策。新标准覆盖面广、划分细致，充分考虑了各个行业的特点，有利于建立中小企业分类统计制度和信息管理，真实反映中小企业经济运行状况。规定明确新标准的认定以统计部门公布的统计数据为依据。新标准适用于我国境内依法设立的各种所有制和各种组织形式的企业。为保证标准的权威性，规定明确，国务院各有关部门不得制定与本规定不一致的企业划型标准。另外，由于经济还在不断发展变化中，《国民经济行业分类》适时进行修订，规定也会因此相应进行修订和调整。

二是有利于加大对小型、微型企业扶持力度。小型和微型企业经济基础相对薄弱、科研能力总体偏低，但是企业中比例最大的群体，也是弱势群体。小型和微型企业将成为今后政策扶持的重点。国家将对小型和微型企业着重从优化发展环境，进一步研究出台普惠性的政策措施，完善服务等方面加大扶持。新标准划出了微型企业标准，有利于明确重点，出台更有针对性的优惠政策以增强政策的针对性和时效性。新标准为财政和税收政策出台提供了配套依据和基础，从国家扶持中小企业的角度，对财政如何补贴，税收如何减免都提供了依据。分类的更加细化有助于中小企业融资，各金融机构在提供融资时将有更加明确统一的企业定义标准。新标准的出台很有必要，企业融资类型的标准一直比较模糊，更加细致的划分使得各金融机构有更加权威的标准参照，有利于推动中小企业融资。

三是有利于解决就业等民生问题。新标准分类更加细致，这与社会和经济发展的水平相一致,新增微型企业类型与国家鼓励低端收入人群创业,解决民生有很大关系。大型、中型企业劳动生产率较高,小型和微型企业是劳动力就业的主体,通过修订划型标准,有利于现阶段在兼顾劳动生产率的同时更注重解决劳动力就业问题。

四是便于国际接轨。美国、日本和欧盟等国家和地区均有微型企业划分,新标准明确微型企业有利于与国际接轨。

2.1.2　中小企业转变发展方式的内涵

1. 转变发展方式的内涵

（1）转变发展方式的必要性

党的十七届五中全会强调,"以加快转变经济发展方式为主线,是推动科学发展的必由之路,符合我国基本国情和发展阶段性特征",并指出"加快转变经济发展方式是我国经济社会领域的一场深刻变革"。

尽管改革发展的成绩巨大,我国发展中不平衡、不协调、不可持续的问题依然相当突出:经济增长的资源环境约束强化,投资和消费关系失衡,收入分配差距较大,科技创新能力不强,产业结构不合理,农业基础仍然薄弱,城乡区域发展不协调,就业总量压力和结构性矛盾并存,社会矛盾明显增多……实现质与量的统一、快与好的统一、物与人的统一、人与自然的统一,离不开加快转变经济发展方式。

从"转变经济增长方式"到"转变经济发展方式",再到"加快转变经济发展方式",这是我们党对我国现代化发展阶段的敏锐洞察,是继续推进中国现代化航船的战略抉择。加快转变经济发展方式,关系改革开放和社会主义现代化建设全局。坚持把经济结构战略性调整作为主攻方向,坚持把科技进步和创新作为重要支撑,坚持把保障和改善民生作为根本出发点和落脚点,坚持把建设资源节约型、环境友好型社会作为重要着力点,坚持把改革开放作为强大动力。这"五个坚持"指明了加快转变经济发展方式的方向和重点,体现了科学发展观的内在要求,反映了对发展中国特色社会主义的规律性认识。[①]

转变经济发展方式是经济发展内在规律的要求。现代社会经济发展所关注的四大目标,即经济增长、价格稳定、充分就业和国际收支平衡,都是随着人

---

①　郑青原:《靠加快转变经济发展方式赢得未来——二论牢牢抓住历史机遇、全面建设小康社会》,载《人民日报》,2010 – 10 – 25。

类社会生产力水平的提高逐步确立的。① 随着经济的快速发展，人们越来越认识到，人口和资源对社会经济发展可能产生的制约，因此可持续发展的理念越来越受到重视。加快经济发展方式转变顺应了人类社会进步的要求，是符合经济发展内在规律的要求的。

转变经济发展方式是深化改革开放的要求。改革开放以来，我国经济总量跃居世界前列，成就举世瞩目。然而，伴随着经济的高速增长，经济社会中原有的深层次矛盾和问题逐步暴露出来，同时又出现了一些新的矛盾和问题。这些矛盾和问题使我们越来越深刻地认识到，绝不能满足于经济总量增长取得的巨大成绩，而必须在加快经济发展方式转变方面有所作为。加快经济发展方式转变，是解决我国经济发展长期存在的不平衡、不协调、不可持续等深层次矛盾和问题的迫切需要，是实现经济社会科学发展的必然要求。

加快经济发展方式转变是应对国际金融危机的经验总结和后国际金融危机时期的主要任务。此次国际金融危机对我国经济的冲击，表面上是对经济增长速度的冲击，实质上是对经济发展方式的冲击。后国际金融危机时期的国际经济环境更加复杂。综合判断国际国内经济形势，转变经济发展方式已刻不容缓。因此，必须把加快经济发展方式转变作为今后经济工作的重要目标和战略举措，不断提高经济发展质量和效益，不断提高我国经济的国际竞争力和抗风险能力，为保持宏观经济平稳较快发展提供坚强保障。

（2）转变发展方式的基本内涵

转变发展方式和优化调整结构，必须要清晰地把握三个层面：

第一，从产业结构层面转变发展方式。目前经济增长主要是依赖第二产业，第三产业的比重太低。"十一五"末期第三产业的比重占国内经济的比重要达到40%以上，但跟国际平均水平相比，低了近20个百分点。发展第三产业，特别是现代服务业，是结构调整的突破口。转变发展方式要从生产供给的角度加快发展第三产业，特别是现代服务业。

第二，从需求结构层面转变发展方式。当前中国经济仍过多地依赖投资和出口来拉动。靠投资来拉动经济，经济容易大起大落，而且投资的边界效益是在递减的。靠出口拉动经济，2008年的世界金融危机给了严重的教训。所以说

---

① 在以家庭为主要生产单位的自然经济中，增长是最重要的目标；当人类社会生产进入社会分工阶段、产品交换成为重要社会活动后，价格稳定成为重要目标之一；进入资本主义社会以后，生产资料与劳动者相分离，就业目标得到越来越多的重视；随着各国间贸易、金融往来的日益频繁，国际收支平衡就成为宏观经济的重要目标之一。参见汪同三：《从宏观视角认识经济发展方式转变》，载《人民日报》，2010－10－19。

从需求的角度，最重要的就是要让消费在整个经济增长当中发挥更重要的作用，即扩大消费。

第三，从要素投入层面转变发展方式。当前经济增长更多地依赖大量的物质资源投入，高能耗，高物耗，高污染，没有可持续性。应当让技术进步，应当提高创新能力，提高劳动者素质，让这些能够更多地替代主要依赖大量的物质投入来支撑经济发展的模式。[①]

（3）转变发展方式应处理好的几个关系

加快经济发展方式转变既是一场攻坚战，也是一场持久战，需要付出长期的艰苦努力；要想在加快经济发展方式转变上取得实质性进展，就必须注意处理好加快经济发展方式转变与科学发展、宏观调控和收入调整等目标的关系。

第一，处理好加快经济发展方式转变与科学发展的关系。加快经济发展方式转变必须深入贯彻落实科学发展观，把加快经济发展方式转变与宏观调控结合起来，把加快经济发展方式转变作为搞好宏观调控、保持经济平稳较快发展的根本保证，把保持经济平稳较快发展作为加快经济发展方式转变的坚实基础。只有更加积极主动地调整经济结构，才能避免经济大起大落，实现宏观调控目标；只有保持经济平稳较快发展，才能为加快经济发展方式转变奠定物质基础。没有宏观经济的稳定发展，加快经济发展方式转变就难以顺利进行。

第二，处理好加快经济发展方式转变与宏观调控的关系。加快经济发展方式转变是一项长期的战略任务，而宏观调控的直接任务是保持中短期宏观经济的稳定增长，更多的是战术性问题。处理好加快经济发展方式转变与宏观调控的关系，要求我们在经济工作中处理好短期目标和长期目标的关系，注重远近结合、标本兼治，既克服短期困难、解决突出矛盾，又加强重点领域和薄弱环节，为长远发展奠定基础。

第三，处理好加快经济发展方式转变与调整收入分配结构的关系。调整收入分配结构是加快经济发展方式转变的关键。收入分配结构是否得到改善，是判断转变经济发展方式效果的关键。这是因为，促使我们必须加快经济发展方式转变的诸多矛盾，如投资与消费结构不合理、第三产业发展滞后、经济发展的资源环境代价过高以及社会事业发展滞后等，都可以从收入分配不合理上找到根源。[②]

---

① 汪同三：《从宏观视角认识经济发展方式转变》，载《人民日报》，2010 - 10 - 19。
② 国家统计局总经济师姚景源在交通银行"沃德财富博览高峰论坛"上的发言，引自《经济观察报》，2011 - 01 - 21。

2. 企业转变发展方式的内涵

（1）从三次产业层面转变发展方式

当前，我国经济三次产业结构正逐步由"二、三、一"向"三、二、一"转变，从产业结构上逐渐向发达经济体靠拢。作为经济社会主体的企业，也应该顺应这个趋势，大力发展以第三产业为主营业务的企业，或者主营业务逐渐向第三产业过渡和扩展。

（2）从需求结构层面转变发展方式

过多地依赖出口来拉动经济受到国际经济情势的冲击较大，过度依赖投资拉动经济容易受到国家宏观调控的冲击。从企业角度看，这些不确定的因素都给企业的发展带来较大的障碍。因此，从长远来看，企业的发展战略需要逐步由出口导向向"内外并重"转变，以配合投资拉动向引导居民消费转变。

（3）从要素投入层面转变发展方式

过去企业的要素投入过多依赖于资源消耗和廉价劳动力，这种发展模式随着资源环境的压力和劳动力成本的上升而面临越来越大的挑战，必须转变，否则企业的生存空间将在激烈的竞争中日益被压缩。所以，需要合理调整要素的投入结构，增加对资金、技术和管理等要素的投入。

3. 中小企业转变发展方式的内涵

对于中小企业而言，转变发展方式，除了宏观层面和产业层面的内涵以外，更多的是要从企业内部的微观层面，立足企业的可持续发展和增强企业的核心竞争力，重点做好以下几方面的工作。

在产业结构层面，中小企业需要调整产业结构，拓展发展空间。在坚持主业的同时，稳步推进产业结构调整，有选择地向产业链、价值链上下游延伸，积极寻求新的增长点，不断加快涉足新材料、新能源和物流商贸领域的步伐，并推动低端制造业企业由传统的加工型企业向加工服务型企业转变。

在需求结构层面，中小企业需要转变市场营销方式，调整市场结构，优化市场布局，开拓营销思路。根据国内外经济发展形势，适时调整发展战略，挖掘内需新增长点。同时实施"走出去"战略，抓住适当的时机建立海外资源、生产或者服务基地。在当前全球经济一体化的环境下，中小企业同样不仅要"引进来"，而且要"走出去"，政府要进一步研究中小企业在对外合资合作、出口加工贸易、对外直接投资等方面的战略措施，使中小企业也能形成外向型逐渐加强的经济实体，取得更大的国际发展空间。

在要素投入层面，中小企业需要转变企业组织方式，调整治理结构，激发体制活力。需要转变管控方式，调整层级结构，突出业务协同。可以聘请国内管理咨询机构对企业管控方式和层级结构进行了整体设计，进一步规范企业组织方式，在业务板块之间形成竞争合作。转变选人用人方式，调整人才结构，强化智力支撑。积极探索人力资源外包，适时引入专业中介力量，对招聘和竞聘流程进行优化设计。转变研发管理方式，调整产品结构，夯实发展后劲。着力引导企业向知识密集型转变。加强企业家队伍建设，积极探索适应知识型企业管理的有效模式，着力培养造就一批具有战略眼光、开拓精神、现代经营管理水平和社会责任感的创新型企业家；加强企业人才队伍建设，围绕转型升级、技术储备，积极拓宽人才引进渠道，多途径引进一批行业紧缺型人才，以人才支撑企业发展；加强企业文化建设，加强职工教育，建设富有特色、个性鲜明的企业文化，增强凝聚力，实现企业可持续发展。

图 2-1 为中小企业转变发展方式的逻辑层次。

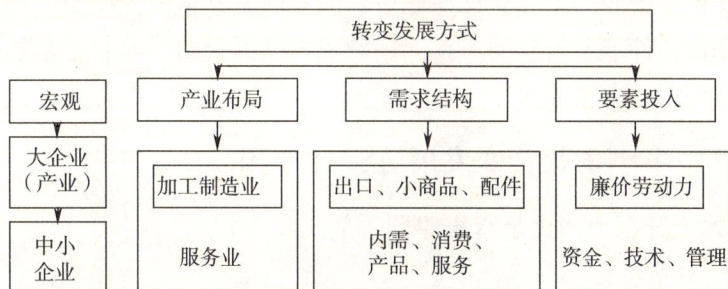

图 2-1　中小企业转变发展方式的逻辑层次

2.2　中小企业转变发展方式的原因和一般步骤

2.2.1　中小企业转变发展方式的现状

总体上讲，改革开放 30 年中发展起来的中小企业，包括中小民营企业，形成了一种模式，这种模式就是靠成本优势、靠控制劳动成本，以价格竞争为主的薄利多销的发展模式。随着国内国际形势的变化，尤其是进入"十二五"以后，中国的发展方式如果发生根本性变化，先前的这些中小企业所依赖的成本优势、薄利多销的发展模式将面临着一系列的困难。

从成本上来看，第一，劳动力成本将会渐进式提高，因为在"十二五"规划中提到要使工资收入与劳动生产率的发展同步，意味着不仅仅是中小企业，劳动力成本都会进一步上升；第二，环境成本上升，这种环境成本一定会分摊到企业，所以中小企业在未来的发展过程中，环境成本也会刚性上涨；第三，土地、用地的成本也会上升，过去土地、用地没有形成市场价格，随着中国城市化、市场化进一步的推进，用地成本将进一步上升。包括原材料短缺引起其他生产要素价格的上涨，将导致中小企业所面对的一系列综合成本呈刚性上涨的趋势。

从这个意义上来说，过去30年改革开放过程中，中小企业过去的发展模式即将终结，中小企业面临着新的挑战。一般认为，转变经济发展的方式，能够提高生产要素的使用效率，通过技术创新、技术进步来消化成本，但对中小企业来说，靠技术进步、技术创新，提高生产要素的使用效率抑制成本的上升或者消化部分成本，是相对困难的。中小企业尤其是小型企业，靠技术进步、靠创新、靠生产要素的使用效率来降低成本的空间不是很大，这不是解决中小企业在未来新的条件下所面对的一系列问题根本性的出路，因为企业规模限制了规模经济效应的放大。①

2.2.2 中小企业转变发展方式的原因

1. 成本上升压力增大是直接原因

（1）原料成本上升

原材料价格上涨带来生产资料成本上升。相当部分中小企业的原材料来自于石油、天然气、煤炭或者农产品，而目前资源产品和农产品是物价上涨的焦点，必然导致生产企业原材料成本上升，利润减少。2011年上半年，我国铁矿砂进口均价160.9美元/吨，原油进口均价753.8美元/吨，分别上涨了42.5%和33.5%，达到或接近2007年泡沫经济时的最高点，输入型通胀直接推动了中小企业生产资料成本的提高。中国中小企业协会公布的调查数据显示，88%的企业反映原材料及能源购进价格比2010年同期上涨。据人民银行杭州中心支行对辖区内265家中小企业的调查，有141家将原材料价格上涨列为影响企业效益的首要因素，占比为53.2%。②

（2）人工成本上升

工资水平提高带来劳动力成本上升。随着我国劳动力供求向结构性短缺转

---

① 汪同三：《从宏观视角认识经济发展方式转变》，载《人民日报》，2010－10－19。
② 苏明：《产业转型的国际比较及其对我国的启示》，载《经济研究导刊》，2007（12）。

化，劳动力工资上涨是必然趋势，2011 年全国不少地方劳动成本都在上升，对中小企业的影响尤为突出。在 2010 年 30 个省（自治区、直辖市）上调最低工资标准的基础上，平均涨幅达 22.8%，2011 年年初以来，又先后有北京、重庆、江苏等 18 个省市再度上调最低工资标准，涨幅在 20%～25%。2011 年第一季度，全国城镇单位就业人员平均劳动报酬较 2010 年提高 14.7%，增幅为近三年最大。中国中小企业协会公布的调查数据显示，81% 的企业反映劳动力成本增加。

（3）融资成本上升

货币政策越紧带来企业融资成本上升。2011 年年初以来，我国连续提高存款准备金率和存贷款利率，银行资金收缩，贷款利率上调，增加了中小企业融资成本。此外，连续上调存款准备金率和控制信贷总量，使商业银行贷款额度紧张，许多中小企业贷款无门，只好通过民间借贷，但民间借贷的利率也在大幅提高，整个融资成本明显上升。

2. 国内外冲击加大了压力

（1）产业政策冲击

中小企业由于结构性问题，受政策调整的冲击较大。相当部分中小企业是高耗能、高污染或房地产建筑企业，持续的房地产调整政策和国家越来越注重节能减排目标的考核，使此类中小企业的生产经营受到国家宏观调控政策的正面冲击。其中有些中小企业由于不符合环境政策或者属于淘汰落后产能，按政策要求被关停并转。

（2）宏观调控冲击

应对金融危机而采取的宽松货币政策对中小企业的滞后影响显现。在国际金融危机爆发初期，为了扩大供给、提振经济，我国的货币信贷政策非常宽松，那时有一部分中小企业规模扩张相对较快，受投资惯性影响，2011 年宏观政策紧缩后，这些企业就感到资金相对紧张，特别是上项目多的地方，资金紧张程度越发严重。

（3）国际形势冲击

不稳定的国际经济对出口需求有所影响。国际金融危机爆发后，美国、欧洲、日本、中东、北非等海外市场动荡，与此同时，由于受人民币升值、贸易保护等多重因素叠加的影响，一些加工出口型中小企业的利润空间收窄，生产经营压力相对加大。

3. 企业内部缺陷是深层次原因

（1）经营战略失误

一些中小企业投资经营战线拉得太长，顾此失彼。比如，有些企业业主的经营行为不是特别规范，由于前几年楼市、股市火暴，一些中小企业业主将大量资金投向这两个市场，结果被"套牢"，如今在银根收紧的政策环境下，又不得不求助于高息的民间借贷，这也是造成其资金链紧张的重要因素。

（2）产业结构矛盾

中小企业大多属于过度竞争的产业，抵御宏观大环境变化的能力较弱。从更深的层次看，长三角、珠三角中小企业的产业结构多为以日用消费品为主的轻加工制造业，技术含量和附加值较低，随着内、外需结构的调整升级，以及国际产业大格局的变迁，这些企业面临的市场竞争日趋严酷，经营状况容易受到外界环境的影响。

（3）核心技术缺失

当前，中小企业主要是从事中低端制造业、消费性服务业等对技术依赖程度较低的行业，普遍缺失核心技术，这就造成了中小企业核心竞争力不足，只能在成本和价格方面竞争。中小企业只有通过自主创新，掌握核心技术，有自己的品牌、专利产品，才能摆脱处于世界产业分工低端的困境，提高竞争能力。

2.2.3　中小企业转变发展方式的路径

在国家大力推动产业结构调整、促进经济发展方式转变的背景下，通过优胜劣汰，让一批竞争力不强的中小企业"退出"是必须承受的代价。但同时也应认识到，中小企业作为国民经济和社会发展的重要力量，在解决就业、保持经济平稳增长等方面具有举足轻重的作用。据统计，目前我国中小企业超过1 000万家，占企业总数的90%以上，提供了近80%的城镇就业岗位，纳税额为国家税收总额的近50%。因此，对待广大中小企业，既不能简单地强调"帮扶"，也不能片面地主张"放任"，必须客观地认识中小企业的作用，妥善应对中小企业生存经营和发展过程中的问题。

中小企业转变发展方式的路径主要有以下几条，一是产业转型，二是产业链攀升或者拓展，三是产业区域集聚与产业集群转型。

1. 产业转型

（1）产业转型的一般概念

从产业经济学的视角，一般把产业界定为国民经济中以社会分工为基础，在产品和劳务的生产和经营上具有相同特征的企业或单位及其活动的集合。①
KevinCrowston 与 Micheal D. Myers（2004）认为，从不同视角来看产业的定义也
是不同的：在经济视角下，产业往往被定义为一系列相互竞争的企业组合；在
制度视角下，产业被看做是管理生产和某些商品交换的一系列制度安排，它所
界定的产业既包括一系列提供竞争品的企业，也包括对竞争进行限制的规章制
度；在社会和文化视角下，产业往往被看做是一系列的社会、组织和文化关系，
是由享有共同的文化特征和产业归属感的利益相关者所在的一系列公司或组织
构成的社会团体。

（2）产业转型的几种方式

一是"创新型"产业转型，以美国为典型代表。20 世纪 70 年代起，由于西
欧和日本经济的快速恢复和发展，美国在世界产业分工和贸易结构中的地位受
到巨大竞争和挑战。1972 年至 1982 年间，美国进口汽车占国内市场销售的比率
从 8% 上升到 20%，而钢铁、一般机床、纺织服装、家用电器产品的进口就更加
突出。这又推进了美国产业转型的进程。70 年代至 80 年代，美国的高新技术产
业产品出口不断增加的同时，这类产业在美国产业结构中的地位持续上升，而
美国相对传统一些的产业（如钢铁、汽车等）在国内产业结构中的比重仍呈下
降趋势。与此同时，传统产业或高新技术产业中的传统工序向国外迁移的趋势
十分明显。

到了 20 世纪 90 年代，美国在经历了 20 多年严峻的开放竞争压力后，包括
高新技术产业发展、传统产业高新技术改造、服务业高素质扩张等在内的新一
轮转型逐渐完成，美国产业竞争力和经济增长率有了较大提高。美国产业竞争
力，尤其是信息技术等高新技术产业的竞争力恢复和提高得很快，个人计算机
和计算机软件产业在世界市场占有率方面都位居第一。并且通过运用高新技术
改造传统产业，美国传统产业衰退势头得到了扭转，重新夺回了在半导体、汽
车等领域的竞争优势。美国产业转型具有先导性的特征，它及时抓住转型时机，
率先大力发展高新技术，使其产业结构更趋先进，经济增长更富后劲。

二是"跟进型"产业转型，以日本为典型代表。第二次世界大战结束后，
日本经济曾一度处于瘫痪状态，在这种情况下，日本政府于 1947 年以差价补贴
制度和复兴金融公库贷款为杠杆，实行重点发展煤、钢生产的倾斜生产方式，
工业生产指数到 1955 年就已达到战前和战时的最高水平。此后，日本又制定了

---

① 祁京梅：《中小企业摆脱困境的关键是转变发展方式》，财经信息网，2011 - 09 - 30。

"新长期经济计划"和"国民收入倍增计划",正式启动了新一轮产业转型促进经济增长,并制定了规范引进外国先进技术的外资法,大大地缩小了日本产业技术水平与西方发达国家之间的距离。到 60 年代中期,日本重化工业在工业中的比重占到了 60%;70 年代,日本产业结构又确定了以低能耗、高产出的电气机械、化学工业和运输设备为目标的新重化工业化方向,鼓励发展高效节能型工业;到 1987 年,日本重化工业在工业中的比重上升到了 73%。

日本在 20 世纪 80 年代向重化工业转型成功后,开始逐步由重化工业向高新技术主导的产业转型。新材料、生物工程、大规模系统技术等的"创造性知识密集化"产业被确定为日本国内产业结构转型的方向,国内的技术开发也开始蓬勃发展。但是,由于日本一直是以引进外国技术为主的国家,在后来的赶超阶段不注重国内的技术创新能力,没有形成在高新技术产业,特别是信息业竞争力方面的优势,因此在 90 年代初期出现了高速增长之后,在面向高新技术产业的新一轮产业转型中,日本在技术开发和国际竞争中相对地位没有提高,反而有所下降。

(3)产业转型的经验借鉴

自 20 世纪 50 年代以来,台湾产业转型的历史就是由劳动密集型向技术密集型与资本密集型转化的历史。在 20 世纪 50 年代初期,台湾地区的国内生产总值结构中农业约占 32%,工业和服务业各约占 20% 和 48%。台湾当局确立了"以农业培养工业,以工业发展农业"的产业发展策略,并鼓励发展出口型产业,促进了工业的快速发展。工业部门的发展是台湾经济发展的主要动力,其中以制造业的发展最为重要。早期以化学肥料及食品、饮料、纺织等非耐久性消费品产业为主,进入 70 年代,开始着重发展石化、钢铁等重化工业。80 年代初以来,石油及煤制品、金属制品、电力及电子机械器材等资本密集型和技术密集型产业则占据了最重要地位。到 20 世纪 80 年代中期,台湾生产总值结构中农业生产比重已降到 5% 左右,工业则提高到 48% 左右,服务业仍维持在 47% 左右。

从 20 世纪 80 年代以来,台湾当局一方面对传统劳动力密集工业加强辅导,以协助其提高劳动生产率及产品档次,另一方面则积极推动技术密集工业的发展,以促进产业快速升级。台湾当局强调利用高新技术开发新产品,并且运用高新技术对传统工业进行升级,协助衰退产业的结构调整与转型。至此,台湾的产业结构完成了由劳动密集型向技术、资本密集型转型的过程。

2. 产业链攀升

（1）产业链与向产业链高端攀升

产业链是产业经济学中的一个概念，是各个产业部门之间基于一定的技术经济关联，并依据特定的逻辑关系和时空布局关系客观形成的链条式关联关系形态。产业链主要是基于各个地区客观存在的区域差异，着眼发挥区域比较优势，借助区域市场协调地区间专业化分工和多维性需求的矛盾，以产业合作作为实现形式和内容的区域合作载体。产业链是一个包含价值链、企业链、供需链和空间链四个维度的概念。这四个维度在相互对接的均衡过程中形成了产业链。这种"对接机制"是产业链形成的内模式，作为一种客观规律，它像一只"无形之手"调控着产业链的形成。

产业链攀升是指主要生产和服务向产业链的高端方向转移，就是要不断地攀升全球价值链和提升自己的国际分工地位。产业链向高端攀升，要警惕依附型经济产生，重视实施内外需均衡战略；要注意劳动密集型产业转型升级的规律，综合运用有利于产业转型升级的主动和被动型产业政策措施；要从要素供给、需求结构、关联产业以及政府政策和企业战略等方面，综合设计产业转型升级的路径和机制（刘志彪，2009）。

对中小企业而言，这种向产业链高端攀升根本上是要完成由"块状经济"向现代产业集群转型升级。要改变中小企业由于产业组织特定的劣势，在原有竞争的基础上实施合作，建立合作性的营销和供应链条。

（2）产业链攀升与"微笑曲线"

宏基集团创办人施振荣先生，在 1992 年为了"再造宏基"提出了有名的"微笑曲线"（SmilingCurve）理论。微笑曲线理论虽然很简单却很务实地指出台湾产业未来努力的策略方向，在附加价值的观念指导下企业体只有不断往附加价值高的区块移动与定位才能持续发展与永续经营。

微笑曲线中间是制造；左边是研发，属于全球性的竞争；右边是营销，主要是当地性的竞争（见图 2-2）。当前制造产生的利润低，全球制造也已供过于求，但是研发与营销的附加价值高，因此产业未来应朝微笑曲线的两端发展，也就是在左边加强创新研发，创造智慧财产权，在右边加强客户导向的营销与服务。

基于产业链的微笑曲线表明，向产业链高端攀升，并不是单向的，而是从以生产制造环节为中心，向制造前和制造后两个维度双向扩展，这对于中小企业转变发展方式具有重要的指导意义和实际价值。

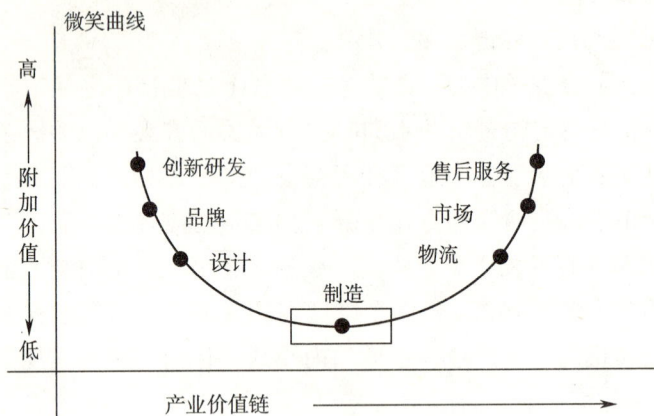

图 2-2 产业链与微笑曲线

（3）中小企业向产业链高端攀升的困难与对策

单个中小企业建立营销链条很困难，因为资金不足，很难摊薄成本。如果一个企业不行，那么十个企业、一百个企业，加起来共建一个营销链条，这是一个很好的设想。通过共建销售链条，沿微笑曲线向右延伸产业链条。除了对产业链附加值进行重新分配外，还可以考虑通过建立企业联盟，将联盟的产业链向高端环节延伸。如果我们的中小企业有了自己的品牌，有了自己的营销和供应链条，那么就完全有可能摆脱这种三来一补、在产业价值链定位上处于不利的局面。

苏州阳澄湖大闸蟹行业协会的成立就是一个典型案例。协会成立后，通过制定收购指导价、共建阳澄湖大闸蟹品牌、共建销售链条等措施，使阳澄湖大闸蟹的价格保持合理上涨，有效消化了农户逐年上升的养殖成本，维护了农户的利益。此外，温州民营服装企业，泉州及宁波两大服装基地的名牌服装企业，广东东莞、浙江温州、四川成都、山东青岛等中小制鞋企业，浙江永嘉农民开办的1万多个中小型超市等已经或即将开始组建联盟，共建品牌和销售链条的尝试。①

另外，出口型的中小企业由于规模太小、研发能力太弱、市场的开发能力不强，所以必须要靠"贴牌"、"借牌"走出国门，单个企业形成所谓的国际品

---

① 引自黄桂田2010年11月27日在北京大学光华管理学院举办的"经济学理论与中国道路"论坛上题为"中国发展方式转变条件下的中小企业发展问题与对策"的发言。http://econ.pku.edu.cn/displaynews.asp? id=4273。

牌非常困难，如果把十个企业、一百个企业，同行业的企业搞成联盟，共创品牌，就是有可能的。这在农业领域已经有了很好的试验，在相当多的地方，在政府主导下创农副产品的共同品牌，已经很成功了。

通过共建技术创新联盟，沿微笑曲线向左延伸产业链条。技术创新能够对传统产业升级起到巨大的推动作用，但是研发环节需要很大的投入，单个中小企业很难具备技术创新的能力。在这种情况下，中小企业之间可以考虑合作，共建自己的技术创新联盟。如果中小企业有了自己的创新联盟，就可以提高产品的竞争力和附加值，使自己保持活力。在这一点上，广东中小企业探索出了一条以政府为主导、企业为主体、高校和科研院所为支撑的新路子，到 2010 年 5 月，广东中小企业已联手组建了 34 个省部产学研创新联盟，解决了单个企业缺乏创新能力的问题，联盟内企业 3 年来共获得专利 1.5 万件，出口创汇总额达到 150 多亿美元。[①]

3. 产业区域集聚

（1）产业集聚与区域集聚

一般认为，所谓产业区域集聚是指一定数量（包括不同产业和同一产业）的企业在区域上的相对集中，并产生集聚效益，进而形成具有一定组织意义的企业网络。由于其在本质上是产业间活动或者是产业内活动在区域内的聚合，故可将这种企业群在区域上的集中现象称为区域产业集聚。

中小企业在规模、资金、技术、人才等方面的先天劣势，决定了中小企业只有抱团发展，才能克服其固有的孤立和分散的弱点，降低企业发展风险，获取规模经济的优势，这是产业集群最初发展的原动力。目前，中小企业区域产业集群作为一种重要的经济形态已成为政府、学术界和企业界关注的热点问题。产业集群是当今世界众多地区区域经济发展的一个典型特征，也是当前经济学研究的一个热点问题。

从世界角度，特定区域内的产业集群现象早已存在。而我国在经济发展过程中也涌现出了大量的具有区域特色的产业集群实例。区域产业集群能够有效推动经济的快速发展的观点已经成为一地实现经济增长的共识。

伴随着经济的全球化，经济的区域特征性也日益突出，区域经济竞争已经从企业战略层面转向集群战略层面，产业集聚凸显出的竞争优势日益成为区域参与全球经济竞争的主要力量，产业集聚极大地拓宽了区域经济增长的空间。[②]

---

① 鲁开根：《增长的新空间——集群核心能力研究》，经济科学出版社，2006。
② 鲁开根：《增长的新空间——集群核心能力研究》，经济科学出版社，2006。

（2）产业区域集聚的经验

要发挥产业区域集聚的作用，需要以主体功能区划分为契机，根据发展水平，资源环境承载力和发展潜力，制定不同主体功能区的产业政策，强化主体功能区对产业布局的引导和约束作用，推动产业向重点开发区域集聚，引导产业有序转移，加快提高优化开发区的产业集约发展水平。

美国硅谷的成功有两点启示：一是创业热情是地区经济竞争力的重要影响因素；二是科技投入是形成创业热情的重要条件。由此形成了一个影响链条，即科技投入—创业热情—产业群形成—地区竞争力。

通过规划产业集群，推动规模集约发展，无锡的做法值得借鉴。通过优化产业布局，强化产业特色，规划产业集群，推动先进装备制造业和现代服务业的发展，已成为无锡市中小企业转型升级，再创辉煌的重大举措。各市县区根据自身经济的实际情况和国内外市场需求，推进结构调整，以产业集群的方式，培育经济发展的"新引擎"，推动中小企业行业整合，由无序发展向集聚发展转型。锡山区全力推进机械装备、电子信息、金属制品、纺织服装等重点行业的集聚和提升，惠山区扶持推进汽车零部件、风能设备制造、光伏、生物医药四大新兴产业，滨湖区则将生物医药、IC 和工业设计、软件和服务外包、动漫和文化产业、网络经济、通信技术、物联网七大新兴产业作为发展重点。

（3）产业区域集聚的发展建议

一是从注重优惠政策向发展产业集群转变。从产业发展来看，基本经历了"单个企业→同类企业集群→产业链→产业集群"的发展路径演变。产业只有集群化发展，才会激发出更大的能量，而靠区域优惠政策往往会导致产业集聚区的粗放式发展，不仅不利于产业集群和新兴产业的形成，也不符合市场经济发展和世界贸易组织的要求。因此，未来产业集聚区发展必将由优惠政策驱动，转变为技术和产业带动，走内涵式发展道路，形成特色产业集群。

二是由加工型产业集聚区向研发型产业集聚区转型。目前，我国大部分产业集聚区的整体研发投入水平较低，自主创新能力不足。在新的战略形势下，未来产业集聚区的发展，不在于比规模而在于比技术创新能力和技术转化效率，缺乏自主创新能力和核心竞争力，必然没有长远发展的生命力，也不可能发挥其应有的带动和辐射作用，一味把技术加工厂做大规模的方式将被淘汰，未来产业集聚区将逐步走向以研发中心、研发型产业、科技服务业为主体的研发型产业集聚区。

三是从强调引进大型公司向培育科技型中小企业集群转变。在产业系统化、交叉性增大，大规模研发风险系数增加，科技预测性和可控性加强等因素影响下，未来科技研发将呈现市场化、模块化、专业化，多采用小规模研发，以分散研发风险和加快研发速度。因此，产业集聚区的战略转型，也将从强调引进大公司大企业向培育科技型中小企业集群转变，使产业集聚区成为培育、造就产业集聚技术企业的摇篮，从根本上提升产业集聚区的自主研发能力，形成一批根植性强的自主创新产业。

四是由功能单一的产业区向现代化综合城市转型。随着产业集聚区的发展演进，新的城市功能配套、城区建设方面的任务必然逐渐增加。因此，未来产业集聚区不能只定位一个产业集聚地，还要定位为一个人气的集聚区、文化的扩散区、资本的融通区，应包括配套服务的各种商业服务、金融信息服务、管理服务、医疗服务、娱乐休憩服务等综合功能。

4. 中小企业转变发展方式的路径小结

在微观层面，中小企业内部通过要素投入的结构调整，加强对资金、技术、管理和人力资源的投入，向产业链高端攀升。

在中观层面，即特定区域或产业内，通过一定比例的中小企业向产业链高端攀升，形成区域性的产业链条和产业区域集聚，发挥企业规模效应。

在宏观层面，通过中小企业内部要素投入的结构调整和区域产业集聚、产业转型完成转变发展方式。具体如图 2-3 所示。

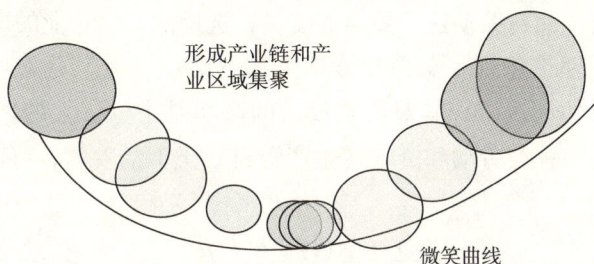

图 2-3　中小企业转变发展方式的路径

2.3　金融支持中小企业转变发展方式的理论分析

金融支持中小企业转变发展方式的理论依据主要来自于新古典经济增长理论和内生增长理论。下面我们以新古典经济增长理论、内生增长理论为基础，分析金融支持中小企业转变发展方式的必要性。

2.3.1　增长理论分析

1. 新古典经济增长理论

柯布—道格拉斯生产函数的基本形式为

$$Y = A(t)L^{\alpha}K^{\beta}\mu \qquad\qquad (2-1)$$

其中，Y 是工业总产值，$A(t)$ 是综合技术水平，L 是投入的劳动力数（单位是万人或人），K 是投入的资本，一般指固定资产净值（单位是亿元或万元，但必须与劳动力数的单位相对应，如劳动力用万人作单位，固定资产净值就用亿元作单位），α 是劳动力产出的弹性系数，β 是资本产出的弹性系数，μ 表示随机干扰的影响，$\mu \leqslant 1$。

值得指出的是，柯布和道格拉斯研究的是 1899 年至 1922 年美国制造业的生产函数。他们指出，制造业的投资分为，以机器和建筑物为主要形式的固定资本投资和以原料、半成品和仓库里的成品为主要形式的流动资本投资，同时还包括对土地的投资。在他们看来，在商品生产中起作用的资本，是不包括流动资本的，因为流动资本属于制造过程的结果，而非原因。同时，他们还排除了对土地的投资，因为这部分投资受土地价值的异常增值的影响较大。

因此，在他们的生产函数中，资本这一要素只包括对机器、工具、设备和工厂建筑的投资，而对劳动这一要素的度量，选用的是制造业的雇佣工人数。

新古典增长理论忽视了金融要素对产出的影响，尤其是对中小企业而言，在存在融资约束的情况下，其对要素投入的影响是十分巨大的。因此，如果把金融要素也视做一种与劳动和资本（生产资料）类似的要素，可以把式（2 - 1）改写为

$$Y = A(t)L^{\alpha}K^{\beta}F^{\lambda}\mu \qquad\qquad (2-2)$$

其中，F 表示投入的金融要素。

2. 内生增长理论

自亚当·斯密以来，整个经济学界围绕着驱动经济增长的因素争论了长达 200 多年，最终形成的比较一致的观点是：一个相当长的时期里，一国的经济增长主要取决于下列三个要素：（1）随着时间的推移，生产性资源的积累；（2）在一国的技术知识既定的情况下，现在资源存量的使用效率；（3）技术进步（Tanzi and Zee，1997）。但依据 60 年代以来最流行的新古典经济增长理论，以劳动投入量和物质资本投入量为自变量的柯布—道格拉斯生产函数建立的增长

模型，把技术进步等作为外生因素来解释经济增长，因此就得到了当要素收益出现递减时长期经济增长停止的结论。

20 世纪 90 年代初期形成的"新经济学"即内生增长理论则认为，长期增长率是由内生因素解释的，也就是说，在劳动投入过程中包含着因正规教育、培训、在职学习等等而形成的人力资本，在物质资本积累过程中包含着因研究与开发、发明、创新等活动而形成的技术进步，从而把技术进步等要素内生化，得到因技术进步的存在要素收益会递增而长期增长率是正的结论。

内生增长理论假定，更优越的技术是资本投资的副产品。投资不仅产生新机器，而且产生新工作方式，技术进步改善了劳动工作方式。

$$A = \alpha \cdot \frac{K}{N} = \alpha \cdot k \,(\text{干中学假设})$$

生产函数 $Y = F(K, AN)$ 满足规模报酬不变①。

对生产函数求全微分

$$\Delta Y = \frac{\partial F}{\partial K} \cdot \Delta K + \frac{\partial F}{\partial AN}(A \cdot \Delta N + N \cdot \Delta A)$$

$$\frac{\Delta Y}{Y} = \frac{K \cdot \partial F/\partial K}{Y}\frac{\Delta K}{K} + \frac{AN \cdot \partial F/\partial AN}{Y}\frac{\Delta N}{N} + \frac{AN \cdot \partial F/\partial AN}{Y}\frac{\Delta A}{A}$$

由于生产函数满足规模收益不变，要素及产品市场为完全竞争结构。运用欧拉定理得

$$\frac{K \cdot \partial F/\partial K}{Y} = \theta$$

$$\frac{AN \cdot \partial F/\partial AN}{Y} = 1 - \theta$$

$$\frac{\Delta Y}{Y} = \theta \cdot \frac{\Delta K}{K} + (1 - \theta) \cdot \frac{\Delta N}{N} + (1 - \theta)\frac{\Delta A}{A}$$

人均产出增长率表达式为

$$\left(\frac{\Delta Y}{Y} - \frac{\Delta N}{N}\right) = \left(\frac{\Delta K}{K} - \frac{\Delta N}{N}\right)\theta + \frac{\Delta A}{A}(1 - \theta)$$

$$\frac{\Delta y}{y} = \frac{\Delta k}{k} \cdot \theta + \frac{\Delta A}{A}(1 - \theta) \qquad\qquad (2 - 3)$$

由于 $A = \alpha \cdot \dfrac{K}{N} = \alpha \cdot k$

---

① $Y = F(K, AN)$，其中 A 为劳动增广型技术进步。这样假定生产函数形式，主要是便于推导。

$$\frac{\Delta A}{A} = \frac{\Delta k}{k} \qquad \frac{\Delta y}{y} = \frac{\Delta k}{k} \qquad\qquad (2-4)$$

又由于（一般地）根据产品市场均衡条件

$$I = S$$

$$\Delta K + dK = sY$$

$$\Delta K = sY - dK$$

$$\frac{\Delta K}{K} = s \cdot \frac{Y}{K} - d$$

$$\frac{\Delta k}{k} = s \cdot \frac{y}{k} - (n + d)$$

$$\frac{\Delta k}{k} = s \cdot \frac{f(k)}{k} - (n + d)$$

所以有
$$\frac{\Delta y}{y} = \frac{\Delta k}{k} = s \cdot \frac{f(k)}{k} - (n + d) \qquad\qquad (2-5)$$

由于人均产出 y 和人均资本存量 k 以相同的速度增加，所以有 $f(k)/k =$ 常数。

又由于生产函数 F 满足规模收益不变，所以有

$$\frac{f(k)}{k} = \frac{y}{k} = \frac{Y}{K} = \frac{F(K,AN)}{K} = F(\frac{K}{K}, \frac{AN}{K}) = F(1, \frac{\alpha K/N \cdot N}{K}) = F(1, \alpha) = a$$

因此，公式（2 – 5）变为 $\quad \frac{\Delta y}{y} = \frac{\Delta k}{k} = s \cdot a - (n + d) \qquad\qquad (2-6)$

这表明高储蓄率产生高经济增长率，高人口增长率和折旧率导致低经济增长率。经济进入自我持续，并以固定速率 $s \cdot a - (n + d)$ 增长的稳态路径。

Robert Baro 对经济增长规律的总结为：

（1）投资较高的国家（储蓄率通常较高）趋向于增长的较快，但高投资对增长的影响倾向于暂时性的。

（2）投资较高的国家将以较高的人均收入的稳态，而不是较高经济增长率的稳态而告终。

（3）国家之间收入的趋同是有限和缓慢的。①

在内生增长理论里，金融的作用主要体现在对储蓄率的假设和理解上。早期的新古典增长模型假设储蓄率是外生的，Cass（1965）和 Koopmans（1965）

---

① 巴罗的研究表明，有条件的趋同每年以 2% 的速度进行。如果印度的收入现在是美国的 5%，假如影响收入水平的其他变量如储蓄率均不变，那么，35 年后，印度的收入将是美国的 10%。计算如下：
5% × （1 + 2%）^{35} = 10%

把 Ramsey 的消费者最优化分析引入到新古典增长理论中，因而提供了对储蓄率的一种内生决定：储蓄率取决于居民的消费选择或者说对现期消费和远期消费（储蓄）的偏好。

内生储蓄率意味着资本积累速度和资本供给的内生决定，从而决定经济增长的一个投入要素（资本）从数量上得以在模型内加以说明。然而，Ramsey – Cass – Koopmans 模型对储蓄的内生性的技术处理并没有消除模型本身长期人均增长率。

从内生增长理论中得到的启示是，探讨中小企业转变发展方式中的金融支持是否是内生因素？如果是内生，其运行的内在机理又是什么？

我们都知道，金融支持对于技术进步、资本投资和人力资源都会产生深刻的影响，但是反过来，技术进步、资本投资增加和人力资源积累，是否会引致金融支持力度的增加？如何增加？

$$Y = A(t,F)L(F)^{\alpha(F)}K(F)^{\beta(F)}\mu$$

其中，F 表示金融要素的投入。在这种情况下，不仅金融要素作为影响资本和劳动投入的约束条件，而且可以影响技术进步，影响劳动和资本的边际贡献率。

2.3.2　金融支持中小企业转变发展方式的小结

1. 从产业升级角度

从经济转型的产业角度衡量，产业转型可以理解为降低对低附加值、高污染的出口的依赖，转向扩张内需、扩大本土的消费和服务业。这种转型的难度之所以较大，是因为改革开放以来 30 年中逐步在沿海地区发展企业的这种出口导向型的增长方式，通过低资源价格、对出口部门更有利的汇率制度以及鼓励出口的种种政策措施，得以在全国的许多地区"固化"。要重新打破这种有利于出口的、已经部分"固化"的经济运行方式，把资源调整到内需部门，同样需要金融部门的积极转型，需要更多的金融资源，通过适当的方式，从原来的低附加值出口部门，逐步转移到内需部门和服务业。

2. 从金融自身发展角度

有学者指出，产业转型更需金融转型（巴曙松，2010），没有一个多元化的、灵活的金融体系来满足产业转型中的金融服务的需求，促进技术的进步，那么，产业转型可能需要付出更为艰苦的努力，付出更大的代价。

金融业自身也需要转变发展方式。一是要从单纯追求数量扩展向提高效率转变。企业，尤其是中小企业转变发展方式，需要由粗放型增长到集约型增长，作为支持企业发展的金融业，自身同样需要经历这样的转变。二是要从过度重视总量增加向结构优化转变。金融结构优化是金融发展的重要衡量指标，不能单纯依赖总量的增加，即金融深度的增加，还要从金融业内部各种业态的结构，各种金融资产的结构，各种金融工具和产品的结构等角度，切实提高金融支持中小企业转变发展方式的效率和效果。

3. 从要素组合发展角度

一般生产函数包含的要素包括劳动力、资金和技术。但是，这些要素之间本身存在复杂的内生关系以及反馈机制。尤其是金融要素，中小企业要实现从低技术含量、低附加值的劳动密集型产业向高技术含量、高附加值的科技型、资本密集型企业转变，需要加大金融支持力度，大力推进中小企业产业升级，着力提升企业综合竞争力。

第 3 章　国外促进中小企业转变发展方式的金融支持经验

3.1　欧洲促进中小企业发展的财政金融政策

欧洲各国习惯将中、小、微企业归为一体，给予税收、金融等方面的政策支持。欧盟委员会表示，99%的欧盟企业为中小企业，而其中的99%是微型企业。因此欧盟对中小企业的一系列扶持政策的受益对象绝大多数是微型企业。

3.1.1　德国

德国中小企业经过多年发展已在经济当中占有重要地位。政府建立了较为完善的制度体系，为中小企业发展创造了良好的发展环境。

1. 保障中小企业的资金支持

为了保障中小企业的资金，德国政府合并中小企业银行和复兴信贷银行，并成立复兴信贷银行集团旗下的复兴信贷联邦中小企业银行，自2003年9月1日起建立"企业家信贷"项目，对企业创建者以及中小企业的贷款项目进行整合。

2. 税收政策

德国对50%~60%的手工业中小企业免征营业税，对于在落后地区新建的企业，免征营业税5年，并对所消耗完的动产投资免征50%所得税。

3. 财政金融支持

德国对小企业有七类财政金融支持，包括一般性财政援助、促进研究贷款、改善地区经济结构补贴、职业教育资助贷款、改善环境优惠政策、促进咨询补贴、新建企业资助；通过税费改革减少小企业税费负担；针对小企业贷款难而成立了专门从事中小企业贷款的银行；设立了中小企业创新基金，帮助中小企业向银行贷款并承担80%的风险。①

3.1.2　法国

法国政府为促进中小企业发展制定了相关政策。

1. 建立发展银行辅助中小企业发展

法国中小企业在发展中遇到的主要问题是缺乏资金，银行贷款难等问题。为此，政府设立发展银行，由政府拨出专款，解决中小企业贷款难的问题。

（1）设立担保风险基金，鼓励创办中小企业。发展银行以担保人的身份帮助中小企业向商业银行申请贷款。在企业创立时，发展银行承担的风险达70%；在发展期，发展银行承担的风险只有40%，同时发展银行向商业银行收取1%的担保风险佣金。

（2）直接贷款。发展银行直接向中小企业贷款是有条件的，如果企业盈利，发展银行将收取营业增长额的3%～5%作为红利。

（3）提前贴现。中小企业与政府业务部门和大企业往来结算的期票，可以拿到发展银行办理贴现，提前支付，以缓解资金困难。

2. 实行政府财政补贴政策

其补贴有两项：一是就业补贴。对提供较多就业机会的中小企业给予就业补贴，促使其吸收更多的失业者，以缓解就业压力。二是研究与开发补贴。主要形式是设立政府专项基金，制定中小企业技术创新与开发计划，对符合计划条件的中小企业给予专项补贴。政府制定中小企业开发专项计划，计划中80%的预算用于支持小型企业的技术研究与创新活动，并且小型企业技术研究与开发的支出50%由政府提供。②

3.1.3　英国

英国中小企业在发展经济中发挥着不可或缺的重要作用。英国政府非常重视和大力鼓励中小企业的发展，制定了相应的政策，在很大程度上给中小企业创造了生存发展的空间。

1. 政府给予中小企业适当的税收优惠

政府通过削减公司税和提高公司税起征点等办法，减轻中小企业的财务负

---

① 汪厚庭：《德国中小企业成功经验的启示》，载《中共桂林市委党校学报》，2007（1）。
② 张弥：《国外金融体系对中小企业的支持及借鉴》，载《财政问题与研究》，2002（3）。

担。1999 年，中小企业的公司所得税从原来的 30% 削减到 20%，比大企业低 10个百分点。2000 年，中小企业利润的纳税起点也由原来的 4 万英镑提高到 5 万英镑，并对企业的科研和开发投入实行税收减免，延长对企业生产性投资的税收减免期限。此外，在减轻小企业税务负担的同时，扶持处于初创期的小企业，调高课税最低额，废除了预交所得税，同时降低了投资所得税。

2. 政府加大对中小企业资金方面的支持

1981 年起，英国政府就开始实施"小企业信贷担保计划"，主要为得不到贷款的小企业提供信贷担保。贷款的最高限额是 10 万英镑，偿还期为 2 ~ 7 年，贸工部为借贷人向银行担保。若借贷人不能按时偿还债务，贸工部将按 2.5% 的利息偿还债务款。同时，政府各部门会同银行等投资机构设立了资助小企业发展的专项政府优惠贷款。

3. 完善资本市场和金融服务

针对中小企业融资难，抗拒风险能力弱的实际情况，英国政府联合私营部门制定了商业融资计划，主要包括小企业贷款担保方案、地区风险资本基金、英国高技术基金等，帮助中小企业获得资金融通。

4. 建立中小企业服务局

政府设立了中小企业服务局，在帮助新建中小企业熟悉和遵循监管法规、提供贷款担保和国外市场信息以及如何采用先进经营手段等方面提供多方面服务。①

3.2　美洲促进中小企业发展的财政金融政策

3.2.1　美国

最新数据表明，小企业占全美企业总数的 98%，对美国经济发展作出了重要贡献。为此，美国富国银行采用信用评分体系，为小企业提供了多种金融服务，缓解了小企业资金不足的困境。

1989 年，富国银行在其零售银行业务下创建了"小企业银行业务集团"，专门服务于小企业客户，又在其下设立了小企业贷款部，为年销售额低于 1 000

---

① 王德侠：《英国对中小企业的扶持政策及启示》，载《经济师》，2007（2）。

万美元的小企业提供贷款。1994 年，创建"企业通"，采用简化流程的方式，向年销售额低于 200 万美元的微型企业提供上限 10 万美元的超小额贷款。到目前，富国银行已成为美国小企业贷款排名首位的银行。

1. 建立专门针对小企业贷款的机构

富国银行为小企业贷款建立"企业通"和"小企业银行"，由该银行旗下的两家专门机构负责。"企业通"的贷款上限为 10 万美元，客户定位于销售额少于 200 万美元的微型企业。大部分贷款仅通过邮件、电话或分行柜台发放，连客户经理都没有权力发放贷款。在贷款发放和账户监控中大量使用信贷评分，不使用纳税申报表或财务报表，该类产品通常无需担保物。"小企业银行"贷款上限为 100 万美元，客户定位为年销售额 200 万 ~ 2 000 万美元的小型企业。贷款由客户经理负责发放，贷款发放主要依据企业财务报表分析。与"企业通"不同，通常需要小企业提供担保物。

2. 发放贷款流程的改变

1994 年对小企业贷款流程作出了重大改变后，小企业贷款业务的盈利性大增，持续十多年来都收到了良好的效果，并成功经受住了次贷危机的巨大考验。发放贷款流程的主要改变如表 3 – 1 所示。

表 3 – 1　　　　　　　　　　发放贷款流程的主要变化

传统流程	新流程
必须通过分行或信贷官员进行申请	可以通过邮件、电话或分行柜台进行申请
必须提供报税表和财务报表	无须提供报税表和财务报表
由人工对申请进行仔细审核	2/3 的申请实现了电脑自动化审核、批复
进行年度审核	无须定期审核
通常需要担保物	通常不需要担保物
在企业贷款系统中簿记	在个人贷款系统中簿记
要求的贷款损失很低	因定价较高，可以允许较高的贷款损失

发放贷款后，富国银行对每个客户进行持续的动态的风险评估，并采取必要措施提高盈利性。"企业通"经常根据客户的风险行为提高价格，对表现良好的低风险客户降低利率，或者提高贷款上限，从而逐步降低风险较高客户的贷款余额比重，增加低风险客户的贷款余额比例。[①]

---

① 资料来源：http：//www. 360doc. com/content/11/0311/20/158286_ 100300350. shtml。

3.2.2　巴西

巴西对中小企业的金融支持以 Banco do Nordeste（BN）银行为代表。Banco do Nordeste 银行创建于 1954 年，是一个集开发、投资于一体的商业银行，同时也是南美最大的区域性开发金融机构。为了扶持小企业对贷款的需求，BN 银行与世界银行一起寻找更有效的方法。1997 年，BN 银行启动 CrediAmigo 项目专门向社会底层人群提供小额贷款。该项目是南美最大的小额信贷项目，每年以 40% 的速度扩张，拖欠率不到 1%。CrediAmigo 计划在 1998 年至 2003 年之间，向超过 300 000 巴西贫困人民提供小额信贷，并对经济的可持续发展作出了重要贡献。目前，该计划已经在拉丁美洲的小额信贷机构之间相互渗透，客户的数量进一步增多，推广的深度进一步加深。目前，BN 的小额贷款计划 CrediAmigo 已使 100 多万巴西东北地区人口摆脱了贫困。

3.3　亚太地区促进中小企业发展的财政金融政策

亚太地区各国政府根据其国情特点制定了相应的金融政策扶持中小企业发展。

3.3.1　韩国

金融危机以后，韩国采取一系列措施扶持中小企业的发展，并且取得了明显的成效。

1. 给予中小企业适当的税收优惠

韩国政府对新创业中小企业从营业日起，法人税、所得税实行开始 3 年免税，其后 2 年减半征收。金融危机后，多次改变税收制度，在中小企业为偿还金融机构负债为目的而转让不动产时，免征让渡所得税、特别附加税。

2. 提供中小企业适当的政策性贷款

韩国的政策性贷款主要由政府部门的政策性基金提供，通过专业银行向具备获得政策性贷款资格的中小企业发放。由中小企业创业基金对具有新技术和有出口潜力的产品生产企业给予特殊的支援、鼓励和支持。[1]

---

[1]　马常娥：《中小企业：韩国的扶持发展及其启迪》，载《世界经济与政治论坛》，2000（4）。

3.3.2　日本

日本政府根据中小企业的特点制定出一系列的财政金融政策，为其发展提供了良好的环境。

1. 政府对中小企业给予适当的税收优惠

日本对中小企业实行低税率法人税，中小企业税率为22%，普通法人的税率为30%。企业按债务比例每年提取的债务准备金用来处理当年坏账，不足部分须在次年清账，而中小企业在次年不必全部清账，还可以从利润中提取16%作为累积，用于企业的投资扩张。中小企业进行设备现代化改造，可实行特别折旧，对新兴产业的设备使用期限缩短到4至5年。同时，对技术含量较高的中小企业所购入或租借的机器设备减免所得税。

2. 政府为中小企业提供适当的贷款援助

日本主要是通过政府设立中小企业金融机构实施中小企业贷款援助。政府设立了"中小企业金融公库"、"国民金融公库"、"工商组合中央金库"等金融机构，对中小企业给予长期、低利率融资。此外，日本政府还设立"信用保证协会"和"中小企业信用公库"对中小企业向商业银行借贷提供担保。①

3.3.3　印度尼西亚人民银行（BRI）

印度尼西亚具有悠久的小额信贷历史，其小额贷款具有在其他国家难以发现的显著特征。印度尼西亚共有50 000多家小额信贷机构，包括商业银行、农村银行、国有发展银行、合作社等。印度尼西亚人民银行成立于1895年，是一家国有商业银行。其营业所为经济困难的百姓及小企业提供广泛的金融服务。1984年2月，印度尼西亚银行推出乡村贷款。这个项目是为满足小型企业农贷项目借款人的需求而设定的。起初，乡村贷款在25 000卢比到1 000 000卢比之间变动。1995年末，贷款的上限提高到25 000 000卢比。目前，由于通胀及卢比贬值，BRI增加贷款上限到50 000 000卢比。为了提高对小额借款人的服务，1994年，BRI营业所开始发放小额信用贷款，这种尝试在印度尼西亚很多区域开展。这类贷款允许客户无担保获得500 000卢比，12个月的使用期限。这个尝试随后在全国推广。2000年起，最大无担保贷款额度提高到3 000 000卢比。贷款的期限分为3个、4个、6个、9个、12个、18个月，营运资金是24个月，

---

① 黄刚、谢沛善、蔡幸：《日本、韩国、台湾中小企业发展的金融支持经验及启示》，载《广西商业高等专科学校学报》，2005（4）。

投资贷款为 36 个月。最基本的偿还方式是按月等额偿还，其他选择包括 12 个月或低于 12 个月的到期一次性偿还，延期最多可达 9 个月。[①]

3.3.4 哈萨克斯坦小企业计划（KSBP）

哈萨克斯坦的小企业计划是一个成功的小企业扶持项目，商业银行不断下调利率为小型企业提供充足的资金。1998 年，欧洲复兴开发银行（EBRD）在哈萨克斯坦启动了 KSBP 项目，帮助当地商业银行开展针对微小型企业的规模化贷款业务。经过几年的发展，该项目已成为中亚地区最成功的金融项目之一，七家合作银行发放项目贷款的网点达 200 个，遍布哈萨克斯坦，合作银行专职从事该项目的信贷员共有 600 名。迄今为止，KSBP 项目累计发放贷款 10 万笔，累计发放金额 5 亿美元，创造了 27 万个就业机会，贷款余额从 1998 年的 580 万美元发展到目前的 1.715 亿美元；资产质量良好，逾期一天以上的贷款比率在六年里保持在 1% 以内。在 KSBP 项目的带动下，欧洲复兴开发银行的技术随着信贷员广泛传播，其合作银行也开始运用自己的资金帮助微小企业贷款。由于 EBRD 贷款单笔金额很小，平均不到 6 000 美元，受到小企业特别是个体工商户的普遍欢迎。1 万美元以下贷款居多，5 万美元以上的贷款笔数只占 2%，贷款额最高也不超过 20 万美元。该项目下的小企业贷款在城市的市场占有率为 50% 以上。银行因此取得一定的经济效益，也为小企业解决了融资难的问题。目前，每月有 5 000 个客户从该项目得到共约 3 000 万美元的贷款。[②]

3.3.5 澳大利亚

澳大利亚政府创新中小企业的财政金融政策的改革，对促进中、小、微型企业发展具有重要借鉴意义。

1. 政府把行政管理化繁为简

澳大利亚联邦政府没有设立专门负责中小企业事务的机构，管理中小企业的职能分布在不同的政府部门。例如，工业旅游资源部主要负责制定支持中小企业发展的产业、资金、促进投资等政策，下设的创新工业发展部负责研究制定支持中小企业研发及创新计划。教育科学培训部门主要负责办理与中小企业相关的教育、科研和培训事务。此外，联邦农业、渔业和林业部以及联邦就业

[①] Malhotra, M. & Chen, Y. & Criscuolo, A. & Fan, Q. & Hamel, A. & Savchenko, Y. ："Expanding Access to Finance：Good Practices and Policies for Micro, Small, and Medium Enterprises", World Bank, 2006.

[②] 中国银行业监督管理委员会：《哈萨克斯坦小企业贷款项目考察报告》，2005。

关系部也都设立了中小企业服务部门。

2. 政府对中小企业的税收给予适当的优惠

澳大利亚税务办公室对中小企业给予优惠，不断改进现有税制，减轻中小企业税收负担。

（1）下调中小企业所得税税率。从 2001 年起中小企业所得税税率由 36% 降到 30%，有些州政府还下调了中小企业工资总额调节税，或规定中小企业不用缴纳工资所得税。为了减轻中小企业的成本负担，政府还降低了企业为员工负担的社会保险费缴纳比例。

（2）对边缘地区的中小企业给予一定的税收优惠。澳大利亚对边缘地区的中小企业给予一定的税收优惠。首先，减免附加利益税。企业按其支付给雇员及其亲属的非现金利益总值的 48.5% 缴纳附加利益税。其次，对所得税减免。对边缘地区中小企业员工给予所得税减让。最后，为促进中小企业研发创新活动，政府对研发支出实施了两种税收减免政策：一种对于年收入低于 500 万澳元的中小企业，可直接将其研发支出从应缴纳的税收款项中抵扣，最低和最高的抵扣额度分别为 2 万澳元和 100 万澳元；另一种规定非澳大利亚居民对澳大利亚风险资本进行投资，可以按照 175% 的比例在应缴税额中扣减。[①]

3.4 世界各国促进中小企业发展的金融支持政策的简要评价

从以上分析可以看出，尽管目前世界各国由于国情不同，对中小企业的划分标准不一，但都已经充分认识到中小企业在其国家中的社会地位和国民经济的意义，根据本国的经济发展状况和中小企业的特点采取不同的措施，以促进中小企业的发展。总的来说有以下几条经验：

3.4.1 财政支持

不同的国家，根据其在不同时期的财政状况和小微企业的特点采取了多种财政支持政策，其目的有两个方面：一是减少小微企业的支出，例如减少、推迟甚至免于征收所得税、增值税和流转税等；二是增加小微企业的收入，比如

① 刘宪辉：《澳大利亚中小企业的"政策温室"》，载《中小企业投融资》，2011（8）。

法国的就业补贴与研发补贴；三是政府财政贷款项目。财政支持政策能有效和直接地减轻小微企业的压力，刺激其活力。

3.4.2　金融支持

一般而言，对小微企业的财政支持对于一个国家和地区的财政收支平衡具有较大的压力，尤其是这种财政支持力度较大时。因此，受制于财政压力，部分国家主要采取金融支持政策。其中主要有：

（1）设立专门服务于小微企业的金融机构，以增强对小微企业融资需求的服务，例如中小银行、小额贷款公司和信用担保机构等。这些机构的存在和业务展开能有效地降低小微企业融资信息不对称现象、降低融资成本以及促进资金的有效供给。

（2）对于规模较大的商业银行及其他金融机构，采取不同的激励措施以激发其对小微企业的贷款动力。相对而言，包括商业银行在内的大型金融机构一般资金实力相对雄厚，关键在于因小微企业信息及本身运营机制问题不愿意为小微企业提供贷款。为此，不同国家采取的政策不同，比如鼓励金融创新、改革还款方式、设立担保和其他信用机构为商业银行向小微企业贷款提供担保等。

（3）建立或加强资本市场对小微企业的融资服务。比如英国政府联合私营部门制定了商业融资计划，主要包括小企业贷款担保方案、地区风险资本基金、英国高技术基金等，帮助中小企业获得资金融通。

第4章 基于发展方式转变的浙江省中小企业金融支持分析

4.1 浙江省及省内中小企业经济成就

4.1.1 浙江省的经济成就

自 20 世纪 80 年代以来，地处长江中下游的浙江省抓住了改革开放的历史机遇，经过三十多年的持续快速发展，经济实力不断增强，已经成为中国经济增长最快、最富有经济活力的地区之一，并在经济发展过程中，开创了一条具有浙江经济特色的发展道路，"浙江模式"也为全国乃至世界所熟知。浙江经济以全国 1% 左右的土地和近 4% 的人口创造了全国近 8% 的 GDP。

1. 浙江的经济总量成就

来自浙江省统计局的数据显示，1949 年，浙江省生产总值仅有 15 亿元，2009 年达 22 832 亿元，按可比价格计算，2009 年的地区生产总值比 1949 年增长 296.3 倍，年均增长 10%。其中，1979 年至 2009 年年均增长 13%。改革开放 30 年年均增长 12%，是各省市区中地区生产总值增长最快的地区。经济的快速增长，大大增强了综合实力，使浙江经济在全国的地位和影响力迅速上升。继 2008 年地区生产总值列广东、山东、江苏之后，居全国第 4 位；2009 年和 2010 年连续 2 年地区生产总值位列全国第四。

初步核算，2010 年，全省生产总值为 27 227 亿元，比上年增长 11.8%。其中第一产业增加值 1 361 亿元，第二产业增加值 14 121 亿元，第三产业增加值 11 745 亿元，分别增长 3.2%、12.3% 和 12.1%。三次产业增加值结构由 2005

年的 6. 7:53. 4:39. 9 调整为 2010 年的 5. 0:51. 9:43. 1。①

2010 年，进出口总额为 2 535 亿美元，比上年增长 35%，其中进口 730 亿美元，增长 33. 4%；出口 1 805 亿美元，增长 35. 7%，出口占全国的比重从上年的 11. 1% 提高到 11. 4%。2010 年，规模以上工业增加值 10 397 亿元，增长 16. 2%，轻、重工业增加值分别增长 14. 6% 和 17. 4%；规模以上工业销售产值 50 368 亿元，增长 30. 2%；国有及国有控股工业企业增加值 1 811 亿元，比上年增长 11. 6%；规模以上工业企业完成出口交货值 10 683 亿元，增长 27. 6%；出口交货值占销售产值的比重为 21. 2%，比上年下降 0. 4 个百分点。

2010 年，财政一般预算总收入 4 895 亿元，比上年增长 18. 8%；地方一般预算收入 2 608 亿元，增长 21. 7%，增速分别比上年提高 8. 3 个和 10. 9 个百分点。

2. 浙江经济的人均成就

浙江人均地区生产总值由 1949 年的 72 元增加到 2010 年的 51 711 元，列上海、北京、天津三个直辖市和江苏省之后，居全国第 5 位和各省区第 2 位。按可比价格计算，比 1949 年增长 107. 7 倍。其中，改革开放 32 年年均增长约 11. 8%，是国内各省（市、区）中人均地区生产总值增长最快的。

从世界范围比较来看，浙江属于上中等收入地区，2005 年浙江人均地区生产总值突破 3 000 美元，2010 年达到人均 7 690 美元。排名靠前的杭州则达到了 10 103 美元。预计在"十二五"末期，浙江的人均地区生产总值将有望突破一万美元，属于上中等收入并接近中等收入国家的收入上限水平。

据对城乡住户抽样调查，浙江省城镇居民人均可支配收入 27 359 元，农村居民人均纯收入 11 303 元，扣除价格因素，分别比上年实际增长 7% 和 8. 6%。城镇居民人均可支配收入连续 10 年居全国第 3 位，农村居民人均纯收入连续 26 年列各省区第 1 位。城镇居民人均消费支出 17 858 元，比上年实际增长 3. 1%；农村居民人均生活消费支出 8 390 元，实际增长 9. 4%。2010 年末，城乡居民本外币储蓄存款余额 21 094 亿元，比上年末增长 16. 1%，人均储蓄 38 759 元，生活质量明显提高；城镇居民家庭恩格尔系数（居民家庭食品消费支出占生活消费总支出的比重）为 34. 3%，比上年上升 0. 7 个百分点；农村居民家庭恩格尔系数为 35. 5%，比上年下降 1. 9 个百分点。

---

① 浙江省统计局：《浙江省 2010 年国民经济和社会发展统计公报》，http://www.tjcn.org/plus/view.php? aid＝17820，2011－10－31。

4.1.2   浙江省中小企业经济成就

应该说,浙江经济之所以取得如此成就,与浙江省中小企业的快速发展密切相关。自改革开放以来,浙江省以民间投资为主、民营经济占主体地位的中小企业发展迅猛,已经成为浙江省扩大就业、实现社会稳定的重要保障,成为促进经济发展、增加财政收入的重要来源,成为推进科技创新、提高产业竞争力的生力军,为浙江经济社会发展作出了重大贡献。可以说,量大面广的中小企业是浙江经济的基础所在、活力所在与根本所在,在浙江省的国民经济和社会发展中具有不可替代的作用。

1. 成为全省国民经济的重要基础

在过去31年里,浙江省经济总量在全国的位次从第12位上升到第5位,从一个资源小省迅速发展成为经济大省,以民营企业为主体的中小企业功不可没。截至2010年底,全省各类中小企业总数已达270多万家,占全省企业总数的99.7%,其中规模以上工业企业63 274家,亿元以上销售收入工业企业7 025家,目前全省工业总量的84.1%、工业税收的73.3%、外贸出口82.5%、工业企业从业人员的90.9%都来自中小企业。

浙江省中小企业在国际贸易中发挥着越来越重要的作用。杭州海关公布的最新统计数据显示,2011年第一季度浙江省外贸进出口总值为664.6亿美元,同比增长26.1%,实现贸易顺差228.4亿美元。第一季度浙江外贸出口446.5亿美元,同比增长24.2%,出口值列广东、江苏、上海之后居全国第4位;进口218.1亿美元,同比增长30.1%,进口值居广东、北京、江苏、上海、山东之后居全国第6位。海关公布的数据同时显示,3月份,浙江省实现外贸进出口总值241.4亿美元,同比增长38.6%;其中出口158.5亿美元,同比增长47.1%;进口82.9亿美元,同比增长24.9%。

2. 成为改革开放的重要参与者和推动者

浙江中小企业的发展是与民营经济的发展、与改革开放和市场经济相伴而生的,是推动对外开放和建立社会主义市场经济体制的重要力量。浙江省市场取向改革早,形成了先发性体制优势,这与民营经济为主体的中小企业起步早、发展快密切相关。民营经济特别是个私经济的迅速发展,促进了人们思想观念的转变,造就了一大批适应市场经济运行的经营管理人才;促进了专业市场的发展,使浙江省较早地初步形成了市场体系,尤其是商品市场体系;中小企业已经成为浙江省外经贸发展新的增长点,在外向型经济发展中发挥了主体作用。

近年来，浙江中小企业发展出现了一些新趋势：科技进步和创新步伐明显加快，科技化趋势不断加强；积极"引进来"、"走出去"，国际化趋势不断加强；一大批中小企业在竞争中发展壮大，规模化趋势不断加强；与其他所有制经济互相渗透、互相融合，股份化趋势不断加强；块状经济的规模效益、集群优势进一步显现，集聚化趋势不断加强。当前，浙江中小企业发展正处于一个增长转型的关键时期，孕育着企业制度、产业发展、经营模式和增长方式等方面的重大转变，面临着实现新飞跃的历史性机遇和历史性任务。

3. 成为工业化、城市化的生力军

浙江原来是一个陆域资源缺乏、工业基础薄弱的农业省份，改革开放以后，从农村工业化起步，大力发展乡镇集体企业和个私经济，逐步形成一批在全国具有较强优势的产业、企业和产品，发展成为一个工业大省。通过中小企业的发展，浙江形成和巩固了具有特色的工业体系，纺织、服装、机械、电子、化工、建材、食品、工艺美术等成为浙江工业的支柱产业。例如，绍兴市已聚集了大批相关企业而成为全国产量最大、设备最先进、交易最活跃的化纤纺织产业集聚地；温州成了制鞋企业的聚集地，产品市场份额占全国的 20% 以上；乐清的低压电器主要产品约占国内市场的 66%；诸暨的袜业企业主要产品约占国内市场的 35%；嵊州的领带生产企业主要产品占到国内市场的 80%。宁波鄞县的服装业、湖州织里的童装业、海宁的皮革业、嘉善的木业、永康的五金业等，都是同一产业或行业向一定区块集聚并成效显著的典型。浙江企业集群以专业市场为依托，把成千上万个家庭工场有效地组织起来，形成了最有浙江特色的"专业市场＋家庭工场"式的经营规模，也就是"小企业、大市场"的"浙江模式"。

另外，浙江省中小企业的发展，有力地推动了人口、资金等要素的流动和集聚，促进了城市第三产业的发展和城市基础设施建设，加快了城市化进程。2010 年，浙江省的城市化水平已达到 59%。

4. 成为扩大社会就业的主渠道

中小企业的发展，促进了大量农村剩余劳动力从第一产业向第二、第三产业转移，解决了一大批城乡居民的就业问题，成为增加就业的主渠道。根据浙江省中小企业局统计，中小企业已成为该省提供就业岗位最多，解决人员就业最多的群体。截至目前该省已有 1 300 多万农村富余劳动力和城镇下岗职工在中小企业中就业，人均工资性收入超过 2 万元。即使是扣除个体工业户，中小企业的劳动贡献率也超过了 90%。这是浙江省从业人员增长最多的时期。为缓解

社会就业压力，保持社会稳定，作出了突出贡献。

上述情况表明，没有以民营经济为主体的中小企业的快速发展，就不可能有浙江改革开放和经济社会发展的辉煌成就，不可能有浙江经济的勃勃生机和强劲活力。中小企业在富民强省中功不可没。

4.2 浙江省中小企业发展方式转变的必要性与迫切性

4.2.1 浙江经济发展遭遇挑战

然而，进入 21 世纪以来，以中小企业为主体的浙江经济发展遇到了极大的挑战。浙江近年来（2005—2009 年）经济增长平均速度居于经济规模最大五省的第三位，年均增长 13.5%，而在全球金融危机爆发的 2009 年，增速为 8.9%，列五省之末（周建松，2010）。2008 年至 2010 年，浙江省的地区生产总值增长率已经连续 3 年排名全国各省地区生产总值增长率第 27 位，或者说倒数第四位，浙江经济快速增长的优势已不再显著。

对此，学者的观点是中小企业无疑是拖累整个浙江省经济增长的重要因素。具体而言，浙江省中小企业长期积累的素质性、结构性矛盾尚未解决，经济增长主要依靠物质资源消耗支撑的格局没有根本改变，产业层次低、布局散、竞争力弱的格局没有根本改变，企业主要依靠低成本、低价格竞争的格局没有根本改变。

目前，浙江省正处于全面提升工业化、信息化、城市化、市场化、国际化水平的关键时期，国际国内发展环境正在发生一系列带有转折性、阶段性特征的新变化，在一定时期内浙江省将面临世界范围的经济增长减缓和通货膨胀的双重压力，面临资源环境约束和要素价格高企的双重压力，面临市场竞争日趋激烈和自身竞争优势弱化的双重压力，面临保持经济平稳较快发展和维护社会稳定的双重压力（朱小燕，2008）。

解决当前浙江省发展面临的各种矛盾和问题、应对未来各种压力和挑战、保持经济又好又快发展，必须切实增强加快转变经济发展方式，推进经济转型升级的紧迫感、责任感，积极探索具有浙江特色的科学发展之路。

4.2.2　浙江省中小企业发展方式转变的必要性

中小企业作为浙江经济的主体和基础，也是浙江省发展方式转变和经济转型升级的重要力量，而浙江省中小企业本身存在的一些问题则使其转型升级尤为必要。

1. 产业层次低、传统劳动密集行业比重大

2010 年，浙江人均地区生产总值为 51 711 元，而三次产业结构为 5.0:51.9:43.1，与国际上处于同一经济发展水平的国家相比（农业低于 5%，服务业高于 60%），产业结构明显不够合理（见表 4-1）。从产业结构内部来看，多数工业产品处于产业链、价值链的低端，传统产业如纺织、服装等行业仍然是制造业的主体；高新技术产业发展相对滞后，面临技术、资金等瓶颈制约，2007 年的增加值仅占浙江生产总值的 3.3%；服务业规模总量较小，比重不够高，结构不合理，面向生产的现代服务业发展尤其滞后；劳动生产率较低。高新技术产业和第三产业的发展滞后凸显了浙江的结构性矛盾（钱水土，2010）。

表 4-1　　　　　浙江省 2008—2010 年三次产业产值及其结构

年份	2008		2009		2010	
产业	产值（亿元）	比重（%）	产值（亿元）	比重（%）	产值（亿元）	比重（%）
第一产业	1 095.43	5.1	1 162	5.09	1 361	5.00
第二产业	11 580.33	53.89	11 843	51.87	14 121	51.86
第三产业	8 811.16	41.01	9 827	43.04	11 745	43.14

资料来源：根据 2008—2010 年浙江统计公布数据整理获得。

而根据王宏理的研究（2010），与江苏和山东相比，在 2009 年，浙江省经济总量落后达 1 万亿元，工业增加值和第三产业增加值的占比高达 90%。这表明，扩大差距主要是由工业和第三产业发展滞后造成的。在工业方面，浙江省高新技术产业的占比提高不明显，而广东、江苏、山东高新技术产业增加值占工业增加值的比重提升明显，分别为 19.2%、16.1%、7.1%，比 2000 年提高了 4 个、8.3 个和 4.2 个百分点，浙江省占比为 6.6%，仅比 2000 年提高 2.1 个百分点。在第三产业方面，浙江省虽然增长速度较快，但与广东相比差距非常明显，广东的第三产业增加值是浙江省的 1.8 倍，其差距既体现在传统服务业上，也体现在现代服务业上，其中，交通运输、仓储和邮政业，信息传输、计算机服务和软件业，批发和零售业，金融业，房地产业，租赁和商务服务业这六个行业的差距占总差距的 79%。

2. 产业链层次低、附加值低

浙江省中小企业产业分布相对比较狭窄，主要集中在进入门槛较低、技术含量较低、附加值较低的传统制造业和商贸业。总体产品档次较低，在全球产业链分工体系中多处于技术初端，产品的竞争力主要靠低成本低价格来维持。低水平、不合理重复建设问题较突出，同业无序竞争相当严重。

比较低的产业层次与低附加值是长期困扰浙江的问题。通常，高新技术产业、重化工业的人均附加值比较高，传统产业的人均附加值比较低。浙江制造业人均附加值自 2001 年以来就一直低于全国平均水平，且差距呈逐年扩大的趋势，其中，2009 年制造业的人均附加值仅为全国平均的三分之二（浙江是 9.57 万元/人，全国是 14.86 万元/人）。如 2007 年，全国制造业人均附加值平均为 11.41 万元/人，电子通信设备制造业为 13.48 万元/人，医药制造业为 16.65 万元/人，钢铁工业为 29.59 万元/人，石化工业为 38.41 万元/人，但纺织业只有 7.85 万元/人，服装业只有 5.47 万元/人。从制造业的主要产业来看，浙江最大的制造业是纺织业，人均附加值为 7.14 万元/人，而全国最大的制造业是电子通信设备制造业，人均附加值为 13.48 万元/人，两者之间相差近 1 倍。从产值占比在 5% 以上的产业来看，浙江制造业的产业层次水平明显低于全国平均水平。

与江苏、山东、广东和全国平均水平相比，浙江制造业低技术劳动密集型产业比重较高、附加值较低，而高技术知识密集型产业比重较低，附加值也明显偏低。不仅如此，在制造业结构调整幅度方面，浙江落后于山东和广东；在制造业整体效益提升速度方面，浙江不及山东和江苏，比全国平均水平也慢得多（徐竹青，2010）。

据国家统计局对全国 532 种主要工业产品的调查，浙江有 56 种特色产品产量全国第一，居全国前十位的有 336 种，占总数的 63%。其中，纺织业产值 4 500 亿元，占全国规模以上企业总产值的 21.4%；服装业 1 500 亿元，占 15%；通用机械 3 000 亿元，占 12%；电气机械 3 700 亿元，占 12.3%；金属制品 1 800 亿元，占 13.8%；皮革制品 1 000 亿元，占 16.6%；塑料制品 1 500 亿元，占 15%；工艺品 70 亿元，占 17.5%。数据表明，当前的经济问题其实质是结构性、素质性矛盾的总体反映（王宏理，2010）。

3. 自主创新能力弱、研发投入少

技术创新是产业升级的关键性因素。浙江较低的技术创新投入和技术创新能力无疑成为制约浙江产业升级的最主要因素。

从科技投入看，这些年浙江的科技投入虽逐年增长，但仍处于相对较低水

平。目前，浙江省无论是全社会科技投入还是财政科技投入，都远远不能满足科技创新的需求。2009 年浙江省 R&D 投入占生产总值的比例为 1.7%，明显低于上海（2.7%）、天津（2.1%）、江苏（2.0%）的水平。财政科技投入为88.2 亿元，同样也低于广东（132.5 亿元）、江苏（96.1 亿元）、上海（130.5亿元）等省市。从科技产出看，包括专利、论文、获奖、技术转让、新产品开发与销售等，浙江的科技活动产出与科技活动投入相比明显落后。国家科技部《科技进步统计监测综合评价结果》显示，2007 年，浙江科技活动产出指数在全国排名第 19 位，高新技术产业化指数在全国排名第 13 位。

事实表明，浙江的科技投入水平落后于经济发展水平，科技产出水平落后于科技投入水平。这说明，在经济增长中，浙江科技进步的贡献率比较低；而相对于科技投入水平，浙江的技术创新产出能力更低。技术创新产出能力是反映各种要素组合产生的实际成效，是衡量技术创新能力最直接、最重要的指标。

企业自主发展创新能力不强，许多企业没有科学合理的发展战略和相应的发展规划，产品开发能力不强。绝大部分企业的产品模仿国内外大企业，来料加工业务比重较高，原创性、自主性产品非常少。据省工商联调查，80% 的中小企业没有进行新产品开发，产品更新周期 2 年以上的占 55% 左右。浙江省虽有不少企业集群邻近大学或研究机构，这些大学和研究机构也有着相当的研究开发能力，但尚缺乏良好的合作机制和合作氛围。据调查，产学研合作创新方式仅占企业创新的 24.5%。浙江的品牌数量虽多，但文化底蕴较少，高端品牌寥寥无几。

4.2.3　金融危机后浙江省中小企业发展方式转变的迫切性

从总体看，浙江省中小企业长期性、结构性和素质性矛盾尚未根本解决，国际形势复杂多变，国内宏观经济政策缓慢收紧，中小企业的发展环境仍然较为严峻。国际金融危机之后，浙江省中小企业转型升级的迫切性更加突出。

1. 人民币升值压力

浙江省的外贸依存度高，产品出口市场又主要集中于欧、美、日等发达经济体。自 2005 年 7 月 1 日启动人民币汇率制度改革到 2010 年 10 月 25 日，人民币汇率已从 1 美元兑 8.2765 元人民币上升至 6.6548 元，升值已经超过 24.4%。国际市场普遍预期，按贸易加权的人民币有效汇率指数将在未来几年内年均升值 5%。人民币升值加速蚕食了出口企业的利润，导致企业不愿接大单、长单。截至 2011 年 12 月 26 日，按照中间价汇率计算，人民币对美元在 2011 年已经升值 4.8% 。浙江省大量的中小企业缺乏议价能力,利润率较低,人民币汇率不断升值使得这些企业不敢接中长期订单和大单。

全球经济特别是发达经济体复苏缓慢及其市场需求减少,加上人民币汇率持续升值的外部压力,对浙江出口导向型企业的竞争力的影响不可低估,它将对浙江制造业出口企业的利润产生挤压效应,直接抑制浙江省产品出口增长,进而影响到经济增长速度。

2. 生产要素成本上升压力

一是能源类产品价格涨跌多变的风险。尽管近期原油等国际大宗商品价格有所回落,但总体仍在 100 美元/桶上方的高位运行;国内煤炭价格呈现整体平稳,高位盘整的趋势;为缓解"用电荒",国家发展改革委自 2010 年 6 月 1 日起上调非居民用电价格。二是资源类产品价格涨跌多变的风险。从金属市场看,与年初相比,除铝价小幅上扬外,铜价基本维持平稳,锌价跌幅超过 7% ,然而从长期看,整个金属市场的牛市前景并不会改变。三是原材料类产品价格涨跌多变的风险。以棉花为例,自 2010 年度以来棉花价格急剧上涨,328 级棉花一度达到 32 000 元/吨左右,3 月份以后棉花价格开始掉头急转直下。这种原材料价格在短期内的大幅波动大大增加了企业的接单难度,也造成了浓重的观望气氛,影响国外客户的下单。

浙江省以加工制造业为主,能源原材料价格上涨的负面影响比全国大得多。由于原材料价格上涨,利润向上游产业转移,处于中下游的中小企业的盈利空间缩小,企业由于价格原因而不敢接订单。原材料涨价,对微利的小企业冲击更大,据衢州市反映,该市 27 个制造业中,13 个行业亏损额同比上升,纺织服装、金属制品、专用设备、造纸等行业亏损额上升较快,少数企业已减少产量,增加货存,期待市场产品销售价格上扬。

3. 劳动力成本上升

当前物价上涨压力依然较大,物价不断走高带来工人生活成本上升,导致企业给员工加薪的压力增加。随着刘易斯拐点的到来,人口红利逐渐弱化;江西、湖北、安徽等内陆劳动力主要输出地的劳动密集型产业逐步壮大,使得浙江省劳动力来源逐年减少。铁路部门数据显示,2011 年春运期间铁路进站人数比上年同期下降了 17.6% 。另据温州市职业中心统计显示,2001 年前来该中心登记求职的务工人员达到 51 万多人,但到了 2009 年已经骤减到 18 万人左右,2010 年则只有 12 万人左右,2011 年有进一步下降的趋势。浙江省用工的结构性、周期性和行业性矛盾正在成为一种长期的趋势。用工紧张又推动了劳动力成本的大幅上涨。2011 年浙江省再次调高最低月工资标准，企业纷纷提高劳动报酬。据统计，全省 2010 年从业人员工资增长达 29.8%；1～2 月，中小企业从业人员劳动报酬同比上涨 25.5%，其中，小企业从业人员劳动报酬同比上涨 27.3%，比中型企业高 3.5 个百分点。

4. 可持续发展要求

资源的高消耗和排放的高标准制约了浙江的可持续发展。粗放生产风险一是高能耗企业风险加大。预计第一季度全省单位生产总值能耗仅下降 1.3%，节能降耗形势不容乐观。浙江对高耗能企业进行轮流限电，因电荒而导致的电价上涨和拉闸限电将增加高耗能企业生产成本，并导致设备闲置，同时也会影响企业的订单生产。二是高排放企业风险加大。省政府文件规定，今后试点地区凡参与排污权交易的单位，应按规定购买初始排污权。这必然增加造纸、印染、电力和化工等高排放行业中小企业的经营成本，一些靠赚取环境成本生存的企业，甚至因而破产。三是高污染企业风险加大。德清、路桥等地血铅超标事件都为浙江环保敲响了警钟。下一阶段，国家和地方政府可能会颁布更严的环保法规，提高环保标准，高污染企业将增加环保治理成本，影响盈利水平。

全球经济复苏缓慢和人民币升值的外部压力将抑制浙江省外贸出口增长，进而影响经济增长速度。在后危机时代，全球经济复苏缓慢。目前多数发达经济体的经济数据表现疲软，失业率居高不下。

5. 国际竞争力下降

（1）由于劳动力成本原因，大量订单转移至孟加拉国、印度、越南等其他价格更为低廉的国家或地区。

（2）出口退税政策的不确定性也增加了中小企业经营风险，2010 年 7 月 15 日起，我国取消部分钢材、有色金属加工材等 406 个税号商品的出口退税。为加快产业结构调整的步伐，可能会进一步下调非鼓励出口产品的退税率，出口退税政策的不确定性增加了浙江省部分出口企业的风险。

（3）贸易壁垒加大了出口压力。调查显示，目前全球 35% 的反倾销调查和 71% 的反补贴调查针对中国出口产品。截至 2010 年，我国已连续 16 年成为遭受反倾销调查最大的经济体，而其中近 70% 的反倾销案件涉及浙江省，涉案金额占全国近 30%。2011 年 3 月中旬，欧盟对我国陶瓷反倾销调查作出初裁，没有 1 家中国企业获得市场经济地位，1 500 余家中国陶瓷企业将被征收高达 73% 的临时惩罚性关税。

（4）时局变化和自然灾害的不确定性风险。埃及、利比亚、突尼斯、叙利亚等国家政局动荡，日本大地震影响深远，国际消费市场信心不振，以及金融危机遗留的种种问题成为全球经济发展的巨大不确定性因素，这对浙江省中小企业出口带来巨大挑战。

此外，中小企业还面临法律风险、财务风险、合同风险等诸多问题，每个问题都会从一个侧面增加企业成本、挤压企业利润，甚至成为企业停产停业的导火线。

由此可见，浙江省中小企业发展方式的转变与转型升级不仅是其生存发展的内在动力要求，也是外力逼迫所致。

4.3 浙江省中小企业发展方式转变的金融支持分析

4.3.1 浙江省中小企业发展方式转变的金融支持绩效分析

中小企业转型升级应该说是两个相互紧密联系又有区别的概念：一般而言，"转型"是针对生产关系而言的，是从生产关系角度提的，转型是指要转变现有的生产关系，这些生产关系不仅包括所有制结构，也包括管理方法，等等。而"升级"，在这里特指企业的产业升级，是指企业要从低附加值转向高附加值的升级，从高能耗、高污染转向低能耗、低污染的升级，从粗放型转向集约型的升级，升级是从生产力角度提的，是科学发展观的提法。

在现代经济中，金融业相当于其他产业和自主创新的造血机器，缺乏"金融"的血液，无疑对企业的转型升级和创新创业都是极大的阻碍。可以说，浙江中小企业已经处于必须进行产业结构优化，推进转型升级的关键时刻，要有创新，就必须依靠健全有效的金融体系来合理配置资源。金融在促进产业结构转型升级中具有十分重要的作用。

1. 金融支持与企业规模

金融体系的调整和优化可以使金融市场、金融机构和金融工具趋于多样化，有效地降低金融成本，从而刺激不同偏好的经济主体对储蓄和投资的需求，有利于更大限度地动员可用的储蓄资金，促使闲散的资金向金融机构和金融市场聚集，积累庞大的资金，再由直接融资或间接融资的方式促成资本流向不同的行业和企业，为企业转型升级提供足够的资金保障。

因此，结合企业转型升级的概念，金融支持首先表现为企业规模的扩大。

金融支持使得中小企业获得足够的资金，扩大资产规模，改变"小、散"的现状，从而为获得生产经营上的规模经济效应提供了必要的物质基础，这是中小企业转型升级的必要前提。根据2011年《浙江省非国有经济年鉴》的资料显示，规模以上工业企业的资产规模呈逐步上升状态（见表4-2）。

表4-2　　　浙江省2008—2010年规模以上工业企业主要指标　　单位：万元

年份	2008	2009	2010
企业平均资产总额	5 926.28	6 044.50	6 628.67
企业平均实收资本	1 244.67	1 278.66	1 371.78
企业平均利润总额	344.06	277.85	352.78

资料来源：根据2010年《浙江省非国有经济年鉴》数据整理获得。

从企业微观财务的角度来看，企业的资产与资金来源（筹资）是一个问题的两个方面：公司资产的增加意味着筹资的资金增加相等的数额，因此，企业资产增加体现了融资的增加。从表4-2可以看出，浙江省企业平均资产总额从2008年的5 926.28万元增加到2009年的6 044.50万元和2010年的6 628.67万元。平均每个规模以上工业企业2009年和2010年从浙江省金融体系内分别获得了118.22万元和584.17万元，总体上金融体系向规模以上工业企业提供了4 968.8亿元和4 202.03亿元的资金支持，其中，以实收资本方式提供的权益性资金在2009年和2010年分别达到了1 097.52亿元和706.2亿元。

2. 金融支持与企业组织结构

金融支持中小企业转型升级的资金形成机制首先表现为企业获得了更多的资金，由此伴随而来的是可能会导致企业组织结构、所有制结构发生变化，这又会导致企业的管理方法、决策机制等生产关系改变。具体而言，企业组织形式随着金融支持力度的加大由个体企业、合伙企业和股份合作制等形式转化为公司制、股份制企业，甚至转变为上市公司。

由表4-3可以看出，随着资本市场提供的金融支持，浙江省上市公司数量不断地增加，提高了企业的公司治理水平与管理决策水平。

表4-3　　　　　2008—2010年浙江省上市公司数量及其筹资额

年份	2008			2009			2010		
	境内上市	境外上市	合计	境内上市	境外上市	合计	境内上市	境外上市	合计
新增上市公司数量（家）	11	5	16	10	6	16	45	11	56
累计筹资额（亿元）	769.92	445.64	1 215.56	1 101.64	456.72	1 558.36	1 820	490	2 310

资料来源：根据浙江省统计局2008—2010年三年的统计公报数据加工整理获得。

3. 金融支持与科技投入与产出

随着社会经济的发展，技术创新已成为企业发展的核心，更是推动现代经济增长的关键。创新需要大量人力物力财力的共同配合，尤其需要大量的资金支持。金融市场提供的股权、债权融资等服务是技术创新资金的重要来源。因此，金融支持中小企业转型升级的重要方面是其具有技术创新机制。正是由于金融支持力度的加大，浙江省的研发投入和产出在不断增加，中小企业转型升级的步伐也随之加快。

由表 4 - 4 可以看出，从 2008 年到 2010 年，由于金融支持力度加大，浙江省投入研发的经费也在不断增加。正是研发经费的不断投入，使得企业整体的专利技术数量大为增加，增强了整个浙江省的企业技术含量，为企业转型升级提供了最重要的物质基础。

表 4 - 4　　　　　　　　2008—2010 年浙江省研发经费与研发产出

年份	2008		2009		2010	
研发经费	数额 （亿元）	占地区生产 总值比（%）	数额 （亿元）	占地区生产 总值比（%）	数额 （亿元）	占地区生产 总值比（%）
	600	2.79	720	3.15	830	3.06
独立研发机构（家）	150		149		147	
专利授予数（万件）	5.3		7.99		11.6	
技术交易额（亿元）	58.9		56.6		59.1	

资料来源：根据浙江省统计局 2008—2010 年三年的统计公报数据加工整理获得。

4. 金融支持与外贸出口结构

金融作为经济增长和产业发展的助推器，金融结构的优化不仅可以充分调动社会上的闲置资金，还可以提高金融效率。金融体系对经济社会提供资金的过程，也是金融资源对产业范围选择的过程。优化金融结构，可以有效引导资金从低效率部门流向高效率部门，使得金融资源向优势产业倾斜，使有效益、有竞争力的企业得到资本的支持而进一步发展壮大；反之，那些低效益、缺乏竞争力的弱势企业由于很难得到资本的支持而将被淘汰出局。

传统上，浙江中小企业出口的都是纺织、服装、打火机、通用机器设备等技术含量低的产品，是依靠低成本维持其竞争力的。但随着对中小企业金融支持度的加大，企业转型升级的加快，外贸出口结构也随之变化和提升。

表 4 – 5	2008—2010 年浙江省外贸出口结构		
年份	2008	2009	2010
出口总额（亿元）	1 542.9	1 330	1 805
高新技术产品出口额（亿元）	106.5	98.5	147.4
高新技术产品出口额占总出口额比重（%）	6.90	7.41	8.17

资料来源：根据浙江省统计局 2008—2010 年三年的统计公报数据加工整理获得。

由表 4 - 5，结合表 4 - 2、表 4 - 3 与表 4 - 4 分析可知，随着金融支持力度的加大，科技投入与产出增加，浙江省中小企业正在逐步改变出口技术含量低的产品的局面，开始向着高新技术产品出口增加的方向转变。

4.3.2　浙江省中小企业发展方式转变的金融支持不足分析

尽管近年来，浙江省对中小企业转型升级的金融支持力度在不断增强，但是总体而言，浙江省众多的中小企业还是面临着融资难的压力，尤其是继续转型升级的中小企业更是如此。浙江省中小企业转型升级速度相对缓慢，从根本上看，还是一个融资难的问题。由于融资难，大多数中小企业在资本和技术方面的投入不足，技术创新、品牌建设、渠道拓展、产业升级无从谈起，只能依赖廉价劳动力和规模经济效益，走粗放式的发展道路。

中小企业融资难突出表现为企业规模越小，融资越难，新创办的企业融资更难。由于中小企业，特别是微小企业和初创企业的现金流紧张、抵押物缺少、财务制度不透明、信用评估制度不健全，在现有的金融体制框架内，中小企业难以获取满足其自身进一步发展的资金（吴双，2010）。

1. 信贷对中小企业转型升级支持不足

作为中小企业，由于规模和资金实力的限制，其主要的资金来源是以银行为主体的信贷方式获得，而以下原因导致中小企业不能获得充分的信贷资金支持其转型升级：

（1）存款准备金率上调的影响。受到宏观经济的影响，为遏制通胀的压力，自 2008 年 12 月至今，中央银行已经连续 12 次上调存款准备金率。国内的大型金融机构存款准备金率已达 21.5% 的历史高位。截至 2011 年 6 月 20 日央行已 6 次上调存款准备金率，累计冻结资金已超万亿元。在资金普遍紧张的大环境下，中小企业转型升级所需的庞大资金更加难以获得。

（2）商业银行近年来尽管加大了对中小企业的支持力度，贷款金额和比例都有大幅度增加，但是由于管理体制和经营理念等方面的原因对中小企业往往具有惜贷心理。目前，中小企业贷款余额占全部贷款余额的比例与中小企业在浙江经济中的贡献率还有一定差距，中小企业贷款户数在全省企业总数的覆盖率仅为25%左右，大部分的中小企业还无法通过信贷渠道获得资金。大致匡算，当前浙江中小企业资金需求缺口在3 550亿元左右（吴双，2010）。温州市经贸委调查的结果显示：认为当前资金面偏紧的企业占了42.9%，企业资金缺口平均约为10%，而企业的贷款满足率仅57.4%。受调查的企业大部分是亿元以上的规模企业，贷款满足程度相对较高。事实上，更多的中小企业目前的流动资金已较为紧张，借贷利率明显攀升。

（3）省工商联在调研中发现，目前小企业手上并不缺订单，但就是贷不到款。有的即使贷到款，银行往往对小企业实行基准利率上浮30%至50%的政策，加上存款回报、搭购相关理财产品、支付财务中介费用等，实际的贷款成本接近银行基准利率的两倍。

存差是指银行吸收的存款大于其发放贷款的差额，存差保持一定的增长幅度是正常的。由表4-6数据可以推断，浙江省的金融机构存差相对过大，反映出储蓄向投资转化不够顺畅。在当前中小企业转型升级发展急需资金支持的情况下，银行有放贷能力，但就是不向中小企业施展，因此，存差不断扩大，影响了稳健货币政策的贯彻落实。相对于中小企业这些实体经济的资金需求来说，相当一部分资金向货币市场积聚反映出通过银行聚集的资金并没有得到优化配置（陈跃雪，2002）。

表4-6　　　　　　　　　浙江省2008—2010年金融机构年末
存款余额与金融机构年末贷款余额表　　　　　单位：亿元,%

年份	2008	2009	2010
金融机构年末存款余额	28 504.46	34 806.43	44 336.49
金融机构年末贷款余额	24 144.42	28 958.36	37 997.98
存差	4 360.04	5 848.07	6 638.51
存差占金融机构年末存款余额比例	15.30	16.80	14.29

资料来源：根据2011年《浙江省非国有经济年鉴》中浙江省国民经济主要指标（一）整理获得。

2. 资本市场对中小企业转型升级支持不足

浙江省近年来直接融资发展较快，从2008年到2010年各年新增上市公司数量分别为16家、16家和56家，到2010年年底上市公司达到242家，全省共有境内上市公司186家，位居全国第三，累计融资1 820亿元。其中，中小板上市公司91家，占全国中小板上市公司总数的17.1%，位居全国第二；创业板上市公司 16 家，占全国创业板上市公司总数的 10.5%。全省现有境外上市公司 56 家，累计融资 490 亿元。

直接融资虽然经历了较快的发展，但占比仍然很低，尤其是债权融资比例过低。2009 年，浙江省非金融机构融资总量中，以贷款、债券、股票（包括境内和境外）三种方式融入资金总额的占比分别为 92.6%、4.6%、2.8%，股票、债券融资余额仅增加 246.2 亿元，只占全省贷款增量的 1/40 左右。浙江省缺乏直接融资平台，而全国性的直接融资平台进入门槛过高，服务对象以大型企业为主。2011 年 A 股 IPO 有 265 家企业成功过会，浙江省 A 股 IPO 有 36 家企业成功过会，占比 13.58%。但这些企业也是规模较大的企业，绝大多数规模较小的中小企业特别是小企业无法享受直接融资的便利。更多的中小企业，特别是微小企业、初创企业主要是通过民间融资来解决生存问题，过高的民间借贷成本使这些微小企业、初创企业举步维艰，发展缓慢。

表 4 - 7　　　　　　2008—2010 年浙江省上市公司当年新增筹资额
与规模以上工业企业资产总额增加量

年份	2008	2009	2010
新增上市公司数量（家）	16	16	56
当年新增融资额（亿元）	406.63	214.48	342.8
规模以上工业企业资产总额增加量（亿元）	5 686.39	4 968.78	4 202.03
新增上市融资额占工业企业融资额比例（%）	7.15	4.32	8.16

资料来源：根据浙江省统计局 2008—2010 年三年的统计公报数据加工整理获得。

由此可见，浙江省资本市场发展远远跟不上浙江省经济发展水平，没有充分发挥对浙江省中小企业转型升级的金融支持作用。

3. 信用建设对中小企业转型升级支持不足

近年来，浙江省中小企业信用担保取得了较快发展，初步建立了政策型担保、商业型担保和互助型担保多元化发展模式，省、市、县、乡多层次的信用担保体系，为缓解中小企业融资难起到了很大的推动作用。

《浙江省融资性担保行业发展五年规划》显示，截至 2011 年底，浙江省共有 676 家担保机构，居全国第三。其中政策性担保机构 116 家，民营担保机构 560 家；注册资本金合计达 363.45 亿元，户均注册资本 5 440.8 万元。截至 2011 年 12 月份，全省担保机构已累计为 21.5 万家中小企业提供担保总额 3 454.1 亿元。2011 年，全省融资性担保机构新增中小企业贷款担保总额 1 131.08 亿元，同比增长了 86.08%；年底在保责任余额 939.88 亿元，同比增长 60.66%。

浙江省融资性担保行业以民营资本为主。资料显示，全省民营出资担保机构数量占全省担保机构总数的 80.5%，担保额占总数的 78.15%。浙江省的融资性担保机构以小微企业投资担保为主。据统计，2011 年底浙江在保企业 15.2 万户，其中 80% 以上为小微企业，平均每户企业担保余额为 61.83 万元。

但是，浙江省融资性担保行业仍处于起步和调整阶段，规范发展的基础十分脆弱，盈利能力不强，银保合作不畅，部分担保机构业务不够规范。另外，非融资性担保行业不够规范的整体形象造成了较大的负面影响，这些问题都需要引起高度重视。

第5章 金融支持对浙江省中小企业转变发展方式影响的实证分析

经济发展离不开金融的支持，浙江省中小企业在发展的不同阶段对资金的需求存在差异，而资金市场的信息不对称造成中小企业转型升级过程中融资困难，因此外部金融支持体系的建立极为必要。

5.1 相关理论观点综述

关于经济与金融关系的分析，主要有三大理论：

一是金融发展论。格利（J. G. Gurley）与肖（E. S. Shaw）认为，金融和经济的关系是互动的，经济发展是金融发展的前提和基础，金融发展是经济发展的动力和手段。金融技术的发展不仅使银行得到进一步发展，而且非银行金融中介机构也迅速发展，金融资产种类增加，金融市场广度和深度提升，大大促进了经济增长。戈德史密斯（Goldsmith）认为，金融结构，即一国金融工具和金融机构的形式、性质及其相对规模对经济增长有积极的推动作用，金融机构与金融资产种类越丰富，金融对经济的渗透力就越强，经济发展水平就越快，金融发展与经济发展齐头并进。Schumacher 从信用创造的视角、Keynes 从银行体系的视角、Gurley 和 Shaw 从金融中介的视角分别论述了金融对经济的重要影响。之后，Goldsmith、McKinnon 和 Shaw 等人通过理论和实证分析，建立了金融结构论、金融深化论和内生增长论，形成金融发展理论体系。金融发展论认为，金融变量的数量与结构变化是经济增长的重要因素（Gurley 和 Shaw，1960；Goldsmith，1966）。

二是金融深化论。麦金农和肖针对发展中国家金融的特殊性，指出金融体制和经济是一种相互制约、相互发展的关系，而政府过度干预金融，会造成金融和经济之间形成恶性循环，即产生金融抑制；而不存在政府过分管制的市场机制运行下，经济与金融之间将会形成相互促进的良性循环，即金融深化。

三是金融约束论。赫尔曼、默多克和斯蒂格利茨认为，对于金融发展水平较低的发展中国家而言，金融约束具有极大的社会福利性效应，在政府可以有效地管理金融业，可解决市场失灵问题的前提下，政府可通过实施一系列金融约束政策促进金融业更快更好地发展，从而推动经济快速增长。上述三大理论表明经济和金融之间存在着密不可分的关系，良好的互动可以促进相互的健康发展。

国内外学者（King 和 Levine，1993；岳彩军，2008；黄学超，2009；孙力军，2009）还运用计量模型进行实证研究，得出金融发展对于经济增长具有促进作用的结论。沈坤容和张成（2004）、艾洪德（2004）、王树华和方先明（2006）研究得出结论，金融发展水平差异是不同地区经济水平差异的重要原因；尹优平（2008）、吴拥政（2009）研究表明，金融对经济的影响在不同时期、不同区域有阶段性差异。

关于金融支持体系和金融生态环境，周小川（2004）、徐小林（2005）认为，金融支持体系建立应改善金融生态环境（所谓金融生态环境指微观层面的金融环境，包括法律、社会信用体系、会计与审计准则、中介服务体系、企业改革的进展及银企关系等方面的内容），并且认为区域金融生态的差异主要在于各地行政干预程度、司法维护债权人权益的力度及商业文化的差异。李扬和王国刚（2005）通过区域金融水平差异的比较分析得出结论，法制环境、经济发展水平、金融发展水平、金融机构独立性、信用文化五个要素对区域金融水平差异的贡献达到75%。高小琼（2005）认为，在金融生态链中，法制环境是根本，制度环境是保障，信用环境是基础，三者缺一不可，于淑俐、辛波（2007）认为，良好的金融生态对于打造"资金洼地"、实现银企双赢具有重要作用，金融生态就是竞争力。

关于金融支持体系和中小企业转型升级关系，史晋川（2003，2005）、蒋永志（2005）、陈时兴（2009）突出了地方民营金融与中小企业发展之间的联动效应。周业樑（2005）认为，"浙江金融现象"证明，地方政府是区域金融生态环境建设的主导。沙虎居（2006）分析认为，良好的金融生态环境使得金融发展成为经济增长的助推器，而地方政府主动充当了金融生态环境建设的主导者，联手金融部门用市场化手段改善经济金融运行环境，提升经济金融发展质量。

5.1.1　企业生命周期理论

中小企业的一个重要特征就是处于不断的成长过程中。企业处于不同成长阶段会有不同的融资需求。以弗农（Vemon）的企业生命周期理论为基础发展起来的"企业金融生命周期"理论对此有系统的理论说明（见表 5-1）。

表 5-1　　　　　　　　企业生命周期与融资来源（一般流程）

阶段	融资来源	潜在问题
创立期	创业者自有资金（A）	低资本化
成长阶段 1	A + 留存利润、商业信用、银行短期贷款及透支、租赁（B）	流动性危机
成长阶段 2	A + B + 来自金融机构的长期融资（C）	金融缺口
成长阶段 3	A + B + C + 证券市场融资（D）	控制权分散
成熟期	A + B + C + D	保守的投资者回报
衰退期	金融资源撤出：企业并购、股票回购、清盘	下降的投资回报

资料来源：深圳证券交易所有关研究报告。

因此，根据"企业金融生命周期"理论，只有建立中小企业金融支持体系，才能满足中小企业分阶段的融资需求。

为了更好地解决浙江经济发展过程中存在的问题，实现浙江经济可持续发展，浙江省政府提出要着力推进产业结构向集群化方向升级，并明确了转型升级的目标原则、工作重点以及政策措施。从价值链理论角度分析，浙江中小企业产业升级有四种转型升级路径：工艺流程升级（Process Upgrading）、产品升级（Product Upgrading）、功能升级（Functional Upgrading）和产业链升级（Inter-sectoral Upgrading）（见表 5-2）。而且产业升级一般都要遵循按顺序依次从工艺流程升级演化到产业链升级，东亚国家的工业化进程可以视为这条升级路径的侧面佐证。

表 5-2　　　　　　　　产业升级的四种升级路径及特点

升级途径	特点
工艺流程升级	通过引进新工艺或重组生产体系提高投入—产出效率。
产品升级	扩大产品宽度，增加产品功能，提高单位产品价值。
功能升级	获取价值链上新的价值功能，从加工制造等低附加值环节攀升至设计营销等高附加值环节。
产业链升级	从一条生产链转换到另一条生产链。

如果把浙江经济看做是全球价值链下产业区域分布与浙江特有的资源禀赋

相结合的产物，那么中小企业的转型升级必然也遵循产业转型升级的一般规律与路径。从治理结构看，浙江中小企业大都处于全球价值链中的被治理者地位，受制于全球价值链上的主导企业；从所处环节看，浙江中小企业部分开始向营销与研发设计环节延伸；从价值创造看，它们大都处于从加工制造等低附加值环节向设计、营销等高附加值环节攀升阶段。因此，在推动浙江中小企业转型升级过程中，除了要明确转型升级路径之外，考虑到转型升级并非天然形成过程，政府、企业和金融机构应采取主动措施、积极付诸多方长期努力，企业自身需要从发展战略、技术、科研、营销、管理等各方面实现同步提升，才有可能实现价值链的攀升，并最终占据核心价值环节；从企业外部来说，需要搭建与完善包括政府、金融机构、研发机构、学校以及信息服务、劳务服务的中介机构在内的外部协作平台，其中尤以政府和金融支持的作用最为关键。

5.1.2　金融支持与经济发展关系理论

1. 现代金融支持理论的建立

第二次世界大战以后，国际经济形势发生了深刻变化，广大发展中国家经济发展引人瞩目，包括格利和肖以及戈德史密斯在内的不少经济学家都开始关注发展中国家的经济发展问题，发展经济学开始兴起。他们将发展中国家和发达国家置于同一个研究框架内，试图找到金融发展的一般规律，他们更加重视研究金融发展的成因而非其可能带来的后果，尤其是对发展中国家而言产生了很大的偏差，因此该理论还不能算严格意义上的现代金融发展理论。

金融深化理论的提出标志着现代金融发展理论的建立。1973 年，麦金农（McKinnon，1973）和肖（Shaw，1973）又先后出版了《经济发展中的货币和资本》、《经济发展中的金融深化》两本著作，从不同角度研究了欠发达经济的金融发展问题，并同时得出了基本一致的结论即金融抑制理论和金融深化（自由化）理论。麦金农—肖理论的基本观点是：

（1）金融支持和经济发展之间能够相互促进和相互影响。金融和经济是密切相关的两个领域，健全的金融体系可以有效地动员社会储蓄，使社会闲置资源能迅速转化为投资并投入到生产中，通过市场机制的作用引导资金流向更高收益的部门和地区，从而促进经济发展；另外，随着经济发展，人们的收入逐渐增加，对金融服务的需求也会增长，从而对金融业的发展起着刺激作用。但是发展中国家的情况却非常不同：金融业的落后很难促进经济的增长，而经济发展的停滞又不利于金融业的发展，这就造成了金融欠发展与经济待发展之间的恶性循环。

（2）金融欠发展与经济待发展之间恶性循环的根本原因在于金融抑制。由于存在制度缺陷以及政策上的失误，发展中国家对经济活动的各个领域进行过多的行政性限制，诸多的金融管制制约了金融业的发展，对经济发展起了抑制作用。在金融领域表现为强制规定和控制利率和汇率，使其低于市场均衡水平。

（3）要发挥金融对经济增长的促进作用，必须摒弃"金融抑制"，推行"金融深化"政策。政府必须放弃对利率和汇率的管制，改革金融体制，建立一个竞争性的金融市场，同时改革外贸体制，主张外贸自由化。

麦金农—肖理论正确指出了金融抑制对一国经济发展带来的严重后果，解决的方法是实施金融深化，主张政府放弃对金融的过多干预，使金融和经济相互促进发展，这些观点对发展中国家具有很强的现实意义。不足之处是，该理论忽略了发展中国家宏观经济环境的不稳定和经济结构的严重失衡，并且其基本假设是完全竞争和完全信息，忽略了发展中国家的制度因素和深化过程中金融风险的防范，因此他们开出的金融自由化的"药方"经实践检验是错误的，其理论模型显得过于简单而缺乏操作性。

2. 金融支持推动经济增长的作用机理

金融支持体系发挥的主要功能是：在一个不确定的环境中，便于资源在不同时空的配置。进一步分析，金融支持体系在促进经济增长方面主要通过其三大功能发挥作用——风险管理、动员储蓄、便利交易，从而促进资源配置的效率，推动经济的发展。

（1）风险管理与经济增长。金融市场通过增强资产的流动性，降低了交易成本，由此促进了经济增长。信息与交易成本的存在，需要金融市场和机构去研究风险的聚集、交易和规避。以流动性风险为例考察风险管理功能。流动性是指资产在特定价格下转化为现实购买力的容易程度和速度。流动性风险产生于资产变现的不确定性。信息不对称和交易成本会抑制流动性，增强流动性风险。如若金融机构不愿对长期投资提供流动性，一些高收益项目将因缺少资金而难以进行。

除降低流动性风险外，金融体系还可以降低单个项目、公司、产业、地区、国家等的风险。银行、共同基金和证券市场都为交易、聚集和分散风险提供了金融工具。风险管理功能除与资本积累有联系外，还能影响技术变革。公司在不断促进技术进步以获得有利可图的市场地位。除了创新者能获得利润外，成功的创新也导致整个技术水平的上升。然而，投资于创新是有风险的。对创新项目的证券融资进行分散化持有会降低风险，促进投资流向那些推动增长的创新活动中（条件是要有足够的风险厌恶者），这样，金融体系就通过便利风险分散促进了技术进步和经济增长（King，1993）。

（2）动员储蓄功能与经济增长。动员储蓄就是把分散的储蓄聚集成资本并转化为投资。若没有多种多样的投资者，许多生产过程就达不到有效率的规模（Sirri et al.，1995）。进而，动员储蓄会创造出各种名目的工具，这些工具提供了使居民持有分散化证券的机会，以投资于达到效率规模的公司，提高资产流动性。没有资金的聚集，居民只得对整个公司进行买卖。通过提高风险分散性、流动性和使公司规模更加适宜，动员储蓄促进了资源配置（Sirri et al.，1995）。然而，从极为分散的储蓄者那里动员储蓄是有成本的。这包括从不同所有者那里聚集储蓄的交易成本，以及让储蓄者放心地放弃其储蓄控制权，克服信息不对称的成本。金融支持体系更有效地聚集资金能对经济发展产生极大影响。除了动员储蓄、筹集资本的直接效应外，更好的储蓄动员可促进资源配置，推动技术创新。

借用马尔科·帕加诺（Pagano，1993）的模型，稳定状态下的经济增长率可以写作

$$g = A\varphi S - \delta \qquad\qquad (5-1)$$

式中，φ 为储蓄被转化为投资的比例，A 为资本的边际社会生产率，S 为私人储蓄率，g 为经济增长率。

首先，金融发展可以提高 φ。金融最重要的功能就是把储蓄转化为投资，而在转化过程中，金融体系必然吸收一部分资源，金融的发展正是使这部分被吸收的资源减少，提高储蓄转化为投资的比率 φ，从而促进经济增长。

其次，金融发展可以提高 A。金融发展可以通过三种方式提高资本配置效率，并以此促进经济增长：一是金融发展可以收集更多的信息，减少信息不对称带来的风险，使有限的资本配置到更具发展的项目中，促进经济增长；二是金融发展可以提供风险分担机制，如股票市场等的建立，使资金能够流向风险较高、技术水平更高的风险投资，促进技术创新成功，并提高 A 以带动经济发展；三是金融发展能够促进创新活动，这为金和莱文 1993 年的研究成果所证实。

最后，金融发展可以提高 S。但关于这一点，还尚未形成定论，因为金融发展也可以降低 S，从而降低经济增长率。

（3）便于交换功能与经济增长。除了促进储蓄动员和扩大技术应用外，金

融安排降低了交易成本，能推动专业化、技术创新和增长。便利交易、专业化、创新和经济增长之间的联系是亚当·斯密《国富论》（1776）的核心部分。劳动分工（即专业化）是促进生产率提高的最主要因素，有了更高的专业化程度，工人能发明更好的机器和生产工艺，金融体系能促进专业化。

更多的专业化要求更多的交易。因为每笔交易都是有成本的，所以，金融安排降低了交易成本，会促进更大的专业化。通过这种方式，市场推动交易刺激了生产率提高。生产率提高同样会反馈到金融市场发展上。如果建立金融市场的成本固定，则更高的人均收入意味着相对于人均收入来说，固定成本的负担更小。这样，经济发展又促进了金融市场发展。

3. 经济增长对金融发展的作用

格林伍德和依万诺维奇（Greenwood and Jovanovic，1990）、莱文（1993）以及格林伍德和史密斯（Greenwood and Smith，1997）在模型中引入固定交易费用和固定交易成本，说明金融中介和金融市场是如何随着人均收入和人均财富的增加而发展起来的。他们认为，只有经济发展到一定水平后，人们才能产生金融服务的需求。

如果人均收入和人均财富很低，人们无力支付固定的进入费，或者有能力也因为交易量太小、单位交易所负担的成本过高而得不偿失，从而没有激励去利用金融中介和金融市场。这充分说明金融的发展离不开经济的增长。

在莱文模型中，固定的进入费或固定的交易成本随着金融服务复杂程度的提高而提高。这种框架下，简单金融体系会随着人均收入和人均财富的增加而演变为复杂的金融体系。莱文指出，金融中介由于具有调动资源以充分利用的功能，在人均收入很高时，当事人才会选择包括调查厂商、论证项目和调动资源等在内的金融服务以充分利用投资机会。

此外，山特米罗（Santomero）和西特（Seater）还从经济规模和市场规模、资本市场流动性的角度，研究经济增长对金融发展的作用。得出的结论是：全社会总资本的增加同样使资本市场的规模扩大；经济增长对资本市场流动性的影响促进了资本市场更好地发挥其优化资源配置的功能。

5.1.3　信息不对称与中小企业融资博弈分析

中小企业发展的不同阶段都需要金融资金的支持，然而，资本市场的信息不对称和小企业自身特点，使其转型升级过程中获得金融支持存在天然困难。

1. 中小企业自身劣势分析

（1）信用体系不健全。相对于市场开拓和产品研发的速度，中小企业的信用体系建设相对滞后，加上金融风险防范强化，银行普遍存在着对中小企业"慎贷"和"惜贷"现象；具体又表现为"贷城不贷乡，贷富不贷穷，贷多不贷少"等现象。凡此种种，对小企业融资的影响较大。

（2）信用担保体系存在严重缺陷。就结构性缺陷而言，表现在机构数量和担保贷款金额上，政府担保的份额过高，民间资本担保的比例较少；就经济性缺陷而言，主要表现在缺乏资金补偿机制和风险分散机制以及专业人才、担保品种少。现存的经济性制度缺损限制了担保贷款的市场需求，加剧了贷款担保的道德风险和逆向选择，从而影响了小企业信用担保体系的绩效和可持续发展。

针对以上特征，关系型融资模式成为金融机构与中小企业之间的主要融资形式，而这一模式又是建立在长期合作的基础之上。

2. 中小企业与金融机构（银行）之间的融贷博弈分析

（1）基本假设。

①博弈双方存在信息不对称，即银行对企业的经营状况、盈利水平、还贷意愿及能力等信息都不完全了解。企业在博弈中存在信息优势。

②博弈双方均为理性，博弈过程中，双方都知道彼此的选择是基于自身利益最大化。

③假设银行贷款给企业将得到收益10，用于别的投资将得到收益5；企业得到银行融资会获得净收益10，通过其他渠道融资只能得到净收益5。

④企业不偿还贷款会带来的信用损失为 D。

（2）单次博弈模型。在单次博弈中，假设当企业违约，不按时偿还贷款时，银行无法进行追究。此时，企业向银行提出贷款申请，银行有两种选择：提供贷款和不提供贷款。同时，企业也有两种策略选择：偿还贷款和不偿还贷款。博弈双方的四种策略组合如表5-3所示。

表5-3　　　　　　　　　　银行与企业的单次博弈矩阵

		企业	
		偿还贷款	不偿还贷款
银行	提供贷款	(10, 10)	(-5, 15 - D)
	不提供贷款	(5, 5)	(0, 0)

其中，（不提供贷款，偿还贷款）表示银行将此笔款项存入中央银行，而企业则通过其他渠道融资；（不提供贷款，不偿还贷款）表示企业不进行此项目投资。

由于是单次博弈，企业信用受损的成本 D 很小，即 $15 - D > 10$，因此，企业的最优策略选择必然是不偿还贷款。在理性预期到企业不偿还贷款的情况下，银行若贷款给企业，企业不还贷，银行收益为 −5；若不贷款给企业而将这笔金额存入中央银行，银行收益为 5，因此，银行的最优选择是不提供贷款给企业。

这是一个典型的"囚徒困境"博弈模型，纳什均衡只有一个，即（不提供贷款，不偿还贷款）的策略组合。这显然不是一个最优的结果，然而，如果只进行一次博弈，（提供贷款，偿还贷款）的最优解难以自然发生。

（3）重复博弈模型。在多次博弈情况下，可增加以下假设：

若企业不按时偿还贷款，银行可能会对企业进行追究，追究成本为 F；若被追究，则企业在支付本金的基础上还要付出的罚款为 L。银行对企业追究的收益为 $10 − F$，不对企业进行追究的收益为 −5，因此，银行是否会对企业进行追究取决于追究成本 F。为简便计算，假定 $F < 15$，即每当企业违约，银行总会对其进行追究。

同样为方便起见，假设企业前一次按时偿还贷款，则下一次贷款申请时，银行一定同意；若企业前一次没有按时偿还贷款，则银行在之后都不再提供该企业贷款。

博弈双方的策略组合如图 5−1 所示。

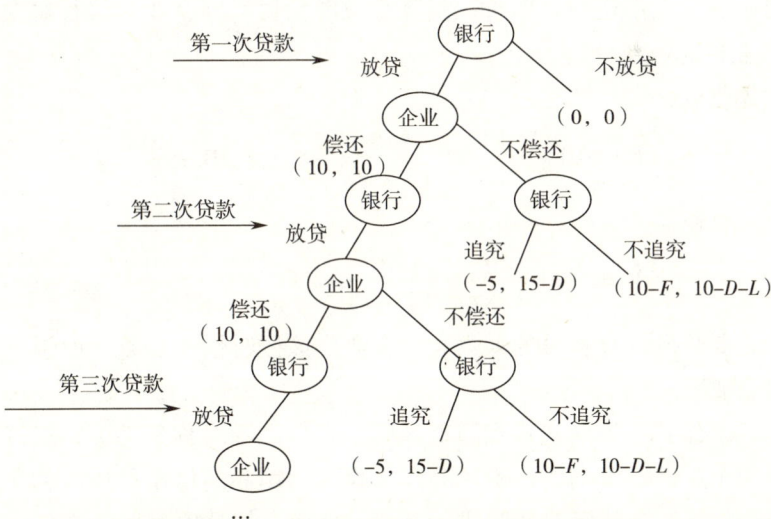

图 5−1　企业、银行间的重复融贷博弈

下面对重复博弈情况下，企业和银行的最优策略进行分析。

假设贴现率为 r，如果企业在第一次贷款时就选择违约，则企业的收益为

$U = 10 - D - L$，银行的收益为 $V = 10 - F$。此后，企业和银行均得到 5 的净收益，因此，企业和银行的总收益分别为

企业总收益：

$$U_1 = 10 - D - L + \frac{5}{1+r} + \frac{5}{(1+r)^2} + \cdots = 10 - D - L + \frac{5}{r}$$

银行总收益：

$$V_1 = 10 - F + \frac{5}{1+r} + \frac{5}{(1+r)^2} + \cdots = 10 - F + \frac{5}{r}$$

如果企业在第 n 次贷款时违约，则在违约之前，银企双方的收益均为 10，违约时，企业的收益为 $U = 10 - D - L$，银行的收益为 $V = 10 - F$，此后，企业和银行均得到 5 的净收益，因此，企业和银行的总收益分别为

企业总收益：

$$U_n = 10 + \frac{10}{1+r} + \frac{10}{(1+r)^2} + \cdots + \frac{10 - D - L}{(1+r)^n} + \frac{5}{(1+r)^{n+1}} + \cdots$$

银行总收益：

$$V_n = 10 + \frac{10}{1+r} + \frac{10}{(1+r)^2} + \cdots + \frac{10 - F}{(1+r)^n} + \frac{5}{(1+r)^{n+1}} + \cdots$$

如果企业一直不违约，即每次贷款都及时偿付，则企业和银行每次收益均为 10，各自的总收益分别为

企业总收益：

$$U = 10 + \frac{10}{1+r} + \frac{10}{(1+r)^2} + \cdots = 10 + \frac{10}{r}$$

银行总收益：

$$V = 10 + \frac{10}{1+r} + \frac{10}{(1+r)^2} + \cdots = 10 + \frac{10}{r}$$

显然，要获得自身利益的最大化，企业应该按时偿还贷款，而银行应该总是贷款给企业。

（4）博弈结论，逆向选择和道德风险。在信息不对称条件下，银行无法对单次融资的企业进行鉴别，正确区分高风险低信用和高信用低风险的企业，因此，银行会提高利率从而对风险进行补偿。然而，越是项目风险高信用等级低的企业，越容易接受高利率，因此造成融资行为的逆向选择，压制了低风险高信用的企业，而使低信用高风险的企业活动更为活跃。又由于单次博弈存在着潜在风险转嫁的问题，企业在面对高风险的项目时，更倾向于接受项目而不是理性地权衡收益与风险的关系，这就会导致所谓的道德风险。逆向选择和道德

风险的存在，使得银企之间的重复博弈在信息不对称条件下"慎贷""惜贷"趋势更为明显。

5.2　浙江金融与经济发展关系实证分析

　　改革开放以来，浙江经济年均增速达 13%，高出全国平均增速 3.1 个百分点，且高于沿海绝大部分省域，经济蓬勃发展的市场环境为金融机构扩张和业务拓展提供了沃土。"十二五"规划下，浙江制造业升级改造、全国海洋经济试点省建设、新兴产业的发展等都将带来巨大的经济发展契机，也将进一步推动浙江金融的快速发展。

　　另一方面，金融对经济转型有引导作用。金融机构的创建，金融资产、负债以及相关金融服务的供给超前于经济发展对金融的需求，即通过金融的超前发展引导经济的增长方式，进而促进经济增长，金融支持是经济增长最重要的影响因素之一。金融支持在经济结构调整、升级转型过程中发挥特殊作用，"十二五"期间，浙江将重点打造金融双中心——"中小企业金融中心"和"民间投资管理中心"，初步构建以杭州、宁波、温州三个区域性金融中心城市为增长极，若干金融特色城市为亮点，一批金融创新示范县（区）为支撑的浙江金融发展空间布局，建设浙江特色"金融强省"，助推浙江经济转型升级。这意味着浙江有可能成为全国性的"资金洼地"和"资本高地"，由此可见，浙江金融对经济转型的"稳定器"、"助推器"、"过滤器"和"升级器"的四大支持功能将进一步显现。

5.2.1　金融发展与经济增长的相关性分析

1. 存贷款与经济增长相关性分析

　　以 1978—2009 年的时间序列来研究浙江省金融发展与经济增长的关系。1978—2009 年，浙江省的地区生产总值（按可比价格计算，以 1977 年为 100）、金融机构存贷款余额和城乡居民储蓄存款余额的基本数据见表 5-4。

表 5-4　　　　　浙江省基本经济数据（1978—2009 年）　　　　单位：亿元

年份	地区生产总值	金融机构贷款余额	金融机构存款余额	城乡居民储蓄存款
1978	123.72	48.90	35.79	7.73
1979	157.75	54.91	44.92	11.79

续表

年份	地区生产总值	金融机构贷款余额	金融机构存款余额	城乡居民储蓄存款
1980	179. 92	73. 30	60. 74	16. 95
1981	204. 86	85. 85	74. 26	21. 47
1982	234. 01	97. 88	88. 20	28. 52
1983	257. 09	109. 42	108. 14	37. 34
1984	323. 25	161. 39	143. 17	49. 58
1985	429. 16	210. 81	185. 66	67. 73
1986	502. 47	288. 97	248. 68	97. 92
1987	606. 99	365. 87	306. 44	129. 12
1988	770. 25	433. 41	354. 26	144. 03
1989	849. 44	505. 48	441. 13	214. 98
1990	904. 69	618. 14	606. 01	306. 74
1991	1 089. 33	749. 93	789. 64	402. 09
1992	1 375. 70	972. 09	1 036. 72	514. 44
1993	1 925. 91	1 247. 76	1 316. 53	664. 64
1994	2 689. 28	1 627. 87	1 910. 98	990. 26
1995	3 557. 55	2 103. 65	2 623. 60	1 377. 22
1996	4 188. 53	2 584. 09	3 400. 19	1 844. 74
1997	4 686. 11	3 273. 73	4 297. 07	2 293. 55
1998	5 052. 62	3 897. 12	5 264. 21	2 847. 29
1999	5 443. 92	4 650. 50	6 273. 15	3 261. 34
2000	6 141. 03	5 423. 52	7 299. 57	3 594. 65
2001	6 898. 34	6 482. 22	8 823. 12	4 262. 38
2002	8 003. 67	8 612. 81	11 242. 84	5 233. 73
2003	9 705. 02	12 014. 28	14 758. 15	6 452. 21
2004	11 648. 70	14 350. 75	17 236. 62	7 364. 06
2005	13 417. 68	16 557. 67	20 494. 16	8 746. 02
2006	15 718. 47	20 153. 94	24 413. 94	10 473. 47
2007	18 753. 73	24 144. 42	28 504. 46	11 160. 73
2008	21 462. 69	28 958. 36	34 806. 43	14 501. 49
2009	22 990. 35	37 997. 98	44 336. 49	17 833. 44

资料来源：浙江统计年鉴。

（1）浙江省金融机构各项贷款余额与地区生产总值之间的相关性。以 1978—2009 年浙江省的地区生产总值（GDP）为因变量，历年金融机构贷款余额为解释变量，记为 $LOAD$，利用 SPSS13.0 进行线性回归的结果如下：

$$GDP = 1103.866 + 0.679LOAD \qquad (5-2)$$
$$(4.366) \qquad (30.412)$$
$$R^2 = 0.969, F = 924.91, P = 0.00$$

在显著性水平 $a = 0.05$ 的情况下，该模型能通过显著性检验，回归方程的判定系数 R^2 为 0.969，同时 $LOAD$ 变量的回归系数显著性检验的 $t = 30.412$，说明回归方程的拟合优度较高，表明了 GDP 与金融机构的各项贷款余额之间存在线性正相关关系，各项贷款余额的增加对 GDP 增长有明显的带动作用。

（2）浙江金融机构、城乡居民储蓄存款余额与地区生产总值的相关性。以 1978—2009 年浙江省的 GDP 为因变量，历年的金融机构、城乡居民储蓄存款余额为解释变量，分别记为 $SAVING$、$SAVING$（P），回归的结果如下：

$$GDP = 997.49 + 0.573SAVING \qquad (5-3)$$
$$(4.638) \qquad (36.144)$$
$$R^2 = 0.978, F = 1306.38, P = 0.00$$
$$GDP = 708.86 + 1.406SAVING(P) \qquad (5-4)$$
$$(4.056) \qquad (45.54)$$
$$R^2 = 0.986, F = 2073.94, P = 0.00$$

模型回归方程 5-3、5-4 的判定系数 R^2 高于 0.97，同时解释变量的回归系数显著性检验的 t 高于 30，说明回归方程的拟合优度非常高，表明了金融机构、城乡居民储蓄存款余额对经济增长存在线性正相关关系，可以认为浙江省在 1978—2009 年期间，经济的飞速发展离不开企业、居民储蓄存款余额的增长。

2. 金融深化指标、储蓄率和储蓄转化为投资的比率与地区生产总值增长率的相关性分析

下面进一步分析浙江省金融深化指标（根据戈德史密斯的研究，金融深化指标 Fir 体现了金融发展的水平）、储蓄率、储蓄转化为投资的比率与浙江经济增长的相关关系。表 5-5 给出了具体数据。

表 5-5　　　　浙江省地区生产总值增长率与金融相关指标

年份	地区生产总值增长率	居民储蓄率	金融深化指标（Fir）	储蓄转化率（tz）
1978	0.24	0.06	0.68	0.52
1979	0.28	0.07	0.63	0.65

年份	地区生产总值增长率	居民储蓄率	金融深化指标（Fir）	储蓄转化率（tz）
1980	0.14	0.09	0.74	0.63
1981	0.14	0.11	0.78	0.51
1982	0.14	0.12	0.80	0.51
1983	0.10	0.15	0.85	0.45
1984	0.26	0.15	0.94	0.52
1985	0.33	0.16	0.92	0.62
1986	0.17	0.19	1.07	0.59
1987	0.21	0.21	1.11	0.56
1988	0.27	0.19	1.02	0.57
1989	0.10	0.25	1.11	0.45
1990	0.07	0.34	1.35	0.36
1991	0.20	0.37	1.41	0.34
1992	0.26	0.37	1.46	0.40
1993	0.40	0.35	1.33	0.58
1994	0.40	0.37	1.32	0.62
1995	0.32	0.39	1.33	0.60
1996	0.18	0.44	1.43	0.54
1997	0.12	0.49	1.62	0.44
1998	0.08	0.56	1.81	0.39
1999	0.08	0.60	2.01	0.33
2000	0.13	0.59	2.07	0.33
2001	0.12	0.62	2.22	0.34
2002	0.16	0.65	2.48	0.36
2003	0.21	0.66	2.76	0.38
2004	0.20	0.63	2.71	0.38
2005	0.15	0.65	2.76	0.35
2006	0.17	0.67	2.84	0.34
2007	0.19	0.60	2.81	0.32
2008	0.14	0.68	2.97	0.29
2009	0.07	0.78	3.58	0.27

　　说明：居民储蓄率是指年末居民储蓄存款余额占当年地区生产总值的比重；储蓄转化为投资的比率（tz）=固定资产投资/（近两年金融机构储蓄均值+当年实际利用外资金额）；金融深化指标（Fir）=（金融机构的存款余额+金融机构的贷款余额）/地区生产总值；地区生产总值环比增长率是按可比价格计算，以1977年为100。

通过数据可以知道，浙江的经济增长与其储蓄转化为投资的比率有相似的走势，而经济增长与储蓄率没有特别大的联系，说明浙江省的金融发展在投资转化为储蓄方面影响浙江经济的力度大一些。从表 5 - 5 能够看出，金融相关比率、储蓄率、储蓄转化为投资的比率是逐年递增的，并且中国的经济也是逐步向前发展的，只是每一年的增长率不相同，这说明还有许多其他的因素影响经济的增长率，但这不是本文考虑的重点，所以在此不作关于其他因素的分析。

下面作一元回归分析。

（1）浙江 Fir 与经济增长率之间的相关性。以 1978—2009 年浙江省的地区生产总值环比增长率（g）为因变量，Fir 为解释变量，线性回归的结果如下：

$$g = 0.2459 - 0.34 Fir \qquad (5 - 5)$$
$$(7.074) \quad (-3.829)$$
$$R^2 = 0.74, F = 13.45, P = 0.007$$

在显著性水平 $a = 0.05$ 的情况下，该模型能通过检验，回归方程的判定系数 R^2 为 0.74，回归系数的显著性检验的 $t = -3.829$，说明方程的拟合优度较高，表明了经济增长率与 Fir 之间存在线性负相关关系，说明金融发展水平越高并不能使发展速度越快，但生产总值是稳步增长的，这一结论与国内已有的研究结果基本相符。这在相当大程度上证实了关于货币当局逆周期操作的说法，即在经济高峰期紧缩信贷，在经济低谷时鼓励信贷。Fir 与经济增长率回归系数为负数并不能说明金融发展与经济增长也是负相关关系，它只是金融发展的一个衡量指标；从表 5 - 5 可以看出，金融深化指标 Fir 是逐年递增的。

（2）浙江储蓄转化为投资的比率与经济增长率之间的相关性。以 1978—2009 年浙江省的地区生产总值环比增长率（g）为因变量，储蓄转化为投资的比率（tz）为解释变量，回归的结果如下：

$$g = -0.31 + 0.483 tz \qquad (5 - 6)$$
$$(-1.609) \quad (4.441)$$
$$R^2 = 0.63, F = 19.725, P = 0.00$$

在显著性水平 $a = 0.05$ 的情况下，该模型能通过检验，回归方程的判定系数 R^2 为 0.63，回归系数的显著性检验的 $t = 4.441$，说明回归方程的拟合优度较高，表明了经济增长率与储蓄转化为投资的比率之间存在线性正相关关系，储蓄转化为投资的比率越高，经济增长越快。

以上只是运用简单的一元回归方法分析浙江省的经济增长与金融发展的现状和问题，得出浙江省金融发展能够促进经济的发展，而其影响经济增长的主要途径是通过储蓄转化为投资来实现的。

5.2.2 浙江经济增长与金融发展多元变量关系分析

1. 变量选取

参考戈德史密斯（1969）King 和 Levine（1993）等提出的有关指标，选择包括 Fir，BANK（商业银行信贷与全部信贷的比率），PRIVATE（私人企业获信贷与总信贷的比率），PRIVY（私人企业获信贷与 GDP 的比率），SOB（国有商业银行资产总量占银行体系资产总量的比率），SLR（储蓄与信贷的比率）以及存贷利差等指标来反映宏观金融发展。其中 PRIVATE，PRIVY 反映了金融市场的资源配置情况。在研究我国金融与经济增长关系时，韩延春选取了实际利率、非国有经济投资占总投资的比重、金融深化指标（Fir）、无形资本数量（R&D 资本与人力资本）对有形资本数 t（即资本存量）的比例、直接融资余额对社会金融总量余额的比率五个指标来分析金融发展与经济增长的关系。综合考虑以上观点以及参照相关的其他关于区域金融发展与经济增长的文献，结合浙江省实际情况以及考虑数据的可得性，最后给出表 5 - 6 所示的指标来反映浙江金融发展的状况。

表 5 - 6　　　　　　　　　　　选取的金融发展指标

金融发展指标	Fir（金融深化指标）
	PRIVY（私人企业获信贷与 GDP 的比率）

（1）金融深化指标（Fir）［（金融机构的贷款余额 + 金融机构的存款余额）/GDP］。该指标反映金融发展的水平，一般认为金融深化指标越大，其金融水平越高。该指标主要影响储蓄率以及金融机构的效率。

（2）私人企业获信贷与 GDP 的比率（PRIVY）［（乡镇企业贷款 + 三资企业贷款 + 私营企业以及个人信贷）/GDP］。最近国外实证研究中对于金融机构对私营部门信贷指标非常重视，把观测重点放在对政府部门的信贷不能充分反映信贷的资源配置、监控和风险管理职能，而对私营部门的贷款则无论是运作方式的商业化还是对实体经济的支持度均优于对政府部门贷款。中小企业的信贷占 GDP 的比率越大，市场越开放，金融活动越活跃。该指标主要衡量某地区金融市场的开放程度。

2. 数据来源及稳定性检验

地区生产总值环比增长率（g）、金融深化指标（Fir）、私人企业获信贷与GDP 的比率（PRIVY）数据来自《2010 年浙江省统计年鉴》（见表 5 - 7）。GDP

增长率为环比增长率，按 1977 年可比价计算。

表 5 - 7　　　　　　　　　　　　浙江金融、经济数据汇总表

年份	实际地区生产总值 环比增长率	金融深化指标（Fir）	私人企业信贷与 地区生产总值比率（PRIVY）
2000	0.13	2.07	0.18
2001	0.12	2.22	0.18
2002	0.16	2.48	0.17
2003	0.21	2.76	0.18
2004	0.20	2.71	0.18
2005	0.15	2.76	0.17
2006	0.17	2.84	0.16
2007	0.19	2.81	0.17
2008	0.14	2.97	0.17
2009	0.07	3.58	0.20

　　先进行时间序列数据平稳性检验，因为用一个时间序列对另一个时间序列作回归时，如果时间序列非平稳，会产生谬误回归；格兰杰因果性检验都假定分析中所涉及的时间序列是平稳的。一般常用的单位根检验方法为 ADF 检验方法，此处采用该方法来进行检验。

　　用 Eviews5.0 对时间序列进行单位根检验，表 5 - 8 给出了检验的结果，时间序列 g，Fir，PRIVY 在 $a=5\%$ 的显著性水平下的临界值比 ADF 值的临界值要大，说明各个变量存在单位根。对数据进行一阶差分，结果表明时间序列 Δg，ΔFir，$\Delta PRIVY$ 在 $a=5\%$ 的显著性水平下的临界值比 ADF 值的临界值要小。在 $a=5\%$ 的显著性水平下可以判断该组新的时间序列都是平稳序列，故可以初步认为各个变量之间存在协整关系。下面作回归分析。

表 5 - 8　　　　　　　　　　　　变量的单位根检验

变量	ADF 值	1% 临界值	5% 临界值	是否平稳
g	-1.72	-3.96	-3.08	否
Fir	0.24	-3.96	-3.08	否
PRIVY	-0.30	-3.96	-3.08	否
Δg	-3.76	-2.74	-1.97	是
ΔFir	-2.20	-2.74	-1.97	是
$\Delta PRIVY$	-2.30	-2.74	-1.97	是

3. 回归分析结果

用 Eviews5.0 作多元回归分析，回归结果：

$$g = 0.745 - 0.464 Fir - 3.735 PRIVY \qquad (5-7)$$
$$\quad (8.30) \quad (-5.97) \quad (-2.88)$$
$$R^2 = 0.89, F = 16.32, DW = 1.76$$

对模型残差进行平稳性检验，残差的 ADP 为 -3.75，而 1% 的临界值为 -2.73，5% 的临界值为 -1.96，可以知道模型的残差平稳，可断定各个变量之间存在协整关系。以上的回归方程不存在伪回归。

5.2.3　模型结果分析

由回归分析结果可以看出，浙江中小企业获信贷占地区生产总值的比率每提高 1 个百分点，经济增长率会下降 3.73 个百分点，这与前面对贷款与地区生产总值做的一元回归分析的结论矛盾。但这一点很好解释，因为前面做的是贷款总量与地区生产总值的分析，这里是用地区生产总值的增长率与私人贷款占地区生产总值的比率做的分析，私人贷款只是总贷款的一个部分，从浙江的经济发展情况来看，出现这样情况是由于浙江的经济主要依靠工农业产值提高来促进增长，第三产业附加值不高，中小企业获得资本创造的效益不高，反而导致其相同的资金获得效益比贷给国有工业的效益低。

根据浙江的实际数据来看，金融发展水平衡量指标 Fir 与经济增长率成反比关系（前文已有原因解释）。增加投资指标分析还表明，浙江省非国有经济的投资额占总投资额的比重越高，经济增长率提高越快。这是因为改革开放以来，非国有经济的投资效率远远高于国有经济的投资效益（大约 15 倍），从而提高了整个经济的投资效率，带动了经济的快速增长。长期以来，国有企业经营机制僵化、投资回报率低、投资效率差，致使大量投资变为沉淀成本而无法收回，银行呆账坏账比例不断增加，从而严重制约了整个经济的增长。

5.3　浙江中小企业融资可得性实证分析

作为金融大省，浙江中小企业转型升级过程中的融资却面临困境。以外部视角分析浙江中小企业的融资可得性，从而找到缓解中小企业融资难问题的办法有着重要的理论与实际意义。本课题基于杭州周边城市中小企业的调研数据，研究了小企业特征如何影响金融机构的放贷意愿。

5.3.1　问卷调查

已有研究表明，影响中小企业贷款可得性的因素有很多。为此，设计《浙江中小企业转型升级与金融支持调查问卷》（见附录2）。

从企业的角度看，如企业的信息透明度、资金需求特征、实际盈利能力与风险、企业提供抵押和担保的能力等因素都会影响银行贷款的供给成本（Peterson and Rajan，1994，1995；Berger and Udell，2002）。

从银行的角度看，银行自身的资金供给能力和方式、市场力量、贷款交易成本等因素也会影响对中小企业的贷款供给（de Mello，2004；Berger and Udell，2002，2005；Black and Strahan，2002）。

从宏观层面看，一个地区金融市场的发展水平、经济周期、信息基础结构、产权保护的完备程度、法律和司法制度等因素也会影响资金成本以及信贷契约的执行，从而影响银行的贷款供给意愿（La Porta et al.，1998；Atanasova and Wilson，2001）。

分析中小企业银行贷款可获得性的影响因素，实际上也是在分析影响银行对中小企业贷款供给的因素。本书主要关注中小企业特征对银行贷款可获得性的影响，这些企业特征主要包括企业信息、企业管理者的个人特征、企业财务状况以及其他信息。

（1）数据来源及描述性统计。本书研究数据来源于本课题组对杭州周边中小企业的调研。本次研究共发放问卷300份，收回有效问卷216份，问卷回收率为72%。问卷主要涉及四方面信息：企业基本情况、企业主信息、企业财务状况、其他信息。

被调研的中小企业中，注册资本规模最大的2 300万元，最小的5万元，均值为490.02万元，均符合中小企业的定义。其中注册资本规模在100万元以下的企业接近一半，企业规模在1 000万元以下的占到89%。企业年龄最长的15年，最短的1年，平均年龄3.8年。95%的企业员工数在500人以下，77.7%的企业员工数在100人以下。被调研企业中只有6.6%的企业是国有企业或集体企业。216家企业中，共有140家企业获得银行贷款，占64.8%。

（2）指标体系构建。

①反映企业基本信息的指标。银行在发放贷款时，通常要考虑中小企业的经营年限（TIME）、资本规模（CAPITAL）等基本情况信息。一般认为，经营

时间越长、注册资本越高的企业，获得贷款越容易。

②反映企业主基本信息的指标。可以认为，企业主年龄（AGE）越大，经验越丰富，越容易获得贷款。管理者受教育程度（MANAGER），在一定程度上体现了管理者的素质和经营水平，企业主受教育程度越高，企业越容易获得贷款。

③反映企业财务状况的指标。利润率（PROFIT）反映企业的盈利能力，利润率越高，企业越容易获得贷款。负债率（DEBT）体现企业的负债水平，负债率越高，企业越难以获得贷款。流动比率（LIQUIDITY）体现企业短期偿债能力，流动比率越高，企业越容易获得贷款。

④其他信息指标。融资渠道数（FINANCING）能够体现企业信誉，也可以体现出企业资金饥渴程度，融资渠道数与银行贷款可得性关系不明确。贷款目的（PURPOSE），研究中将企业贷款的目的分为两类，短期融资和长期投资。

5.3.2　数据分析

1. 模型优化及多元回归分析

为考察影响中小企业贷款可获得性（设 p_i 为样本企业近三年贷款成功概率）的主要因素，建立如下模型，通过二元 Logistic 回归，并通过逐步剔除模型中最不显著的变量，得出分析结果：

$$\log\left(\frac{p_i}{1-p_i}\right) = \alpha_1 + \alpha_2 TIME_i + \alpha_3 CAPITAL_i + \alpha_4 AGE_i + \alpha_5 MANAGER_i$$
$$+ \alpha_6 CLAN_i + \alpha_7 PROFIT_i + \alpha_8 DEBT_i + \alpha_9 LIQUIDITY_i$$
$$+ \alpha_{10} FINANCING_i + \alpha_{11} PURPOSE_i + \varepsilon_i$$

（模型1）

$$\log\left(\frac{p_i}{1-p_i}\right) = \alpha_1 + \alpha_2 CAPITAL_i + \alpha_3 AGE_i + \alpha_4 MANAGER_i + \alpha_5 CLAN_i$$
$$+ \alpha_6 PROFIT_i + \alpha_7 DEBT_i + \alpha_8 LIQUIDITY_i$$
$$+ \alpha_9 FINANCING_i + \alpha_{10} PURPOSE_i + \varepsilon_i$$

（模型2）

$$\log\left(\frac{p_i}{1-p_i}\right) = \alpha_1 + \alpha_2 CAPITAL_i + \alpha_3 AGE_i + \alpha_4 MANAGER_i + \alpha_6 PROFIT_i + \alpha_7 DEBT_i$$
$$+ \alpha_8 LIQUIDITY_i + \alpha_9 FINANCING_i + \alpha_{10} PURPOSE_i + \varepsilon_i$$

（模型3）

$$\log\left(\frac{p_i}{1-p_i}\right) = \alpha_1 + \alpha_2 CAPITAL_i + \alpha_3 AGE_i + \alpha_4 MANAGER_i + \alpha_6 PROFIT_i$$

$$+ \alpha_7 DEBT_i + \alpha_8 LIQUIDITY_i + \alpha_9 FINANCING_i + \varepsilon_i$$

（模型 4）

$$\log\left(\frac{p_i}{1-p_i}\right) = \alpha_1 + \alpha_2 TIME_i + \alpha_3 CAPITAL_i + \alpha_4 AGE_i + \alpha_5 MANAGER_i + \alpha_6 CLAN_i$$

$$+ \alpha_7 PROFIT_i + \alpha_8 DEBT_i + \alpha_9 LIQUIDITY_i + \varepsilon_i$$

（模型 5）

$$\log\left(\frac{p_i}{1-p_i}\right) = \alpha_1 + \alpha_2 TIME_i + \alpha_3 CAPITAL_i + \alpha_4 AGE_i + \alpha_5 MANAGER_i$$

$$+ \alpha_6 CLAN_i + \alpha_7 PROFIT_i + \alpha_8 LIQUIDITY_i + \varepsilon_i$$

（模型 6）

在所有模型中，"资本"、"企业主年龄"、"流动比率"均显著。剔除"企业贷款目的"、"企业融资渠道数量"两个变量后，"管理者素质"这一变量在 10% 的显著性水平下显著；剔除"负债率"变量后，"利润率"变得显著。回归结果如表 5 - 9 所示。

表 5 - 9　　　　　　　　　　　模型的 Logistic 回归结果

	模型 1	模型 2	模型 3	模型 4	模型 5	模型 6
Constant	− 4. 290 ***	− 4. 290 ***	− 4. 447 ***	− 4. 295 ***	− 4. 432 ***	− 4. 246 ***
CAPITAL	0. 002 ***	0. 002 ***	0. 002 ***	0. 002 ***	0. 002 ***	0. 002 ***
AGE	0. 083 ***	0. 085 ***	0. 087 ***	0. 085 ***	0. 088 ***	0. 083 ***
MANAGER	0. 350	0. 350	0. 357	0. 378	0. 359 *	0. 356 *
PROFIT	0. 016	0. 016	0. 015	0. 016	0. 016	0. 017 *
LIQUIDITY	− 0. 005 **	− 0. 005 **	− 0. 005 **	− 0. 005 **	− 0. 005 **	− 0. 005 **
DEBT	− 0. 309	− 0. 309	− 0. 305	− 0. 302	− 0. 279	
FINANCING	− 0. 073	− 0. 073	− 0. 073	− 0. 059		
PURPOSE	0. 167	0. 165	0. 184			
CLAN	0. 121	0. 119				
TIME	0. 000					
R - Square	0. 303	0. 303	0. 301	0. 300	0. 289	0. 284

注：***、**、* 分别表示在 1%、5%、10% 显著性水平下显著。

随着变量的剔除，模型的 R - Square 逐渐下降，但是下降速度不均匀。变量"企业经营年限"、"企业性质"的剔除对 R - Square 没有明显的影响，说明这两个变量对模型的作用较小。对 6 个模型的预测准确率进行判断，结果如表 5 – 10 所示。

表 5 – 10 模型预测准确率

观测值			预测值		
			贷款可得性		正确率（%）
			0	1	
模型 1	贷款可得性	0	53	41	55.6
		1	22	89	82.3
					73.2
模型 2	贷款可得性	0	55	46	56.4
		1	21	87	82.0
					73.1
模型 3	贷款可得性	0	56	44	58.3
		1	20	85	85.3
					74.2
模型 4	贷款可得性	0	51	40	57.5
		1	22	82	82.4
					72.3
模型 5	贷款可得性	0	56	40	55.7
		1	21	84	82.5
					72.2
模型 6	贷款可得性	0	50	40	56.4
		1	25	81	84.3
					73.8

从表 5 – 10 模型准确率可以看出，模型对贷款可得性的预测准确率较高，都在 72% 以上，其中以模型 3 的预测准确率最高，达到 74.2%。"企业经营年限"、"企业性质"变量没有提高模型预测的准确率，这两个变量对模型的贡献较小，而其他变量的剔除都会造成模型预测的准确率的下降。

综合考虑 R – Square 和模型预测准确率因素，"企业经营年限"、"企业性质"变量可以剔除，应当选择模型 3 进行分析（$R^2 = 0.302$，预测准确率达 74.2%）。

$$\log\left(\frac{p_i}{1-p_i}\right) = \alpha_1 + \alpha_2 CAPITAL_i + \alpha_3 AGE_i + \alpha_4 MANAGER_i + \alpha_6 PROFIT_i + \alpha_7 DEBT_i$$

$$+ \alpha_8 LIQUIDITY_i + \alpha_9 FINANCING_i + \alpha_{10} PURPOSE_i + \varepsilon_i$$

（模型 3）

2. 基于因子分析的变量结构检验

对模型 3 进行因子分析，所有变量能形成 4 个因子，总共解释了 60.06% 的信息。从旋转后的因子负荷矩阵可以看出，不同的因子中所体现的含义是不同的。在第一个因子中"利润率"、"负债率"、"贷款目的"的权重比较大，分别为 0.80、0.66、0.59，第一个因子可以看做是财务信息因子。在第二个因子中"企业性质"、"企业主年龄"、"管理者受教育程度"三个指标的权重较大，分别为 0.58、0.81、0.54，第二个因子可以看做是基本情况因子（包括企业基本情况和企业主基本情况）。第三个因子中只有"资本"指标权重较大，为 0.78，看做是企业规模因子。第四个因子中，"流动比率"、"融资渠道数"权重较大，为 0.81、0.63，这两个指标都与偿债因素有关系，第四个因子看做是债务状况因子。因子分析对变量的结构的分析基本上与预计相符合。为了更好地理解变量结构与贷款可得性之间的关系，将四个因子作为解释变量进行多元回归分析，得出以下分析结果：财务信息因子、基本情况因子、企业规模因子、债务状况因子均显著，因子回归模型的预测正确率达到 69.9%（见表 5 -11）。

表 5 -11　　　　　　　　　　　　主成分因子分析表

	初始特征值			旋转载荷因子特征值		
	特征值	百分比	累计百分比	特征值	百分比	累计百分比
1	1.60	17.78	17.78	1.59	17.74	17.74
2	1.37	15.27	33.06	1.30	14.52	32.27
3	1.24	13.77	46.84	1.26	14.02	46.30
4	1.19	13.22	60.06	1.23	13.76	60.06
5	0.97	10.80	70.87			
6	0.82	9.16	80.03			
7	0.69	7.69	87.72			
8	0.61	6.82	94.55			
9	0.49	5.45	100.00			

3. 结论分析

根据实证结果可以得出以下结论：企业的财务信息、基本情况、企业规模、债务状况等方面的情况均会对贷款可获得性产生影响。

企业基本信息指标中，"资本规模"显著为正，说明资本规模越大的企业越容易获得贷款。"企业性质"是一个哑变量，国有企业或集体企业表示为1，其他性质企业表示为0。"企业性质"的符号为正，说明国有企业或集体企业比其他企业更容易获得银行贷款。

企业主信息指标中，"企业主年龄"体现了企业主的经验、人脉、可靠程度。该指标与贷款可得性呈显著的正相关关系。"管理者受教育程度"体现了管理者文化水平、素质。在中小企业的经营中，企业主的素质往往能影响企业的经营状况甚至是企业的存亡。与贷款可得性的正相关关系说明企业主受教育程度越高，企业越容易获得银行贷款。

财务信息指标中"利润率"与贷款可得性呈正相关关系，"负债率"、"流动比率"与贷款可得性呈负相关关系。值得注意的是，流动比率在变量剔除过程中，始终呈显著，而"负债率"指标剔除后，"利润率"才变得显著，说明银行更关注中小企业的负债情况和还款能力，其次才是关注中小企业的盈利能力。

其他信息指标中，中小企业"融资渠道数"越多，越难以获得贷款。融资渠道数多，并不必然证明中小企业的诚信度高。相反，较多的融资渠道数量反而说明企业资金需求较大，且负债情况较为严重。出于对这类企业还贷可能性的担忧，银行会减少放贷。

第6章 金融支持浙江省中小企业
转变发展方式的机制设计

2011年10月4日，国务院总理温家宝在浙江温州与部分企业负责人座谈时表示，对小微企业的发展要大力支持，着力促进其健康发展，随后主持召开了国务院常务会议，研究确定支持小型和微型企业发展的金融、财税政策措施。

金融支持小型微型企业发展的政策措施包括：（1）加大对小型微型企业的信贷支持。加强贷款监管和最终用户监测，确保用于小型微型企业正常的生产经营。（2）清理纠正金融服务不合理收费，切实降低企业融资的实际成本。（3）拓宽小型微型企业融资渠道。积极发展小型微型企业贷款保证保险和信用保险。（4）细化对小型微型企业金融服务的差异化监管政策。适当提高对小型微型企业贷款不良率的容忍度。（5）促进小金融机构改革与发展。强化小金融机构重点服务小型微型企业、社区、居民和"三农"的市场定位。（6）对小型微型企业的金融支持，要按照市场原则进行，减少行政干预，防范信用风险和道德风险。

财税支持小型微型企业发展的政策措施包括：（1）加大对小型微型企业税收扶持力度。提高小型微型企业增值税和营业税起征点。（2）支持金融机构加强对小型微型企业的金融服务。对金融机构向小型微型企业贷款合同三年内免征印花税。（3）扩大中小企业专项资金规模，更多运用间接方式扶持小型微型企业。进一步清理取消和减免部分涉企收费。

一直以来，浙江对中小企业的政府支持位居全国前列。应当注意的是，政府支持不是免费午餐人人皆可获得，其主导下的金融支持体系应当具有甄别、筛选的功能，即对处于转变发展方式阶段的中小企业进行整体评价，设计科学合理的金融支持准入门槛，并制定切实可行的长期监督机制和金融退出机制，政府的功能在于引导，只有基于可操作层面的系统化金融支持体系才能发挥长效。

6.1 金融支持体系的功能分析和评估

6.1.1 金融支持体系的功能分析

崔滨洲（2011）认为，金融支持经济结构调整、升级转型过程中应发挥"稳定器"、"助推器"、"过滤器"和"升级器"的作用。本文认为，浙江发展中小企业金融支持体系应以完善中小企业融资市场的市场机制为目标，该体系应具备资金提供、自身稳定、价格信号、项目筛选、政策激励、降低成本、产权保护、扶持创业等8个方面的功能。

1. 多渠道提供资金满足中小企业分阶段融资需求

成长是中小企业的重要特征。企业处于不同转型阶段会有不同的融资需求。在时间维度上中小企业个体的分阶段融资需求，形成了空间维度上中小企业群体的多元化融资需求。就中小企业金融支持体系整体而言，提供分阶段融资渠道的任务就是发展多元化的融资渠道，以满足处于不同成长阶段的中小企业需要。

2. 以自身稳定为前提实践分阶段融资中的隐性承诺

如果体系自身不够稳定，即使金融机构具备了提供各阶段融资的功能，其功能也会大打折扣。在我国，中小企业金融支持体系稳定性不佳表现在以下几个方面：

（1）政策的前瞻性。中小企业对实体经济的周期变化敏感，这要求金融支持政策应该逆周期运行。但是，中小企业信贷市场自身往往会选择顺周期运行，"晴天送伞，雨天收伞"。

（2）政策的稳定性。中小企业融资市场不确定性因素多，市场缺乏稳定的政策预期。

3. 形成引导金融资源优化配置的价格信号

价格是市场的灵魂。能否生成高质量的价格信号，是提高金融支持体系运行效率、保证可持续发展的微观基础。

（1）在外部，高质量的价格信号决定了中小企业转型升级并公平竞争资本资源的能力，以及该体系自身可持续发展的能力；在内部，高质量的价格信号决定了金融资源在不同行业、不同类型中小企业间的配置效率。

（2）高风险是中小企业的特点，市场价格信号的核心内容是风险定价。在金融支持体系运行过程中，表现为利率风险的差别化定价能力。

4. 透明高效的项目筛选功能

尽管没有必然存在的理由，发展中小企业金融支持体系都有可能导致政府对金融资源配置在微观层面上的广泛干预。政府主导、企业和金融机构参与对金融资源进行的配置，其表现就是建立各种各样的项目筛选机制。

金融支持在决定资金分配时，一般会参考政府对企业的支持情况，即政府倾向于认为能够获得市场青睐的企业也是政府应该支持的企业。这一做法包含了一个政府对自己能力局限性的理性认识，因此项目筛选应建立完善的制度体系并最终应接受市场的检验。

5. 为解决突出的信息不对称问题提供激励和方案

在中小企业融资市场，信息不对称永远存在，而且是一个突出的问题。解决信息不对称的努力是建立中小企业金融支持体系永恒的话题。尽管问题不可能完全解决，但缓解信息不对称带来的负面影响在任何时候都是有空间的。

解决信息不对称的方案不少具有"公共产品"的特点，为此应该明确界定政府在这方面的责任。在我国，完善的中小企业诚信记录应纳入金融支持体系的准入条件。

6. 促进中小企业融资成本降低

在理论上，没有融资成本约束也就不存在融资难。在实践中，融资成本的高低决定了融资渠道的意义。中小企业金融支持体系应该通过促进市场交易费用降低，培育竞争机制来促进中小企业融资成本降低。

一些地方政府通过为金融机构提供"风险补偿"方式降低了金融机构的中小企业金融服务的成本，从而间接地促进了中小企业融资成本降低。最近出台的清理纠正金融服务不合理收费，切实降低企业融资实际成本的政策的长期效果有待观察。

7. 促进产权保护并为特定产权融资提供交易机会

在现代产权经济学的产权（Property Rights）概念中，产权是一组可分解的权利，是可以用来交易的。在产权被清晰界定的情况下，可分解的产权为企业提供了以多种形式融资的可能，为企业创造了新的金融渠道。

相比较而言，产权界定和保护在过去、在今后较长时期里都是我国中小企业金融支持体系建设的"软肋"。正是在《物权法》实施的促进下，2008 年以来股权出质、股权出资、知识产权抵押、林权抵押等创新的中小企业融资方式得以在各地雨后春笋般地出现。

8. 扶持创业并促进自由企业精神发育

Chilton（1984）认为，对小企业的各种政策支持代表了小企业在政治上的成功，但也反映了企业家精神的退化。Ergas 和 Wright（1994）的研究发现，在美国，当企业规模超过 50 人时，50 人以下小企业可享受的优惠就会失去，因而很多企业不愿意做大。

扶持创业和企业转型，是对中小企业金融支持体系明确的功能诉求。为此，发展中小企业金融支持体系涉及一个深层次问题：扶持创业有可能导致对企业的干预，一个好的中小企业金融支持体系，在发挥扶持创业功能的同时，也应该保护自由企业精神，并能够促进自由企业精神发育。

6.1.2　浙江金融支持体系功能评估

从指导思想和实践内容的演变来看，我国发展中小企业金融支持体系的过程可以划分为四个大的阶段：（1）1997 年以前的空白期；（2）1998—2002 年形成期；（3）2003—2008 年加速发展期；（4）2008 年以后战略机遇期。

2008 年全球金融危机爆发后，为应对危机对中小企业的冲击，从中央到地方出台了一系列旨在支持中小企业发展的政策，并显著加快了中小企业金融支持体系的建设步伐。表 6 - 1 归纳了《中小企业促进法》金融支持的具体措施。

表 6 - 1　　　　　《中小企业促进法》"加大资金支持"的具体措施

主体	措施
财政	（1）中央财政预算应当设立中小企业科目，安排扶持中小企业发展专项资金。地方人民政府应当根据实际情况为中小企业提供财政支持。 （2）国家扶持中小企业发展专项资金用于促进中小企业服务体系建设，开展支持中小企业的工作，补充中小企业发展基金和扶持中小企业发展的其他事项。 （3）国家设立中小企业发展基金。
中央银行	（1）中国人民银行应当加强信贷政策指导，改善中小企业融资环境。 （2）中国人民银行应当加强对中小金融机构的支持力度，鼓励商业银行调整信贷结构，加大对中小企业的信贷支持。
金融机构	（1）各金融机构应当对中小企业提供金融支持，努力改进金融服务，转变服务作风，增强服务意识，提高服务质量。 （2）各商业银行和信用社应当改善信贷管理，扩展服务领域，开发适应中小企业发展的金融产品，调整信贷结构，为中小企业提供信贷、结算、财务咨询、投资管理等方面的服务。 （3）国家政策性金融机构应当在其业务经营范围内，采取多种形式，为中小企业提供金融服务。

续表

主体	措施
资本市场	国家采取措施拓宽中小企业的直接融资渠道，积极引导中小企业创造条件，通过法律、行政法规允许的各种方式直接融资。
创业投资	国家通过税收政策鼓励各类依法设立的风险投资机构增加对中小企业的投资。
信用制度	国家推进中小企业信用制度建设，建立信用信息征集与评价体系，实现中小企业信用信息查询、交流和共享的社会化。
信用担保	(1) 县级以上人民政府和有关部门应当推进和组织建立中小企业信用担保体系，推动对中小企业的信用担保，为中小企业融资创造条件。 (2) 国家鼓励各种担保机构为中小企业提供信用担保。 (3) 国家鼓励中小企业依法开展多种形式的互助性融资担保。

在推进浙江中小企业产业转型升级的过程中，各级地方政府针对中小企业的融资困境，建立健全金融支持中小企业发展的体制机制，成为推动浙江经济转型升级的关键。不断创新投融资对接机制，不断创新金融资源配置方式，让资金从劳动密集型、低附加值的传统加工制造业部门配置到技术和资本密集型、高附加值的先进制造业部门。

然而，近来温州部分企业"高利贷"失踪案的爆发，暴露出中小企业资金链问题仍然沉疴未解。浙江现有金融支持体系的功能缺陷，主要表现在以下三个方面：

第一，中小企业融资渠道单一，缺乏直接融资平台。

直接融资虽然经历了较快的发展，但占比仍然很低，尤其是债权融资比例过低。2009 年，浙江省非金融机构融资总量中，以贷款、债券、股票（包括境内和境外）三种方式融入资金总额的占比分别为 92.6∶4.6∶2.8，股票、债券融资余额仅增加 246.2 亿元，只占全省贷款增量的 1/40 左右。

浙江省缺乏直接融资平台，而全国性的直接融资平台进入门槛过高，服务对象以大型企业为主，2011 年浙江省获批直接融资的企业总共为 36 家，但这些企业也是规模较大的企业，绝大多数规模较小的中小企业特别是小企业无法享受直接融资的便利。更多的中小企业，特别是微小企业、初创企业主要是通过民间融资来解决生存问题，过高的民间借贷成本使这些微小企业、初创企业举步维艰，发展缓慢。

第二，商业银行的经营理念与管理方式不利于中小企业融资。

商业性银行尤其是大型商业银行从成本、收入的角度考虑，贷款主要面向国有企业或其他大型企业。目前，浙江金融业的主力军仍是全国性的大型金融机构，部分大型银行对中小企业贷款的意愿较弱，认为中小企业贷款主要为流动资金贷款，额度小、频率快且管理成本高；同时，中小企业贷款风险相对较高，市场上还缺乏有效分散、转移风险的工具，使得金融机构开展中小企业信贷顾虑较多。

目前，浙江中小企业贷款户数在全省企业总数中的覆盖率仅为25%左右，大部分的中小企业还无法通过信贷渠道获得资金。大致匡算，当前浙江中小企业资金需求缺口在3 550亿元左右。尽管浙江已有一些小额贷款公司、村镇银行，但这些机构受传统经营理念的束缚要追求大企业好企业，向城镇化方向发展；另外，受存贷款比例与资本金约束，不愿给小企业、微小企业和初创企业贷款。

第三，信用担保制度不完善，阻碍中小企业融资。

信用担保体制主要是解决中小企业抵押担保难的问题，即将中小企业与银行之间的信贷交易转变为担保公司与银行之间的信用交易。

目前浙江省各类担保公司有676家，对帮助中小企业解决贷款难问题发挥了一定的作用。但担保机构也存在着一些问题，如政策、法规不到位，规模普遍偏小，没有建立稳定的担保资金追加补充机制与风险补偿机制，缺乏再担保机构的有效支持，商业银行对担保机构风险承担能力的担忧等，这些问题都制约着担保公司的发展，限制其为中小企业融资担保发挥作用。

基于此，浙江省要建立一个功能完善的中小企业金融支持体系应进一步做好以下工作：（1）完善中小企业信贷服务体系；（2）探索中小企业直接融资的有效途径；（3）推动风险投资；（4）扩大民间资本开放度；（5）完善中小企业担保体系；（6）建立中小企业金融服务中心。

6.2 金融支持中小企业转变发展方式的准入机制设计

6.2.1 金融支持中小企业转变发展方式准入机制的目标

金融支持的目的在于扶持处于融资困境中的中小企业，但必须注意到企业之间的素质差异，设置金融支持准入机制的最终目标是立足市场和企业发展视角对企业进行甄别和筛选，在提供金融支持的同时兼顾企业和金融机构发展的效率与安全。

效率与安全是金融业永恒的主题。建立金融支持体系目的是优化金融市场结构，为中小企业的发展提供金融支撑。在提供资金、优化结构的同时控制好金融风险，二者是联系而又矛盾的。

金融支持准入壁垒过高，会使得高风险、高成长的中小企业无法进入，低效甚至无效率的企业留在市场中继续亏损而又无法退出。准入壁垒过低又会产生大量的市场进入者，无法控制企业资质，容易导致恶性竞争，产生更大的金融风险。

因此，建立适当的金融支持体系准入机制，要根据特定地区，特定时期的具体情况进行分析调整，建立动态分析指标进行市场化运作，减少行政干预，按照市场规律找到效率与安全的平衡点。

6.2.2　建立金融支持准入机制的原则

金融支持体系准入机制的建立直接影响市场中银行、企业、个人各方行为主体的交易秩序和成本，关系着金融系统的效率与安全。为此，建立金融支持体系准入机制应遵循以下原则：

第一，公开透明原则。接受金融支持企业的准入与退出行为，都必须在金融监管当局的直接监督控制下依法公开地进行。审批程序与退出流程都必须具有充分的透明度，通过公开信息向社会公众准确表达金融支持体系进入与退出的原因、方式及相关制度安排，接受社会公众监督。杜绝设租、寻租行为的发生，避免道德风险的发生，维护金融体系稳定。

第二，审慎性原则。金融支持体系的运作应遵循渐进放开、规范标准的原则，减少行政指令，避免因增添政绩因素等人为原因带来制度性风险。在企业转型阶段，该体系的运作会因为初始条件差异而有所不同。金融支持的实施应保持循序渐进和依次推进。

第三，市场化原则。在对待中小企业金融支持准入问题上，应严格按照经济发展现状和市场需要，坚持风险和成本对等原则。

第四，协调配合原则。鉴于金融支持的准公共产品特性，市场准入过程中需要政府部门的协调运作。其中涉及诸多当事人，包括企业、金融机构、社会中介机构、财政部门、司法部门等。政府、企业、金融机构三者相互协调配合与否，将决定金融支持能否顺利完成。特别是金融支持的监管当局，要在具体操作上贯彻引导、平等的理念，居于监管者而非管理者的地位，削弱行政色彩，强调市场意志。

第五，多样化原则。特别是在金融支持方式中应采取多样化的处置方法。应根据实际情况，对不同企业安排不同的金融支持方式和金融产品，以做到成本最小化和收益最大化。同时，在处理过程中积极引入社会中介机构，利用评估师事务所、会计师事务所等机构，提高评估的科学性、准确性。

6.2.3　浙江金融支持准入的现实路径选择

借鉴我国民营经济的发展经验，中小企业金融支持模式是在不触动原有经济体制的前提下进行体制外发展，原有金融体系不因新体制的存在而迅速衰退，避免了支撑体制内的资源流失，保持经济的平稳增长和体制的平稳转轨。国务院《关于进一步促进中小企业发展的若干意见》（国发〔2009〕36号）明确指出："全面落实支持小企业发展的金融政策，完善小企业信贷考核体系。"据此，浙江中小企业的金融支持准入主要从以下方面对准入主体的资格进行考察：

1. 企业征信管理体系

各类中小企业按属地管理原则，倒推自企业成立起连续十年、七年、五年、三年无不良信用记录或在三家以上金融机构借款均无不良信用记录分类，分别向市、县（市、区）中小企业管理部门，提报企业信用情况。企业诚信记录以中小企业局（办）为中心实现信息共享，同时按照主张与举证关联原则，企业可提出异议证明，经同级中小企业管理部门进行衔接审核后予以采信或不采信。此外，申请金融支持企业应实行强制资信评级制度，由监管机构指定专门机构对目标企业进行信用评级，实现信用一票否决制。

2. 现代法人治理结构

中小企业应依照我国《公司法》建立健全现代企业制度，实现"产权明晰、权责明确、政企分开、管理科学"的公司治理结构。建立相应组织机构，公开选聘管理人员，并赋予经理人经营权力。保证企业内部责、权、利的公平、公正、公开，避免个人操纵资金的行为。

3. 投资项目的可行性

资金提供方专业人员从经济、技术、生产、供销直到社会各种环境、法律等各种因素进行具体调查、研究、分析，确定项目开展的有利和不利因素、项目是否可行，估计成功率大小，评价项目的经济效益和社会效益，同时进行实地考察，防止骗贷行为发生。

4. 完善的信用担保体系

各级财政应落实好对符合条件的中小企业信用担保机构免征营业税、准备金提取和代偿损失税前扣除的政策。国土资源、住房城乡建设、金融、工商等部门要为中小企业和担保机构开展抵押物和出质的登记、确权、转让等提供优质服务。但从保护资金的安全性角度考虑，对未能提供担保或未办妥担保手续的企业应暂停提供金融支持。

5. 企业发展能力

企业的转型升级包括产业转型、产品升级、企业类型转型、商业模式转型、进入新市场、管理转型和创业者自身的转型等，各企业必须按照自身的发展阶段选择切合实际的发展模式，切忌盲目冒进。金融支持体系对此应具有甄别功能，在金融支持准入过程中应能发挥创新激励功能。

金融支持中小企业的准入不是一个阶段性管理过程，而应当注意对所支持企业的跟踪管理。为此，金融支持体系还应建立动态管理体系和风险预警机制，及时对企业活动经济指标进行监测，对企业流动性进行压力测试和模糊综合判断。一旦所支持企业的风险脱离可控或可承受范围，应立即启动支持资金的退出程序。

6.3　金融支持中小企业转变发展方式的退出机制设计

转型升级中的中小企业获得金融支持后将面临两种情形：经营成功或失败。无论是哪一种结果，金融支持资金都将退出企业。国内外学者对风险投资基金退出机制已多有研究和论述，本书主要研究金融支持在企业转型失败时退出企业的路径设计。

6.3.1　金融支持退出的主持机构

作为金融支持体系的发起人和融资行为的第三方，政府主管部门（可委托中小企业局为代表）拥有对金融支持项目从设立到终止的整个过程进行监管的权力。中小企业局在金融支持资金退出过程中的监管内容主要包括：首先，对问题企业实施救助措施，包括直接贷款、设立专项机构和基金实施间接援助，寻找其他金融机构进行救援，以及为兼并等行为提供担保。其次，对于退出支持申请的审查，对其资产质量、债权债务情况和财务状况的稽核，对债权、债务转让行为的论证。最后，明确问题企业和出资救助机构在救助过程中的资金分配、并购过程中与相关并购企业之间的责任和损失的承担，以及问题企业市场退出后金融风险的妥善处理。此外，主持机构应就退出机制建立以下制度安排：

1. 完善"最后贷款人"制度

最后贷款人制度是一国最高货币管理当局向暂时出现流动性危机的金融机构提供紧急援助的制度性安排。最后贷款人制度对于金融支持体系具有非常重要的作用：一是为金融机构提供流动性支持。二是为转型企业提供清偿能力。对于暂时没有清偿能力的转型企业，为保持流动资金的稳定，也可以进行直接注资。三是为转型企业提供信用保证。

2. 建立贷款保险制度

贷款保险是针对金融资金安全的一种保障机制，是为了维护贷款人的利益，维护金融体系的安全和稳定，在金融支持体系中设立政府保险机构，规定各转型企业将获得贷款的一定比例交纳保险金，建立专门的贷款保险储备，当投保的中小企业不能履行偿还到期债务、出现支付危机或破产清算时，由贷款保险机构代为偿还贷款的一种制度。

建立企业贷款保险制度，要从立法开始，以法律形式规定贷款保险的组织形式、法律地位、法定职能；参加贷款保险制度的企业范围，是否具有强制性；贷款保险金的来源，贷款保险费率的确定、调整及其依据，收缴和支付方式；贷款保险金的理赔范围、理赔条件及方式；以及贷款保险机构在最终清算时与金融机构的权利划分、资产分配等细则。同时还要考虑如何监管贷款保险机构，制定防范其道德风险发生的法律法规。

3. 健全破产清算制度

破产清算是问题企业退出市场的最终环节，通过严格的清算过程避免贷款企业逃废债务行为，利用有效的资产拍卖或转售提高债务清偿率。破产清算制度最重要的内容是对不良债权和资产的管理和处置。破产企业不良债权清收和资产处置工作较好的选择，是由中小企业局支持成立专业的管理机构，熟悉市场化的资产处置手段，能够最大限度地回收资产。

6.3.2 浙江金融支持退出路径设计

1. 金融支持退出的预警机制

由于中小企业往往不会也不敢主动地如实反映企业经营风险，因此，中小企业局要前置风险观测点，除了加强企业的流动性压力测试监管（目前对中小企业的流动性测试仅仅流于形式），还要跳过被监管主体本身，把监管的观测点直接设在市场末端，通过普遍性的市场信息，直接追溯风险的起源主体。这样既可以减少风险的扩散蔓延，又可以把风险的"火苗"直接扑灭。

建立预警跟踪制度。中小企业局应设立经济活动观察点，有选择性地在不同行业或者企业，设立资情观察点，选择经济波动敏感行业，一旦贷款集中度较高的行业或企业出现经营问题，信息很快就会传递到中小企业局，中小企业局便可以及时掌握对应金融机构的安全程度，并及时把预知信息和金融机构沟通传递。

借助外部审计机构的审查。中小企业外部审计是指外部审计机构接受金融机构和中小企业局的委托，根据会计原则和审计准则对中小企业经营和财务状况及风险控制等进行监督检查。

作为社会监督的重要组成部分，外部审计不仅有助于企业法律规范的实施，更能改善中小企业内部控制，提高风险控制水平，也能提高政府机构的监管水平和质量。

预警的实施与运作。问题企业的预警可以分为两个阶段：第一阶段，企业业绩下滑、预期贷款未回收出现明显的增多、现金流出现紧张，各项监管指标不断恶化。中小企业局一方面应立即识别风险的类别和程度，开始干预，要求企业采取措施解决问题，如冻结主要高层管理者薪酬，暂停新项目上马的方法降低风险；另一方面，加快信息的收集和分析，寻找、发现可能存在的问题。如不能缓解困境，中小企业局把该企业列入高风险关注对象。第二阶段，中小企业局一方面要更加严厉干预，必要时派驻观察员，跟踪企业运作，对企业作出的重大经营决策、重大的经营活动、重大的资产处置、大宗的项目交易，特别是资金的进出情况等，进行及时跟踪。避免利用信息不对称，进行资产转移。另一方面，中小企业局要求企业进行改革，如撤换管理层、再注资。如果银行在用尽所有常规手段仍不能使困境缓解，就进入危机阶段。此时企业可能面临破产，中小企业局就必须正式对转型企业列入危机处置，要求其进行资产或者经营重组。

2. 构建金融支持退出的指标体系

中小企业局要把观察点集中在危机处理上，设计一套可以用来衡量、判断和观察中小企业处于危机甚至濒临破产的指标体系，包括经营指标内容、要素构成、指标结构、指标取值、指标影响度等，这样才能及时有效地判断中小企业经营状况。事先设计和制定规范的监管指标考核体系，具体来说包括以下三个体系：

一是风险指标统计监测体系。以中小企业局、金融机构的统计数据为基础，选择中小企业的贷款总量、贷款结构、贷款风险等级、资产流动性、备付水平等与风险评估相关的指标，按旬统计、按月监测、按季考核，形成风险指标统计系统。

二是风险分析评估体系。组建风险分析评估小组，研究制定科学、实用的分析评估方法，定期对风险指标数据及动态情况进行分析，形成定性结论。对中小企业的风险状况作出风险评估，将风险分为大、中、小三类；也可以在建立风险监测指标体系的基础上，运用模糊综合判别技术，建立风险评估统计模型，对中小企业的风险状况进行定量分析。在对中小企业的风险状况进行评估的基础上，根据其风险的大小来确定监管工作的重点对象、监管的频率和相应的措施，为制定实施风险防范和化解措施提供依据。

三是全面反映现场稽核和非现场稽核情况的监管报告体系。以综合反映中小企业资金流动性的月度报告、资产质量评价及风险评估季度报告、会计与审计年度报告及现场稽核报告为载体，形成衔接紧密、互为补充的监管报告系统，及时掌握监管对象的营运变化情况，反映监管工作开展情况及成果。

3. 形成金融支持退出损失的分摊机制

中小企业金融支持资金应该由政府、商业金融机构和民间金融机构共同出资，设立中小企业贷款保险公司，对所有申请金融支持的中小企业实行强制投保，以便在中小企业陷入支付困难或面临破产时动用保险基金实施及时的资金援助或贷款理赔。建立贷款保险公司可以降低中小企业退出市场的成本，减少贷款人特别是民间资本的财产损失，从而降低社会对中小企业破产或者退出的恐慌，起到稳定作用。

4. 研究和设计金融支持退出方案

对金融支持退出中小企业的研究和设计，从开始的分析、判断、决定，到处置过程的风险分摊、后续诸多问题的处理，都要缜密研究，设计市场退出方案、制度支持和法律保证基础。

尽快制定问题企业退出的法律体系。国外成熟市场在金融支持退出的各个环节都有完整的立法，我国还没有这方面的法律规定。完善金融支持退出法律架构是金融支持退出的制度保证，目前的中小企业为数不少，中小企业面临的市场竞争较为激烈，中小企业融资对经济和社会的影响已经相当明显。有了完善的法律体系，对退出企业的所有处置才具有法律依据，处置工作才能顺畅推进，才能提高效率，才能及时处置。

建立起具有公信力的风险评级系统。什么企业是问题企业，什么时候要对问题企业加强监管或直接干预，这些都必须有一个具有公信力的风险评级系统加以确认，也是中小企业局早期识别问题企业的关键。该评级系统结合以电子处理手段为基础的非现场监控体系建设，加强现场稽核与非现场稽核的配合以求整体效能发挥。

建立问题企业的管理介入或托管期制度。中小企业的破产清算一般会有真空期，也就是从发现到完整解决问题企业这一过程，其间都有一段中间过渡期。在评级出来后，马上强势介入问题企业的管理，由中小企业局（办）派出专职管理人员参与问题企业的管理，或者把企业托管给关联企业进行短期管理。这样可以及时控制局势，避免问题的继续扩大，避免继续亏损。

第 7 章　金融支持浙江省中小企业发展方式转变体系构建

中小企业作为浙江省的经济基础和重要力量，为浙江省的经济繁荣与在国内保持领先地位作出了巨大贡献。但是中小企业自身存在的局限性以及金融危机后世界以及国内经济、政治、社会和技术等方面发生了巨大变化，使得浙江省中小企业发展方式的转变——转型升级成为历史和现实的必然选择。然而，中小企业的转型升级不是一蹴而就的，在中小企业转型升级过程中必然会遇到巨大的障碍与阻力，比如技术、人才和资金等方面，其中，最重要的一个方面就是转型升级所需要的庞大资金及其风险，因此，加强对浙江省中小企业发展方式转变的金融支持尤为必要。

浙江省中小企业数量众多、产业分布广，且规模相差大、经营特点差异较为明显，这些特点决定了对中小企业发展方式转变的金融支持必然是一项系统性的工程。

7.1　金融支持体系构建的原则与体系

7.1.1　金融支持体系构建的原则

为了充分利用现有可得资源，取得对浙江省中小企业发展方式转变——转型升级金融支持的最大成果，在构建对浙江省中小企业的转型升级金融支持系统时，需要特别注意把握以下原则：

1. 广泛参与原则

中小企业融资难是一个世界性的难题，对于浙江省中小企业来说也是如此。但对于数量庞大的浙江省中小企业的转型升级来说，其融资需求及其复杂程度使得这一问题尤为突出。为解决这一难题，需要浙江省各方面广泛动员参与到对中小企业的转型升级的金融支持工程中，不仅中小企业本身需要努力，还需要政府、各种金融机构和民间组织团体的参与，以实现最大程度的支持。

2. 差别分析原则

浙江省中小企业数量庞大、产业分布广，发展方式转变所需资金来源数量和风险要求也相差较大，同时，不是每一个企业在转变发展方式和转型升级过程中都会遇到相同的融资问题，因此，有必要根据不同行业、企业的特征及其发展方式转变和转型升级对金融支持的要求，设计不同的金融支持体系和举措。

3. 多样化原则

对于浙江省中小企业而言，首先需要为其筹集足够数量和不同性质的资金以支持其发展方式与转型升级，为此需要采取多种渠道与方式，包括短期的债务资金、长期的债务资金和股权资金，可以从大型商业银行取得资金，也可以向小型金融机构如中小银行、小额贷款公司取得债务资金，也可发行债券或股票等方式筹资。

4. 创新原则

对浙江省中小企业发展方式转变和转型升级带来的金融支持需求而言，即使全员参与，如果不能打破陈规、没有创新意识、不能采取积极的创新手段和措施，那么这一艰巨任务恐怕也难以完成。因此，对于中小企业转型升级的金融支持必须坚持创新的原则，包括机构创新、组织创新、机制创新等（马华，2009）。

5. 信息充分原则

根据阙紫康的定义（2009），中小企业融资难的本质是市场失灵——信息不对称和交易成本高等原因造成的。"世上没有得不到满足的中小企业融资需求，关键是在于企业愿意以什么样的成本融资；世界上也没有不愿意为中小企业服务的资金提供者，关键是能够获得什么样的风险收益"（阙紫康，2009）。中小企业发展方式转变以及转型升级的金融支持的关键在于获得企业需要什么样的金融支持和提供资金的服务者需要什么样的"报酬"等信息，因此，提高对浙江中小企业发展方式转变和转型升级支持效果和效率，必须要获得充分的信息。

7.1.2　金融支持体系构成

从企业筹资的角度来看，企业资金来源主要有股权融资和举债融资两种渠道，这两种渠道又可以进一步细分为直接融资和间接融资。根据前面的分析以及对浙江省中小企业发展方式转变以及转型升级的金融支持原则，笔者构建的浙江省中小企业发展方式转变的金融支持组织体系如图7－1所示。

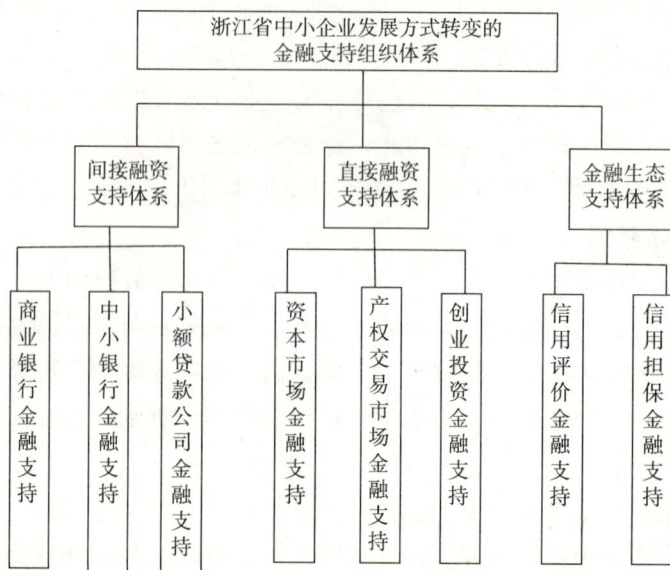

图7－1　浙江省中小企业发展方式转变的金融支持组织体系图

7.2　浙江省中小企业发展方式转变的间接融资支持体系

就目前而言，浙江省中小企业要转变发展方式，实现转型升级所需资金主要是来源于债务融资，债权融资体系主要包括商业银行金融支持系统、中小银行金融支持系统和小额贷款公司金融支持系统。

7.2.1　商业银行金融支持系统的构建

1. 商业银行体系对浙江省中小企业转变发展方式的金融支持

总体上，我国中小企业融资依靠外部融资渠道的比重过低，银行贷款是最主要的外部融资渠道。据中国人民银行和银监会统计，我国中小企业融资占供应总量的98.7%。根据人民银行杭州中心支行发布的数据，2011年1月至9月，全省中小企业贷款新增 2 689.2 亿元，占全部企业贷款增量的85%。其中，对小企业的扶持力度更为突出。1—9 月小企业贷款新增 1 605.3 亿元，占全部企业贷款增量的 50.8%，同比提高 2.9 个百分点。

一般的商业银行资金实力雄厚，能为中小企业提供更为多样化的金融支持。但是，传统上，商业银行的经营理念与管理方式不利于中小企业融资。商业性银行尤其是大型商业银行从成本、收入的角度考虑，贷款主要面向国有企业或其他大型企业。目前，浙江金融业的主力军仍是全国性的大型金融机构，部分大型银行对中小企业贷款的意愿相对较弱，认为中小企业贷款主要为流动资金贷款，额度小、频率快且管理成本高；同时，中小企业贷款风险相对较高，市场上还缺乏有效分散、转移风险的工具，使得金融机构开展中小企业信贷顾虑较多。

2. 对商业银行金融支持系统的建议

激发商业银行对浙江省中小企业转型升级的金融支持尤为重要。为此，建议采取以下措施：

（1）应辩证处理与大、中、小企业的关系。商业银行在选择大企业，追求低风险的同时，要处理好与中小企业的关系。商业银行对于发展中小型企业、民营企业的金融政策应做到紧中有松、松紧结合，不可片面限制这个市场的发展。而针对不同行业、不同市场、不同技术、不同管理水平的各类企业，商业企业应辩证处理与客户之间的关系，制定不同的发展策略，与此同时加强对有发展潜力的中小企业的重视。

（2）应逐步扩大无形资产抵押贷款的比例。从适应中小企业资金需求金额小、频率高、时间急的特点和提高工作效率的角度出发，有必要简化贷款手续，将中小企业一定金额内的贷款审批权限下放，为中小企业融资开辟快捷通道，但在审批权下放的同时也要注意权限的程度问题。银行对绝大多数中小企业发放贷款都要求中小企业提供足值的抵押物，如生产设备、厂房、办公器材等，有很多中小企业能提供的抵押物品的价值达不到它们所要贷款的金额，无形资产抵押便可有效解决这一难题。银行可以建立无形资产价值评估系统，对中小企业提供的品牌、知识产权等无形资产进行评估并提供相应的贷款支持。

（3）对商业银行对浙江省中小企业转变增长方式的金融支持的支持。

第一，对于商业银行因支持中小企业而发行金融债券的，各级政府应提供相应支持，比如宣传、推介和担保，甚至可以许诺出资认购部分金融债券。

第二，大力推广部分商业银行对中小企业信贷支持的成功模式，比如浙江泰隆商业银行根据中小企业的水表、电表等非传统财务信息评价和监控对中小企业信贷风险以及民生银行的小额信贷成功经验与先进做法。

7.2.2 中小银行金融支持系统的构建

1. 中小银行对浙江省中小企业转变发展方式的金融支持

2011年"两会"期间，中小银行发展问题受到广泛关注。温家宝总理在政协经济、农业界联组会讨论时指出，一个国家如果只有大银行，中小银行不发达，这说明银行业、金融业的发展是不全面的；在一定的时期，对中小银行予以政策扶持，也是必要的。中小银行多定位于服务中小企业，服务于当地的居民百姓，支持当地的经济建设，为促进金融市场竞争、提高资金配置效率、化解地区金融风险、促进金融体系均衡发展发挥着日益重要的作用。中小企业的发展，离不开中小银行的支持。据统计，截至2009年末，我国中小银行对小企业贷款余额超过1.5万亿元，占银行业金融机构对小企业贷款余额的28.1%，中小银行已经成为中小企业金融服务的主要力量。

2. 中小银行金融支持系统的建议

浙江省中小银行有其自身的局限性，诸如品牌认知度和市场地位低、规模较小、网点分支机构数量不多、银行体制存在缺陷、中小银行定位不准等，因此，中小银行支持浙江省中小企业转型升级的作用有待进一步加强。

具体可以从以下方面着手：

（1）进一步深化产权改革，完善法人治理结构。一方面，一些管理规范、业绩较好的银行要力争早日上市，成为有现代产权制度和社会约束的现代意义上的银行。另一方面，面向社会，多渠道吸收社会公众和民营资本入股，稀释政府或国有法人股权，改变这些银行由地方政府事实上控股的现状；也要适当引进一些国外战略投资者参股，用他们新的文化观念和思维模式、新的管理思想和理财方式来完善自身的制度和管理，构建符合国际惯例、运作规范的商业银行法人治理结构。

（2）准确定位，发挥差异化经营优势。浙江中小商业银行要充分认识自身的优势和劣势，牢牢把握"立足地方、服务中小"的市场定位理念，把支持地方经济发展，为中小企业和个体私营经济服务，为农村经济服务，为社区居民服务作为重点服务目标，努力打造自身"服务中小企业"的品牌。认真借鉴国外中小金融机构差异化经营的成功经验，充分发挥中小商业银行的地缘优势，挖掘企业信用信息，大力开展金融创新，针对中小企业和社区居民的不同需求，开发设计不同的金融服务种类，为有效解决中小企业融资问题创造良好环境。

（3）加强政府对中小银行的政策支持。

①尽快协调落实国家财政部门有关中小企业不良贷款呆账自主核销政策，切实降低中小企业贷款呆账核销成本；对中小银行历史形成的中小企业贷款呆账，可考虑制定宽松的核销政策。

②适当减免中小企业贷款业务的营业税，有效降低中小银行服务中小企业的成本，激发中小银行服务中小企业的积极性。

③省政府还要创造良好的金融环境，重点鼓励支持省内中小商业银行上市。目前很多中小银行已具备或基本具备上市条件，经过多年的发展，这些银行已有一定的经营实力和较强的盈利能力与抗风险能力，呈现出良好的发展前景。政府部门还可以充分利用浙江发达的民间金融优势，在支持中小商业银行上市的同时鼓励吸纳民间资本，拉动民间投资，拓宽银行自身的资本补充渠道，也有利于破解中小企业融资难问题（汪卫芳，2011）。

7.2.3　小额贷款公司金融支持系统的构建

1. 小额贷款公司对浙江省中小企业转变发展方式的金融支持

当部分中小企业转型升级需要大量资金支持时，往往难以获得贷款或者银行授信不足，小额贷款公司的出现，为其弥补了贷款缺口，既解决了企业的资金需求，同时用平价资金摊薄了的资金成本，企业能够承担。由于小额贷款手续简便，门槛较低，控制灵活，尽管小额贷款利率达到或接近银行贷款的 4 倍，仍低于民间借贷水平而供不应求。

自从浙江省第一家小额贷款公司海宁宏达小额贷款公司 2008 年 10 月初开业以来，截至 2011 年 5 月底，浙江省审核通过并正式开业营运的小额贷款公司有 117 家，注册资本总额为 187.46 亿元，贷款余额 226.57 亿元，已累计发放贷款 9.6 万笔，累计贷款 1 003.31 亿元，其中纯农业贷款和 100 万元以下贷款累计发放 545 亿元，占比达 54.34%。

但业界普遍认为小额贷款公司存在以下问题：

（1）业务模式单一，投资回报率偏低。虽然小额贷款公司执行的利率比较高（加权平均利率一般为 12‰~15‰），但由于不能吸纳存款，不能开展贷款以外的其他业务，税收负担较重，管理费用高，使得资金年回报率偏低，这在一定程度上影响了企业开办小额贷款公司的积极性。

（2）杠杆比例较小，规模难以做大。相对旺盛的市场需求，小额贷款公司的融资规模仅限定在注册资本的50%，即使融资全部到位，资金数量也极为有限，从目前的情况看，贷款公司基本没有可用资金扩大业务，在一定程度上造成人力资源的闲置。

（3）现行政策规定存在操作难度。主要是各商业银行对小额贷款的操作办法还没有，需要各总行尽快制定。

2. 小额贷款公司金融支持系统的建议

为了加强小额贷款公司的生存与发展能力，更好地支持浙江省中小企业的转型升级，建议采取以下措施：

（1）增强小额贷款公司的实力，包括适度放宽融资比例、增加其资金来源和实力，允许小额贷款公司开展票据贴现、资产转让、委托贷款等业务以增强其盈利性。

（2）建议尽快组织建立小额贷款公司行业协会，使之成为同业之间交流平台，行业自律的组织，工商部门行政指导、服务、监管的有效载体。

7.3 浙江省中小企业转变发展方式的直接融资支持体系

相比于间接融资，直接融资更具有长期性、安全性等特征，更能增强企业实力，更有利于浙江省中小企业的转型升级。浙江省中小企业的转型升级的股权金融支持体系可主要由以下四个部分构成：资本市场金融支持体系、产权交易市场金融支持体系、创业投资金融支持体系和中小企业集合债体系。

7.3.1 资本市场金融支持体系的构建

1. 资本市场对浙江省中小企业转变发展方式的金融支持

到2010年年底浙江省共有上市公司达到242家，全省共有境内上市公司186家，位居全国第三，累计融资1 820亿元；其中中小板上市公司91家，占全国中小板上市公司总数的17.1%，位居全国第二；创业板上市公司16家，占全国创业板上市公司总数的10.5%。全省现有境外上市公司56家，累计融资490亿元。

但一方面能在资本市场筹资的这些企业也是规模较大的企业，绝大多数规模较小的中小企业特别是小企业无法享受直接融资的便利，更多的中小企业，特别是微小企业、初创企业主要是通过民间融资来解决生存问题；另一方面，浙江省资本市场体系发展远远落后于浙江省经济的发展水平。

2. 资本市场金融支持体系的建议

为加强浙江省资本体系建设，增强其对浙江省中小企业的转型升级的金融支持力度，建议采取以下措施：

（1）加快地方证券机构的重组改造，提高浙江省券商的综合竞争力，使其更好地为本省企业进入证券市场融资提供服务。

①大力推进证券公司股权结构调整，壮大公司实力，完善公司治理结构。首先，对浙江省的证券公司进行增资扩股，增加股本总量，通过规模效应，壮大公司实力。其次，吸引全国各地实力机构，而不局限于本省。各种实力机构的介入将带来不同的战略资源，有助于券商的业务开拓，引进先进的经营管理理念。

②积极进行证券公司的业务创新，开拓利润新来源。浙江的证券公司要提高竞争力，证券研究应由目前的市场研究为主提升到以拓展传统业务和开展新业务研究为主，不仅要对经纪业务、资产管理业务、投资银行业务等进行创新，还应大力发展其他金融业务，创造金融衍生工具，开辟金融衍生市场，开展资产证券化等。通过充分挖掘债券市场收益，创新资产管理业务模式，设计和推出金融创新产品等进一步开拓证券公司利润新来源。

（2）做大做强上市公司浙江板块。

①按照《浙江省人民政府关于加强证券工作的指导意见》提出的基本目标和任务，积极推进企业上市，做大做强上市公司浙江板块。加大股份制改造力度，积极培育上市后备资源。通过股份制改造，培育上市后备资源。同时积极培育一批高新技术企业、龙头企业和高成长型企业，丰富上市后备资源。引导战略投资者，优化公司股权结构，健全公司法人治理结构，完善激励约束机制。加快国有企业改制重组步伐，明确出资人制度，做好大型国有企业上市的推动工作。

②多渠道推动企业上市，促进上市公司持续发展。立足国内证券市场，扩大直接融资比重。采取鼓励措施，开拓海外证券市场，推动企业海外上市。利用中小企业板，加快民营企业上市步伐。同时，重视上市企业的可持续发展，积极推动上市公司优化重组、收购兼并。通过多种方式推动产业内及产业间的战略性重组，促使优质资源、优良项目和优惠政策向龙头上市公司集中和倾斜，提高上市公司的整体实力，促进上市公司的可持续发展。

③加强"信用浙江"建设，努力构筑有利于证券市场健康发展的诚信环境，督促上市公司加强诚信建设。上市公司在信息披露上要言而有信、开诚布公、一诺千金，着力推进"信用浙江"工程建设，树立浙江板块的诚信形象。

7.3.2　产权交易市场金融支持体系的构建

利用产权市场的交易平台，为中小企业融通资金，拓展中小企业融资的多元化渠道，促使中小企业实现生产资本、经营资本的跨越发展，从而为中小企业盘活资产存量提供有效途径。

产权交易已经成为企业特别是中小企业多样化融资的手段，包括政策融资①、债务融资②和股权融资③；此外，产权交易还可以为中小企业上市配置资源，提供指导。

其中，股权融资正日益成为产权交易市场融资的主要模式，原因是其成本低，操作简单。以股权出资、出质，就是将被视为企业"死资产"的股权盘活，使得股权可以经专业机构估价后直接作为新注册公司的注册资本或者获得股权质押贷款，显现出把经济存量转化为现实经济能量的效应。2011年6月，浙江省工商局紧急研究出台了《股权出资登记试行办法》和《股权出质登记暂行办法》，为众多中小企业铺设了一条解困之路。有数据显示，截至2011年7月底，仅股权出质一项，浙江全省已有55家企业办理登记，累计登记股权29亿股，获得融资30亿元。小额贷款方面，浙江省内流动性资金更是超过一万亿元。

有关专家指出，产权交易市场的好处在于：一是能够更好地配置资源，二是能够发现价格，三是能够改善信息不对称。正是产权交易市场凸显的优势和优点，帮助了中小企业为渡过眼下融资难的困境创造了条件和机遇。对于中小企业来说，正确把握和运用这种融资方法，是摆脱融资难困境的一种切实可行的选择。

7.3.3　创业投资金融支持体系的构建

1. 创业投资对浙江省中小企业转变发展方式的金融支持

创业投资的主要运作方式是投资于一些具有高成长性的未上市公司，占有

---

① 产权市场的政策融资是指产权交易市场通过对企业进行整体策划，帮助企业申请国家无偿拨款。

② 产权交易市场的债务融资，产权交易市场可以利用自身同银行以及担保公司的良好互信关系，帮助企业从银行获得贷款。

③ 产权交易市场的股权融资是指在产权交易内企业可以通过技术转让、技术入股、股权转让以及增资扩股等方式融得资金。

被投资公司一定的股份，帮助其上市，并在恰当的时候增值套现。创业投资机制能有效地降低信息不对称、分担创新风险，在整个金融体系中所占比重虽小，却能够发挥较强的杠杆作用，对中小企业的发展具有重要意义。

浙江经济的特点就是民间资本雄厚，中小企业众多，民资存量上万亿元，中小企业总数达到 950 万家，工业总产值和就业贡献率分别占全省的 80% 和 90%。这正好适合创业投资基金发展。

目前，浙江创业投资基金投资额在全国居第六位，股权管理资本量和投资项目数均居全国前列，已经成为全国私募股权投资基金第四大集聚地。据有关方面的统计，目前全国 20% ~ 30% 的募集资金来自于浙江。创业投资这些年来在浙江省发展迅速：据不完全统计，全省共有股权管理公司 507 家，管理资金规模超过 630 亿元，备案创业投资和股权投资机构数量、管理资本量和投资项目数均居全国各省前列。中国私募股权投资产业基地落户浙江，必然会增加浙江企业的融资渠道，特别是那些缺乏固定资产，在银行无法贷到款的中小企业，将获得更多的机会。因此，浙江应积极推进创业投资事业的发展。

2. 创业投资金融支持体系的建议

首先，政府应充分发挥引导和促进作用，通过制定财政、税收、信贷等优惠政策为科技创业投资的发展营造良好的外部环境。但政府不应成为创业投资的主体，否则容易导致效率不高和道德风险，并且会削弱民间资本进入创业投资领域的积极性。

其次，要完善创业投资的退出机制。浙江省大部分的中小企业目前难以达到上市的严格要求，风险资本只能在少数著名企业实现股权上市退出。对此，要积极发展场外交易、兼并、股权回购等有效的退出通道，利用产权交易平台或股权转让市场，形成多层次的创业投资退出渠道。

再次，针对浙江省创业投资缺乏长期资本进入的现状，可以在控制金融风险的前提下，逐步允许养老基金和保险基金等具有长期资本特性的机构投资者以及具有良好市场业绩的上市公司作为战略投资者来介入创业投资领域。

最后，为了解决创业投资体系中存在的信息不完全和不对称问题，必须逐步建立和完善创业投资中介机构及网络，降低信息成本和交易成本，以提高创业投资市场运作效率。

7.3.4　中小企业集合债金融支持的构建

中小企业集合债券是企业债的一种，一般只有大型国有企业才能发行企业债。集合债券的创新之处在于将若干经营状况良好、成长能力较强的中小企业组合在一起，申请集合发债。这种债券发行方式使发行主体由原来单一的大型国有企业转变为一揽子企业。在中央银行调控银行信贷规模，中小企业融资难的情况下，集合债券的发行可以使成长性良好的中小企业募集到发展所需的资金，且成本低于银行贷款利率，为中小企业发展提供强有力的支持。

以 07 中关村债为例，它是由北京中关村担保有限公司牵头，神州数码（中国）有限公司等 4 家中小企业作为联合发行人，按照"统一冠名、分别负债、统一担保、集合发行"的模式发行，招商证券股份有限公司担任主承销商，由北京中关村科技担保有限公司提供全额无条件不可撤销的连带责任保证担保。

但是中小企业集合债发行目前主要存在两个问题，一是牵头组织的问题，另一个是担保问题。

和单个的企业不一样，参与中小企业集合债的企业，它们的质量、进度比较齐整才行。在实际操作中，中小企业集合债组织发行工作特别容易产生短板效应。在 10 个企业中，如果有一个企业在审计、法律上慢了，别的企业就得等它。这样就需要一个强势的协调组织或机构来推动，使得这些企业统一步骤。另外，从筛选企业的角度看，也需要很大的工作量，一般情况下由于地方政府人手少，日常事务多，组织起来有一定的困难。

担保方面，中小企业集合债在发行制度上，要求统一担保人的信用级别不能低于 AA 级，一般地方政府很难解决这个难题。此前大连、成都发行的中小企业集合债券都是用地方政府平台公司作担保，但这种情况的复制性不强，因为各地方政府情况不一样。

对加快推进实施中小企业集合债券促进企业融资的建议：

1. 建议各省政府组织协调或作为发行总牵头人

中小企业集合债券涉及方面，包括国家发展改革委、人民银行、地方发展改革委等政府机构，众多中小企业，债券保荐和承销机构，担保和反担保机构，律师、会计师、信用评级机构等中介机构。已有的发行成功的案例表明，政府出面组织或政府职能部门总牵头是中小企业集合债券成功发行的重要推动力。如"中国高新技术产业开发区债券"由科技部条财司牵头组织实施，"2007 年深圳中小企业集合债券"由深圳市政府组织、市贸易工业局作为发行牵头人，"2007 年中关村高新技术中小企业集合债券"得到中关村科技园区管委会的大力推动。故建议由各省政府组织协调或作为发行总牵头人推进我国中小企业集合债券工作。

2. 要切实做好债券的担保和反担保工作

为确保中小企业集合债券顺利通过国家发展改革委的审批并顺利发行，需要有政策性银行或大型国企等实力雄厚的担保机构。这是由中小企业本身实力有限、资信评级较低的特点决定的。但是担保机构的担保增信通常需要相应的反担保，故企业自身的反担保、信用担保机构的反担保或由政府出面安排有关企业提供反担保也不可或缺。前述中小企业集合债券成功发行的案例中，担保或再担保机构、反担保机构有国家开发银行、北京市财政支持的北京中关村科技担保有限公司、深圳市财政支持的中小企业信用担保中心、地方国有企业等。故建议要以各政府为主导推动，尽量争取国家政策性银行、大型国企或实力雄厚的大型担保公司等作为担保机构，落实中小企业集合债券的担保增信工作；同时，各省财政应通过对债券给予贴息、对担保机构予以适当补偿等，切实减轻企业负担。

3. 集中优质中小企业，保障中小企业集合债券的顺利发行

由于入选的中小企业的资质将直接影响中小企业集合债最终能否成功发行，故各省政府和地方各级政府协调部门或牵头机构可通过多种途径关注省内中小企业，集中一批优质中小企业，重点选择财务基础优良、经营稳健、发展前景良好和募集资金投资项目切实可行的企业，加快推动我国中小企业集合债券的发行工作。同时，具备一定实力的中小企业要积极参与并勇于承担，积极推动并配政府做好中小企业集合债券的发行推动工作，其中实力较强的企业应承担较多的具体工作。

7.4　浙江省中小企业发展方式转变的金融生态支持体系

要解决中小企业融资难的深层次问题，必须加快建设良好的金融生态环境，这需要包括金融机构在内的有关部门既要协调配合，又要有所分工、有所侧重，"扶服"并举，制定出符合中小企业特点、切实可行的政策措施，为改善中小企业的融资环境创造条件，为中小企业的转型升级提供支持。[①]

---

① 廖晓燕：《中小企业融资与金融生态环境建设》，载《湖南科技大学学报》（社会科学版），2006（1）。

7.4.1 构建良好的法律政策环境

1. 良好法律政策环境的一般准则

一个良好的法律环境，需要依照社会主义法制的基本要求，即"有法可依，有法必依，执法必严，违法必究"。有法可依是社会主义法制的前提和基础，即国家应制定完备的法律体系。有法必依是社会主义法制的中心环节，即一切国家机关、党派团体、社会组织和任何个人，都必须遵守法律、依法办事。执法必严是社会主义法制的关键，即执行的司法机关及工作人员，必须严格按法律的规定实施法律，坚决维护法律权威和尊严。违法必究是社会主义法制的保障，即任何公民只要是违反了法律，必须受到追究，法律面前人人平等。

政策环境是指政策生成、运行、发生作用的过程中一切条件的总和。一个良好的地方政策环境需要体现区域的差异性，也要体现公平、公正、公开的一般原则。政策的制定和实施应体现出公平性、管理性、竞争性、优惠性和保护性。①

2. 法律政策环境支持中小企业转型升级的政策建议

从支持中小企业转型升级的角度看，重点要把握以下几个方面：

一是要梳理中央和地方已有政策，并予以落实。

近年来，国务院以及工业和信息化部、财政部、银监会等部委颁发了一些法规、政策，大力支持中小企业发展，其他不乏提高具体支持中小企业转型升级的内容（见表 7－1）。例如，在 2011 年 9 月 23 日工业和信息化部联合颁发的《"十二五"中小企业成长规划》中明确提出，要坚持把结构调整作为促进中小企业成长的主攻方向，力争到"十二五"末取得重大进展。具体要做到优化产业分布结构、优化企业规模结构、优化企业产品结构，并加快淘汰落后产能。因此，需要对这些政策法规加以系统梳理，并依据地方特点颁布实施细则，予以落实。

表 7－1 近期支持中小企业发展的法规政策

政策名称	颁发（生效）时间	颁发部门
政府采购促进中小企业发展暂行办法	2011 年 12 月 29 日	财政部　工业和信息化部
"十二五"中小企业成长规划	2011 年 9 月 23 日	工业和信息化部

① 孙明贵、雷亮：《中西部民营企业金融政策与税收政策的特性分析》，载《财经理论与实践》，2004（1）。

续表

政策名称	颁发（生效）时间	颁发部门
进一步做好中小企业金融服务工作的若干意见	2010 年 8 月 11 日	中国人民银行　银监会 证监会　保监会
关于加强中小企业信用担保体系建设工作的意见	2010 年 5 月 12 日	工业和信息化部
国务院关于鼓励和引导民间投资健康发展的若干意见	2010 年 5 月 7 日	国务院
关于进一步加大对科技型中小企业信贷支持的指导意见	2009 年 5 月 5 日	银监会　科学技术部
关于进一步促进中小企业发展的若干意见	2009 年 9 月 19 日	国务院

二是要转变政府职能，提高政府效率。

地方政府如何科学定位是理论界一直探讨的热点问题。有学者立足于中国渐进式的转轨路径，分析了转型期地方治理与银行改革的互动表现和影响。计划轨和市场轨的相互制约与影响，在地方治理与银行改革方面，突出地表现为地方政府在自身改革的不同阶段，从自身利益出发，利用银行改革中的制度缺陷，不断改变对银行金融资源的争夺方式，由初始的直接行政干预到对银行决策施加影响，再过渡到目前通过逃废银行债务等间接争夺银行资源，而中央政府和银行体系则通过不断完善自身的管理体制和健全风险管理机制来抵御地方政府的争夺。双方博弈的结果在相当长的时期内都对全社会金融资源的配置、货币政策的有效传导和金融微观主体的经营产生了深远的影响。①

从支持中小企业转型升级角度来看，地方政府需要找准定位，着重于营造公平的市场环境和搭建金融支持的平台，完善公共服务，逐步由指挥、干预、主导向支持、服务、引导方向转变，让市场机制发挥更大的作用。

三是政策制定可以借鉴国外的经验。

当前国际竞争，是国家和企业间联合力量的竞争，政府在支持企业"走出去"方面，有着义不容辞的责任。运用金融手段为企业"走出去"提供强有力的支持，已经成为各国的通行规则。借鉴发达国家和新兴工业国在这方面的做法，对完善我国企业"走出去"的金融服务体系，具有现实而又重要的意义。②

---

① 巴曙松、刘孝红、牛播坤：《转型时期中国金融体系中的地方治理与银行改革的互动研究》，载《金融研究》，2005（5）。

② 赵建军：《国外扶持企业"走出去"的金融政策及其启示》，载《首都经济贸易大学学报》，2005（3）。

7.4.2　营造逐步完善的信用环境

1. 企业信用评价的一般准则

企业信用评价一直是国际学术界和实务界的重要研究课题，并在信用的评价方法和实际应用方面成果层出不穷。西方发达经济体信用评价方法不断推陈出新，主要方法如表 7 - 2 所示。

表 7 - 2　　　　　　　　国外主要信用评价方法

评价方法	基本原理
判别分析模型	数理统计分析
KMV 模型	期权定价
J. P. Morgan 的信用度量	VAR 方法
返回测试和压力测试信用风险模型	时间序列的
RAROC 模型	现代资产组合
死亡率模型和 CSFP 的信用风险附加模型	保险方法

在分析国外企业信用评价指标的基础上，范柏乃、朱文斌（2003）从企业偿债能力、经营能力、创利能力、管理能力、创新能力与成长能力六个层面遴选了 28 个评价指标，并运用隶属度分析、相关分析和鉴别力分析对评价指标进行实证筛选，进而建立了中小企业信用评价体系。①

2. 信用环境支持中小企业转型升级的政策建议

要解决中小企业贷款难的问题，当前最重要的是建立起完善的中小企业信用担保体系。

中国开展中小企业信用担保业务，建立完善的信用担保体系的必要性体现在可以为中小企业提供相对公平的融资环境；可以分散银行风险，优化银行资产质量；可以推动科技进步，是实现科技与经济相结合的重要途径。中国必须建立完善的中小企业信用保证体系，信用保证业务必须向规范化、法制化方向发展。具体而言，应当充分发挥政府在信用担保体系建立过程中的特殊作用，建立担保机构风险补偿机制，建立担保基金和再担保基金制度以及建立完善的

---

① 范柏乃、朱文斌：《中小企业信用评价指标的理论遴选与实证分析》，载《科研管理》，2003 (11)。

中小企业资信评级制度。①

　　信用环境支持中小企业转型升级的核心是在构建信用评价体系的基础上，建立和完善信用担保体系。提供信用担保是解决中小企业融资难的一种手段。许多国家和地区政府把建立有政府参与的中小企业信用担保体系作为扶持中小企业的一项重要政策。吕薇（2003）通过分析美国、日本和我国台湾省的中小企业信用担保体系的差别性和共性，揭示中小企业信用担保体系的特点，同时，提出了建立我国中小企业信用担保体系的政策建议和应注意的问题。②

　　还有学者指出，中小企业间广泛的经济互助与合作为信用担保的互助与合作提供了便利条件。互助联保是当前中小企业融资担保体系中具有良好适用性的发展模式，理应成为未来我国中小企业信用担保体系多元化建设的重点。③

7.4.3　塑造和谐的金融文化环境

1. 金融文化环境支持中小企业转型升级的一般思路

　　一是和谐的金融文化有助于金融创新。有学者提出要基于和谐的金融生态系统，以紧密相扣、均匀有机、层递螺旋式上升的金融服务生态链，针对自主创新的周期性需求与瓶颈，匹配恰当有效的金融支持。④

　　二是和谐的金融文化有助于民营企业成长。随着我国民营经济的发展，民营企业在我国经济中所发挥的巨大作用日益为各界所重视，但民营企业在成长过程中遭遇的融资困境越来越凸显出来。有学者认为，民营企业的巨大潜力与其对应的有限的金融资源的巨大反差使得企业与其金融生态缺乏充分的协调性，民营企业与各种金融机构作为金融生态的重要元素应与时俱进地彼此支撑，相互作用。⑤

2. 金融文化支持中小企业转型升级的政策建议

　　（1）塑造金融文化品格。现代金融文化是先进文化的重要组成部分。金融文化是由金融器物文化、金融制度文化、金融心态文化三个层次的内容构成的

---

①　曹凤岐：《建立和健全中小企业信用担保体系》，载《金融研究》，2001（5）。

②　吕薇：《借鉴有益经验，建立我国中小企业信用担保体系》，载《金融研究》，2000（5）。

③　彭江波：《以互助联保为基础构建中小企业信用担保体系》，载《金融研究》，2008（2）。

④　徐荣贞：《基于金融生态的科技成长型企业自主创新的 R—W 模型》，载《科技管理研究》，2007（10）。

⑤　许冀艺、于海燕：《基于金融生态视角的民营企业融资能力研究》，载《金融与经济》，2008（5）。

同心圆体系，这三个同心圆围绕着一个中心点，共同构成了金融文化的结构体系。① 金融文化支持中小企业转型升级，关键在于塑造金融文化品格。

具体而言，一是要强化金融文化中的创新意识。创新我国现代金融文化，从战略层面上讲，主要应包括创新现代货币文化、现代信用文化、现代票据文化以及现代金融企业文化等方面。② 二是要强化金融文化中的规范意识，包括金融行业的管理风格、宗旨、目标、礼仪、制度、程序和管理设施，金融行业的行为习惯、传统、作风、社会分工、人际关系和组织结构等，它规定着金融行业及其内部每一位人员的行为规范，反映金融行业的外在文化特征。③ 三是要处理好创新与规范的关系。

（2）强化金融伦理道德。国内外学者主要从金融市场伦理理论、伦理冲突、伦理风险、金融伦理的价值以及金融伦理与法律的关系等方面对金融伦理展开研究。④

从金融市场金融伦理冲突与矛盾的现状我们可以得出金融伦理已经不仅仅涉及微观个体的行为是否合情合理，而且还直接关系金融市场的核心问题即公平与效率。忽视其存在，将会导致市场的公信力下降，最终影响金融资源的最佳配置和金融市场的高效运行。因此就金融市场而言，法制与道德的建设均不可偏废。⑤

（3）提高金融服务能力。

一是要加强服务意识。例如，可借鉴跨国公司生产基地"多点"金融服务消费行为、港资企业"两点"金融服务消费行为以及镇区工业集团总公司"园区型"金融服务消费行为，克服金融服务业"无强中心，分散化"空间格局弱势，⑥ 积极支持中小企业转型升级。

二是要增强服务能力。尤其是要提高对民营企业的服务能力，化解民营企业金融服务问题，包括建立多层次、全方位的直接融资市场，重视民间金融组织，创新商业银行信贷间接融资业务和完善中介、担保与信用体系等措施。⑦

---

① 魏波、程旺江、吴亮：《关于金融文化体系建设的探讨》，载《武汉金融》，2005（8）。
② 王新：《我国金融文化创新的战略构想》，载《理论探索》，2004（2）。
③ 魏波、程旺江、吴亮：《关于金融文化体系建设的探讨》，载《武汉金融》，2005（8）。
④ 邓学衷：《金融伦理研究新进展》，载《经济学动态》，2008（10）。
⑤ 徐艳：《我国金融市场的金融伦理冲突与矛盾》，载《财贸经济》，2003（10）。
⑥ 林彰平、闫小培、方远平：《东莞市金融服务业分散化空间格局——企业金融服务消费行为视角》，载《地理研究》，2007（1）。
⑦ 衣长军：《构建福建沿海地区民营企业融资的金融服务体系研究》，载《华侨大学学报（哲学社会科学版）》，2005（12）。

　　三是要创新服务内容。创新中小企业理财服务不仅可以解决中小企业的信息透明度与可信度问题，而且可以提高中小企业的融资效率，甚至可以整合金融、保险、证券等金融服务，提供类似金融控股公司式的综合性服务，充分满足中小企业发展的各类金融需求，[1] 全方位地支持中小企业转型升级。

①　褚伟：《构建与完善中国中小企业金融服务体系》，载《华南金融研究》，2004（2）。

附录 1 中小企业标准相关文件

A.1 国家划分中小企业标准的规定（标题供参考）

A.1.1 中小企业标准暂行规定（2003）

关于印发中小企业标准暂行规定的通知

国经贸中小企〔2003〕143 号

各省、自治区、直辖市、计划单列市及新疆生产建设兵团经贸委（经委）、计委、财政厅（局）、统计局，国务院各有关部门：

为贯彻实施《中华人民共和国中小企业促进法》，按照法律规定，国家经贸委、国家计委、财政部、国家统计局研究制订了《中小企业标准暂行规定》。经国务院同意，现印发给你们，请遵照执行。

《中小企业标准暂行规定》中的中小企业标准上限即为大企业标准的下限，国家统计部门据此制订大中小型企业的统计分类，并提供相应的统计数据；国务院有关部门据此进行相关数据分析，不再制订与《中小企业标准暂行规定》不一致的企业划分标准；对尚未确定企业划型标准的服务行业，有关部门将根据 2003 年全国第三产业普查结果，共同提出企业划型标准。

中小企业标准暂行规定

一、根据《中华人民共和国中小企业促进法》，制定本规定。

二、中小企业标准根据企业职工人数、销售额、资产总额等指标，结合行业特点制定。

三、本规定适用于工业，建筑业，交通运输和邮政业，批发和零售业，住宿和餐饮业。其中，工业包括采矿业、制造业、电力、燃气及水的生产和供应业。本标准以外其他行业的中小企业标准另行制定。

四、中小企业标准为：

工业，中小型企业须符合以下条件：职工人数 2 000 人以下，或销售额 30 000万元以下，或资产总额为 40 000 万元以下。其中，中型企业须同时满足职工人数 300 人及以上，销售额 3 000 万元及以上，资产总额 4 000 万元及以上；其余为小型企业。

建筑业，中小型企业须符合以下条件：职工人数 3 000 人以下，或销售额 30 000万元以下，或资产总额 40 000 万元以下。其中，中型企业须同时满足职工人数 600 人及以上，销售额 3 000 万元及以上，资产总额 4 000 万元及以上；其余为小型企业。

批发和零售业，零售业中小型企业须符合以下条件：职工人数 500 人以下，或销售额 15 000 万元以下。其中，中型企业须同时满足职工人数 100 人及以上，销售额 1 000 万元及以上；其余为小型企业。批发业中小型企业须符合以下条件：职工人数 200 人以下，或销售额 30 000 万元以下。其中，中型企业须同时满足职工人数 100 人及以上，销售额 3 000 万元及以上；其余为小型企业。

交通运输和邮政业，交通运输业中小型企业须符合以下条件：职工人数 3 000人以下，或销售额 30 000 万元以下。其中，中型企业须同时满足职工人数 500 人及以上，销售额 3 000 万元及以上；其余为小型企业。邮政业中小型企业须符合以下条件：职工人数 1 000 人以下，或销售额 30 000 万元以下。其中，中型企业须同时满足职工人数 400 人及以上，销售额 3 000 万元及以上；其余为小型企业。

住宿和餐饮业，中小型企业须符合以下条件：职工人数 800 人以下，或销售额 15 000 万元以下。其中，中型企业须同时满足职工人数 400 人及以上，销售额 3 000 万元及以上；其余为小型企业。

五、本规定中，职工人数以现行统计制度中的年末从业人员数代替；工业企业的销售额以现行统计制度中的年产品销售收入代替；建筑业企业的销售额以现行统计制度中的年工程结算收入代替；批发和零售业以现行统计制度中的年销售额代替；交通运输和邮政业，住宿和餐饮业企业的销售额以现行统计制度中的年营业收入代替；资产总额以现行统计制度中的资产合计代替。

六、本规定适用于在中华人民共和国境内依法设立的各类所有制和各种组织形式的企业。

七、企业类型的确认以国家统计部门的法定统计数据为依据，不再沿用企业申请、政府审核的方式。

八、本标准自公布之日起施行，原国家经委等五部委 1988 年公布的《大中小型工业企业划分标准》及 1992 年公布的该标准的补充标准同时废止。

国家经济贸易委员会

国家发展计划委员会

财　政　部

国　家　统　计　局

二〇〇三年二月十九日

A. 1. 2　中小企业划型标准规定（2011）

关于印发中小企业划型标准规定的通知

工信部联企业〔2011〕300 号

各省、自治区、直辖市人民政府，国务院各部委、各直属机构及有关单位：

为贯彻落实《中华人民共和国中小企业促进法》和《国务院关于进一步促进中小企业发展的若干意见》（国发〔2009〕36 号），工业和信息化部、国家统计局、发展改革委、财政部研究制定了《中小企业划型标准规定》。经国务院同意，现印发给你们，请遵照执行。

工业和信息化部

国家统计局

国家发展和改革委员会

财政部

二〇一一年六月十八日

中小企业划型标准规定

一、根据《中华人民共和国中小企业促进法》和《国务院关于进一步促进中小企业发展的若干意见》（国发〔2009〕36 号），制定本规定。

二、中小企业划分为中型、小型、微型三种类型，具体标准根据企业从业人员、营业收入、资产总额等指标，结合行业特点制定。

三、本规定适用的行业包括：农、林、牧、渔业，工业（包括采矿业，制造业，电力、热力、燃气及水的生产和供应业），建筑业，批发业，零售业，交通运输业（不含铁路运输业），仓储业，邮政业，住宿业，餐饮业，信息传输业（包括电信、互联网和相关服务），软件和信息技术服务业，房地产开发经营，物业管理，租赁和商务服务业，其他未列明行业（包括科学研究和技术服务业，水利、环境和公共设施管理业，居民服务、修理和其他服务业，社会工作，文化、体育和娱乐业等）。

四、各行业划型标准为：

（一）农、林、牧、渔业。营业收入 200 万元以下的为中小微型企业。其中，营业收入 500 万元及以上的为中型企业，营业收入 50 万元及以上的为小型企业，营业收入 50 万元以下的为微型企业。

（二）工业。从业人员 1 000 人以下或营业收入 40 000 万元以下的为中小微型企业。其中，从业人员 300 人及以上，且营业收入 2 000 万元及以上的为中型企业；从业人员 20 人及以上，且营业收入 300 万元及以上的为小型企业；从业人员 20 人以下或营业收入 300 万元以下的为微型企业。

（三）建筑业。营业收入 80 000 万元以下或资产总额 80 000 万元以下的为中小微型企业。其中，营业收入 6 000 万元及以上，且资产总额 5 000 万元及以上的为中型企业；营业收入 300 万元及以上，且资产总额 300 万元及以上的为小型企业；营业收入 300 万元以下或资产总额 300 万元以下的为微型企业。

（四）批发业。从业人员 200 人以下或营业收入 40 000 万元以下的为中小微型企业。其中，从业人员 20 人及以上，且营业收入 5 000 万元及以上的为中型企业；从业人员 5 人及以上，且营业收入 1 000 万元及以上的为小型企业；从业人员 5 人以下或营业收入 1 000 万元以下的为微型企业。

（五）零售业。从业人员 300 人以下或营业收入 20 000 万元以下的为中小微型企业。其中，从业人员 50 人及以上，且营业收入 500 万元及以上的为中型企业；从业人员 10 人及以上，且营业收入 100 万元及以上的为小型企业；从业人员 10 人以下或营业收入 100 万元以下的为微型企业。

（六）交通运输业。从业人员 1 000 人以下或营业收入 30 000 万元以下的为中小微型企业。其中，从业人员 300 人及以上，且营业收入 3 000 万元及以上的为中型企业；从业人员 20 人及以上，且营业收入 200 万元及以上的为小型企业；从业人员 20 人以下或营业收入 200 万元以下的为微型企业。

（七）仓储业。从业人员 200 人以下或营业收入 30 000 万元以下的为中小微型企业。其中，从业人员 100 人及以上，且营业收入 1 000 万元及以上的为中型企业；从业人员 20 人及以上，且营业收入 100 万元及以上的为小型企业；从业人员 20 人以下或营业收入 100 万元以下的为微型企业。

（八）邮政业。从业人员 1 000 人以下或营业收入 30 000 万元以下的为中小微型企业。其中，从业人员 300 人及以上，且营业收入 2 000 万元及以上的为中型企业；从业人员 20 人及以上，且营业收入 100 万元及以上的为小型企业；从业人员 20 人以下或营业收入 100 万元以下的为微型企业。

（九）住宿业。从业人员 300 人以下或营业收入 10 000 万元以下的为中小微型企业。其中，从业人员 100 人及以上，且营业收入 2 000 万元及以上的为中型企业；从业人员 10 人及以上，且营业收入 100 万元及以上的为小型企业；从业人员 10 人以下或营业收入 100 万元以下的为微型企业。

（十）餐饮业。从业人员 300 人以下或营业收入 10 000 万元以下的为中小微型企业。其中，从业人员 100 人及以上，且营业收入 2 000 万元及以上的为中型企业；从业人员 10 人及以上，且营业收入 100 万元及以上的为小型企业；从业人员 10 人以下或营业收入 100 万元以下的为微型企业。

（十一）信息传输业。从业人员 2 000 人以下或营业收入 100 000 万元以下的为中小微型企业。其中，从业人员 100 人及以上，且营业收入 1 000 万元及以上的为中型企业；从业人员 10 人及以上，且营业收入 100 万元及以上的为小型企业；从业人员 10 人以下或营业收入 100 万元以下的为微型企业。

（十二）软件和信息技术服务业。从业人员 300 人以下或营业收入 10 000 万元以下的为中小微型企业。其中，从业人员 100 人及以上，且营业收入 1 000 万元及以上的为中型企业；从业人员 10 人及以上，且营业收入 50 万元及以上的为小型企业；从业人员 10 人以下或营业收入 50 万元以下的为微型企业。

（十三）房地产开发经营。营业收入 200 000 万元以下或资产总额 10 000 万元以下的为中小微型企业。其中，营业收入 1 000 万元及以上，且资产总额 5 000 万元及以上的为中型企业；营业收入 100 万元及以上，且资产总额 2 000 万元及以上的为小型企业；营业收入 100 万元以下或资产总额 2 000 万元以下的为微型企业。

（十四）物业管理。从业人员 1 000 人以下或营业收入 5 000 万元以下的为中小微型企业。其中，从业人员 300 人及以上，且营业收入 1 000 万元及以上的为中型企业；从业人员 100 人及以上，且营业收入 500 万元及以上的为小型企业；从业人员 100 人以下或营业收入 500 万元以下的为微型企业。

（十五）租赁和商务服务业。从业人员 300 人以下或资产总额 120 000 万元以下的为中小微型企业。其中，从业人员 100 人及以上，且资产总额 8 000 万元及以上的为中型企业；从业人员 10 人及以上，且资产总额 100 万元及以上的为小型企业；从业人员 10 人以下或资产总额 100 万元以下的为微型企业。

（十六）其他未列明行业。从业人员 300 人以下的为中小微型企业。其中，从业人员 100 人及以上的为中型企业；从业人员 10 人及以上的为小型企业；从业人员 10 人以下的为微型企业。

五、企业类型的划分以统计部门的统计数据为依据。

六、本规定适用于在中华人民共和国境内依法设立的各类所有制和各种组织形式的企业。个体工商户和本规定以外的行业，参照本规定进行划型。

七、本规定的中型企业标准上限即为大型企业标准的下限，国家统计部门据此制定大中小微型企业的统计分类。国务院有关部门据此进行相关数据分析，不得制定与本规定不一致的企业划型标准。

八、本规定由工业和信息化部、国家统计局会同有关部门根据《国民经济行业分类》修订情况和企业发展变化情况适时修订。

九、本规定由工业和信息化部、国家统计局会同有关部门负责解释。

十、本规定自发布之日起执行，原国家经贸委、原国家计委、财政部和国家统计局 2003 年颁布的《中小企业标准暂行规定》同时废止。

A.2　各级政府促进中小企业发展相关文件

A.2.1　中国人民银行　银监会　证监会　保监会关于进一步做好中小企业金融服务工作的若干意见

银发〔2010〕193 号

中国人民银行上海总部，各分行、营业管理部、各省会（首府）城市中心支行、副省级城市中心支行；各省（自治区、直辖市）银监局、证监局、保监局；国家开发银行、各政策性银行、国有商业银行、股份制商业银行，中国邮政储蓄银行：

为深入贯彻落实《国务院关于进一步促进中小企业发展的若干意见》（国发〔2009〕36 号），进一步改进和完善中小企业金融服务，拓宽融资渠道，着力缓解中小企业（尤其是小企业）的融资困难，支持和促进中小企业发展，现提出如下意见：

一、进一步推动中小企业信贷管理制度的改革创新

（一）深化认识、转变观念，切实提高对中小企业的金融服务水平。金融系统要深入学习贯彻《中华人民共和国中小企业促进法》、《国务院关于进一步促进中小企业发展的若干意见》、《国务院关于鼓励和引导民间投资健康发展的若干意见》（国发〔2010〕13 号）等国家法律法规和政策的要求，进一步增强做好中小企业金融服务的责任感和大局意识，切实改变经营和服务理念。要把改进中小企业金融服务、扩大中小企业信贷投放作为各银行业金融机构开展信贷经营业务的重要战略，确保小企业信贷投放的增速要高于全部贷款增速，增量要高于上年。

（二）改造审批流程、提高审批效率，确保符合贷款条件的中小企业获得方便、快捷的信贷服务。各金融机构要对中小企业设立独立的审批和信贷准入标准，压缩中小企业贷款审批流程，切实提升贷款审批效率。鼓励有条件的银行为中小企业开办一站式金融服务。积极推广灵活高效的贷款审批模式。研究推动小企业贷款网络在线审批，建立审批信息网络共享平台。

（三）坚持有保有压、明确支持重点，积极推动符合国家产业政策要求的中小企业健康发展。优先满足中小企业符合国家重点产业调整和振兴规划要求的新技术、新工艺、新设备、新材料、新兴业态项目资金需求，加大对具有自主知识产品、自主品牌和高附加值拳头产品中小企业的支持，提升中小企业自主创新能力和国际竞争力。严格控制过剩产能和"两高一资"行业贷款，鼓励对纳入环境保护、节能节水企业所得税优惠目录投资项目的支持，促进中小企业节能减排和清洁生产。鼓励金融机构支持东部地区先进中小企业通过收购、兼并、重组、联营等多种形式，加强与中西部地区中小企业的合作，有序实现产业转移。加快推动发展文化创意、服务外包以及其他就业吸纳能力强、市场需求大的服务业中小企业发展。

（四）实施小企业金融服务差异化监管。银监会派出机构要因地制宜制定科学、审慎的小金融机构市场准入细则，实行分类监管、差异化监管，不断提高监管技术和监管有效性。小企业金融服务专营机构要进一步落实小企业金融服务"四单"原则，既单列信贷计划、单独配置人力资源和财务资源、单独客户认定与信贷评审、单独会计核算，构建专业化的经营与考核体系。各金融机构要增强风险管理意识，针对小企业客户风险状况，制定风险管理业务规则，培养熟悉小企业业务的风险管理经理，逐步建立与小企业业务性质、规模和复杂程度相适应、完善、可靠的市场风险管理体系。认真贯彻落实对小企业授信工作的相关规定，制定小企业信贷人员尽职免责机制，切实做到尽职者免责，失职者问责。

（五）推动适合中小企业需求特点的金融产品和信贷模式创新。鼓励银行业金融机构在有效防范风险的基础上，推动动产、知识产权、股权、林权、保函、出口退税池等质押贷款业务，发展保理、福费廷、票据贴现、供应链融资等金融产品。探索开展依托行业协会、农村专业经济组织、社会中介等适合中小企业需求特点的信贷模式创新。加大电子银行业务宣传，引导和督促银行业金融机构提高电子商业汇票在中小企业客户中的使用率。鼓励金融机构依法合规开展同业合作，稳步发展贷款转让业务，合理调剂信贷资源，增加对中小企业的贷款支持。

二、建立健全中小企业金融服务的多层次金融组织体系

（六）提高大型银行对中小企业的服务意识和能力。国有商业银行和股份制商业银行要继续推进中小企业金融服务专营机构建设。大型银行在已建立中小企业金融服务专营机构基础上，要进一步向下延伸服务网点，切实做到单独统计和调控，完善评审机制，使专营机构充分发挥作用，实现中小企业尤其是小企业金融业务的针对性服务。中国邮政储蓄银行要加快改造机构网点，完善小额贷款功能，创新信贷产品，提升对微小企业、个体工商户等重点客户的金融服务。

（七）积极发挥中小商业银行支持中小企业发展的重要作用。中小商业银行要准确把握"立足地方、服务中小"的市场定位，把支持地方经济发展，支持中小企业、私人企业以及个体工商户作为工作重点，努力打造自身"服务中小企业"品牌。充分发挥中小商业银行的地缘优势，挖掘企业信用信息，为降低中小企业融资门槛创造良好环境。建立稳定的信贷员队伍，以适应中小企业特点为标准，探索提供延伸服务，较好满足中小企业的特殊金融服务需求。取消符合条件的中小商业银行分支机构准入数量限制，鼓励其优先到西部和东北地区等金融机构较少、金融服务相对薄弱地区设立分支机构。

（八）推动服务县域中小企业的新型农村金融机构和小额贷款公司稳步发展。鼓励各银行业金融机构到金融服务空白乡镇开设村镇银行和贷款公司。坚持小额贷款公司风险防范和规范发展并重，支持符合条件的小额贷款公司转为村镇银行。大中型商业银行在防范风险的前提下，为小额贷款公司提供批发资金业务，但小额贷款公司从银行业金融机构可获得融资资金的余额，不得超过资本净额的 50%。

三、拓宽符合中小企业资金需求特点的多元化融资渠道

（九）完善中小企业股权融资机制，发挥资本市场支持中小企业融资发展的积极作用。鼓励风险投资和私募股权基金等设立创业投资企业，逐步建立以政府资金为引导、民间资本为主体的创业资本筹集机制和市场化的创业资本运作机制，完善创业投资退出机制，促进风险投资健康发展。加大中小企业上市前期辅导培育力度，支持自主创新和有发展前景的中小企业发行上市。积极发展中小板市场，加快发展创业板市场，努力扩大中小企业上市规模。建立和完善中小板和创业板上市公司再融资及并购制度，完善中小企业上市育成机制。积极推进证券公司代办股份转让系统非上市股份有限公司股份报价转让试点，适时将试点扩大到其他具备条件的国家级高新技术园区，完善监管和交易制度，改善科技型中小企业融资环境。

（十）逐步扩大中小企业债务融资工具发行规模。积极推进完善短期融资券、中小企业集合债券和集合票据的试点工作，适当简化审批手续，对中小企业发行债务融资工具实行绿色通道。对符合国家政策规定的中小企业发行直接债务融资工具的，鼓励中介机构适当降低收费，减轻中小企业的融资成本负担。培育银行间债券市场合格投资者，为中小企业直接融资市场创造条件。进一步完善风险控制、信用增进等相关配套机制，为优质中小企业在债务融资工具发行阶段提供信用增进服务。

（十一）大力发展融资租赁业务。扎实推进扩大商业银行设立金融租赁公司试点工作。支持金融租赁公司按照"商业持续"原则，开展中小企业融资租赁业务创新。完善融资租赁公示登记系统，加强融资租赁公示系统宣传，提高租赁物登记公信力和取回效率，为中小企业融资租赁业务创造良好的外部环境。加强对融资租赁业务的指导监督，促进融资租赁行业规范化，管理统一化，合同统一化，在规避风险的同时保证融资租赁有序、规范发展。

四、大力发展中小企业信用增强体系

（十二）加强对融资性担保公司的日常监管。督促融资性担保公司依法合规审慎经营，严格控制风险集中度和关联方担保。指导融资性担保公司加强资本金管理和内控机制建设，不断提高风险管理水平。将担保机构经营情况纳入人民银行企业征信系统实施统一管理。推动地方政府建立各类小企业贷款风险补偿基金、融资担保基金、非营利性小企业再担保公司、贷款奖励基金，合理分担小企业贷款风险。贯彻落实担保行业各项法规，完善规章制度建设，尽快形

成以出资人自我约束为监管基础，以地方政府部门为监管主体，全国统一规范运营的担保体系，提高融资性担保公司资金使用效率。

（十三）完善创新适合中小企业需求特点的保险产品。继续推动科技保险发展，为高新技术型中小企业提供创新创业风险保障。积极发展信用保险和短期抵押贷款保证保险等新型保险产品，鼓励保险机构积极开发为中小企业服务的保险产品。科学合理地厘定针对中小企业的保险费率，提高保险机构为中小企业提供保险服务的积极性。继续落实对中小商贸企业投保国内贸易信用险给予保费补助政策。

（十四）推进中小企业信用体系建设。加强中小企业信用宣传，增强中小企业信用意识。多渠道采集中小企业信息，扩大、丰富中小企业信用档案信息，结合企业和个人信用信息基础数据库，提高对中小企业的信用信息服务水平。推进中小企业信用制度建设，建立多层次的中小企业信用评估体系，发挥信用担保、信用评级和信用调查等信用中介的作用，增进中小企业信用。开展信用培植、延伸金融服务，提高中小企业融资机会。在有条件的地区开展中小企业信用体系试验区建设，探索建立中小企业征信系统。

（十五）建立健全信息沟通机制，创造良好生态环境。鼓励举办多种银企对接活动，为银行业金融机构和中小企业提供交流合作的机会。向中小企业提供融资辅导和咨询服务，帮助和支持中小企业健全企业制度，强化内部管理，提高生产经营信息的透明度，有效减少借贷双方信息不对称，增强中小企业市场融资能力。建立合作平台，发挥行业协会、民间商会、工商联等在银企对接中的桥梁作用，争取在信息搜集、客户筛选、风险防范等方面取得成效。

五、多举措支持中小企业"走出去"开拓国际市场

（十六）充分发挥中小企业出口信用保险的作用，加大优惠出口信贷对中小企业的支持力度，支持中小企业开拓国际市场。鼓励和支持中小企业在跨境贸易试点地区使用人民币进行计价结算。鼓励金融机构提高服务质量，帮助中小企业降低成本，拓展业务。

（十七）改进中小企业外汇管理，为中小企业提供便利。减少中资企业和外资企业在借用外债政策方面的差别，允许有借款能力和资金需求的各类中资企业对外借款以满足其境外资金需求。支持中小企业购汇对外投资。

六、加强部门协作和监测评估机制建设

（十八）各级金融管理部门要密切配合，加强协作，督促和指导政策的贯彻落实工作，在政策规划、机构建设、人员培训、宣传服务等方面加强合作交流，建立信息共享和工作协调机制，建立定期通报制度。要建立健全中小企业信贷政策导向效果评估制度，将中小企业贷款纳入信贷政策导向效果评估内容，对中小企业信贷业务设立单独的考核指标，定期公布考核结果并上报人民银行总行，督促金融机构提高对中小企业的信贷支持力度。要加强中小企业信贷统计监测与分析，督促各银行业金融机构认真贯彻落实大中小型企业贷款专项统计制度和国家中小企业划分标准，切实提高数据报送质量，进一步完善中小企业贷款统计制度。

请人民银行上海总部，各分行、营业管理部、省会（首府）城市中心支行会同所在省（区、市）银监局、证监局、保监局将本意见联合转发至辖区内金融机构，并协调做好本意见的贯彻实施工作。

中国人民银行　银监会

证监会　保监会

二〇一〇年六月二十一日

A.2.2   关于印发强化服务促进中小企业信息化意见的通知

发改企业〔2008〕647 号

各省、自治区、直辖市及计划单列市、新疆生产建设兵团发改委、经贸委（经委）、中小企业局（厅、办），信息化主管部门，科技厅，信息产业主管部门，商务厅，中国人民银行上海总部、各分行、营业管理部、各省会（首府）城市中心支行、各副省级城市中心支行，国家税务局、地方税务局，统计局：

为深入贯彻落实科学发展观，推进信息化与工业化融合，促进中小企业信息化，根据《中华人民共和国中小企业促进法》、《2006—2020 年国家信息化发展战略》和《国务院关于鼓励支持和引导个体私营等非公有制经济发展的若干意见》的要求，我们制定了《关于强化服务促进中小企业信息化的意见》，现印发你们。请结合本地实际，加强对中小企业信息化的服务，营造发展环境，采取有效措施，提高我国中小企业应用信息技术的水平和能力，促进中小企业实现创新发展。

附件：关于强化服务促进中小企业信息化的意见

二〇〇八年三月十一日

关于强化服务促进中小企业信息化的意见

为贯彻落实科学发展观，发展现代产业体系，推进信息化与工业化融合，促进中小企业信息化，提高我国中小企业生存、发展、创新和竞争能力，根据《中华人民共和国中小企业促进法》、《2006—2020 年国家信息化发展战略》和《国务院关于鼓励支持和引导个体私营等非公有制经济发展的若干意见》的要求，就强化政府公共服务和完善社会服务体系，提出以下意见。

一、高度重视和务实推进中小企业信息化

（一）提高对中小企业信息化的认识。中小企业对构建和谐社会、促进经济发展、增加就业机会、推动自主创新、优化贸易结构都具有不可替代的作用。中小企业信息化对加快转变经济发展方式，提高中小企业的发展质量和素质，促进信息服务业发展具有重要作用。近年来，我国中小企业信息化取得了长足进步，但是应用普及不够，总体水平较低，发展环境不完善，公共服务不到位，社会服务体系不健全。为解决这些制约中小企业信息化发展的问题，必须发挥中小企业的主体作用，以满足中小企业市场、信息、技术、人才、资金、生产、经营、管理等实际需求为导向，强化服务理念，营造发展环境，提高公共服务能力，完善社会服务体系，鼓励公益性服务，促进市场化服务，让广大中小企业共享信息化的成果。

（二）中小企业信息化发展目标。到 2012 年，中小企业信息化的相关政策基本配套，发展环境明显改善，社会服务能力显著提高；中小企业利用互联网发布和获取信息的比例超过 90%，利用信息技术开展生产、管理、创新活动的比例超过 40%，利用电子商务开展采购、销售等业务的比例超过 30%。

二、强化政府对中小企业信息化的公共服务

（三）加强组织协调。中小企业信息化工作相关部门要建立健全联合工作机制，明确职责，统筹协调，制定规划，将中小企业信息化工作纳入重要议事日程。

（四）健全法律标准环境。贯彻落实《中华人民共和国中小企业促进法》、《中华人民共和国电子签名法》等法律。完善相关配套法律法规，加快研究制定信息安全、个人信息保护、网上支付、网络信用、网上交易等法律法规和标准。根据中小企业信息化特点，制定修订地方和部门的管理规章和规范，重点完善技术装备、标准、电子认证、信息安全、信息系统集成和工程监理等规章。

（五）完善政策措施环境。进一步落实有关财政、税收、金融等鼓励企业创新发展的各项政策。制定针对中小企业信息化社会服务体系的优惠政策。研究制定对政府投入项目的先评估后补贴的政策和标准。

（六）建设信任保障环境。建立健全中小企业信息化服务商的信用评估制度和进入、退出机制，推动中小企业信息化服务商信用信息的公示与共享，加强信息安全保障工作，提高中小企业对社会服务体系的信任度。

（七）营造社会人文环境。利用宣传、文化、广电、新闻、出版等渠道，以及专题巡讲、研讨座谈、信息发布、展览展示等形式，开展中小企业信息化宣传普及活动，提高对中小企业信息化的认知度，形成良好的社会氛围。

（八）加大对中小企业信息化服务的投入力度。中央财政在中小企业发展专项资金、中小企业国际市场开拓资金、科技型中小企业技术创新基金、电子信息产业发展基金等专项资金和计划中，加强对中小企业信息化的支持，并向经济欠发达地区倾斜。鼓励地方设立中小企业信息化发展专项资金，重点支持中小企业信息化社会服务体系建设，鼓励中小企业优先采用国产软硬件产品和服务。

（九）加强对中小企业信息化的引导。编制中小企业信息化发展报告和指南。实施中小企业信息化推进工程。开展中小企业信息化试点示范工作，发现、培育和推广典型。加强行业和地区引导。

（十）加强电子政务面向中小企业的公共服务。加强政策法规信息引导，提高基础信息服务能力。完善中小企业便捷获得政府信息的渠道。加快实现面向中小企业的网上申报、许可、审批和招标采购。利用电子政务成果，简化办事手续，提高办事效率，为中小企业提供有效服务。

（十一）推动电子商务在中小企业的应用。在电子商务行动计划、中小企业公共服务平台建设等有关规划和计划中，重点支持面向中小企业的电子商务服务和应用。

（十二）建立中小企业信息化评价机制。持续开展中小企业信息化调查工作，建立健全绩效评估机制，逐步将中小企业信息化主要指标纳入国家统计体系。加强对有关政策和资金投入效果的评价。

（十三）加强国际交流与合作。积极参加国际组织有关推进中小企业信息化的活动。借鉴各国成功经验，帮助中小企业提高利用信息化手段参与国际竞争的能力。

三、完善中小企业信息化社会服务体系

（十四）为中小企业开拓市场提供服务。支持行业信息化服务平台建设，为中小企业利用互联网开展洽谈、采购、销售、支付、物流等交易活动提供服务。鼓励各种交易市场采用信息技术，及时提供国内外市场动态信息，帮助中小企业提高响应和开拓市场的能力。结合农业和农村信息化工作的开展，依托农村基层产业服务组织，帮助中小企业建立和拓宽产品的销售渠道。

（十五）为中小企业利用信息提供服务。扶持基础性信息资源平台建设，推进中小企业信息服务网络建设，形成宽领域、多层次、多元化的信息服务体系。引导和支持中小企业信息服务机构开展公益性信息服务和增值信息服务，推动信息咨询服务产业化。

（十六）为中小企业利用技术提供服务。鼓励公共技术平台利用信息技术，为中小企业开展"专、精、特、新"产品的研发和创新提供服务。鼓励开发针对中小企业信息化需求的技术和产品，推动面向中小企业的宽带和移动通信技术的应用与服务，支持设立信息化应用体验中心，促进信息技术应用。鼓励外包服务和"一站式"服务。

（十七）为中小企业培养人才提供服务。支持社会服务机构提供网上人才交流、远程教育、创业辅导和培训服务。支持建立多元主体、多种机制的中小企业信息化教育培训体系。组织实施百万中小企业信息化培训工程，重点提高企业决策者和管理人员的信息化意识和能力。

（十八）为中小企业融资提供服务。鼓励中小企业利用网上银行和电子商务平台等增强融资能力。引导和鼓励信贷、保险、资本市场加大对中小企业信息化的服务力度。鼓励商业银行利用征信系统增加中小企业融资机会。支持担保机构为中小企业信息化提供融资担保服务。支持网上融资洽谈活动，探索中小企业融资服务平台建设经验。

（十九）为中小企业生产、经营、管理提供服务。支持社会服务机构利用信息化手段，提供市场营销、客户关系管理、企业资源计划、供应链管理、质量管理、研发设计、人才培养、身份认证、支付网关、自动交易、风险评估、履约评估、中介担保、物流配送、安全保障等服务。研究制定财政补贴政策，为中小企业信息化提供免费或廉价的社会服务，降低进入门槛和应用成本。

（二十）支持社会服务平台发展。重点支持大型企业（集团）、行业和地区信息技术服务商、电子商务运营商建设规模化服务平台。推动电信运营商与应用服务商紧密结合，为中小企业提供低风险的服务。协调推动规模化应用服务商与金融、物流等企业深度合作，形成服务产业链和配套服务网络。鼓励多渠道、多方式参与服务平台建设。鼓励功能衔接和互补的服务平台相互链接和协作。

（二十一）发挥各类社会组织的作用。促进行业协会承担信息化标准、监理、评估、咨询、信息发布等方面的服务，编制行业信息化规范。推动信息化相关协会、商会和产业联盟等行业组织建立自律和协调机制，维护公平竞争的市场秩序，为中小企业信息化提供更有针对性和实效性的服务。

A.2.3　工业和信息化部关于支持引导中小企业信用担保机构加大服务力度缓解中小企业生产经营困难的通知

工信部企业〔2008〕345号

各省、自治区、直辖市和计划单列市经贸委（经委）、中小企业管理部门（局、厅、办）：

为贯彻落实党中央、国务院关于保持经济稳定增长的决策部署，充分发挥信用担保机构在支持中小企业发展中的重要作用，现就支持引导中小企业信用担保机构加大对中小企业贷款担保服务力度、缓解中小企业生产经营困难等问题通知如下：

一、切实提高对中小企业信用担保服务重要性和紧迫性的认识

近年来全国中小企业信用担保体系建设取得积极进展，以中小企业信用担保机构为主体的担保业已初步形成，担保资金逐步增加、业务能力不断增强、服务领域正在拓展、运行质量逐年提高、企业和社会效益显著提高，为中小企业快速发展提供了有力支撑。

当前，受国内外经济形势变化，特别是金融危机影响，部分地区和行业的中小企业生产经营出现较大困难。中小企业融资难更为突出，资金供应矛盾加剧，一些企业因资金链断裂而停产倒闭，已影响到企业生产的基本稳定。各级中小企业管理部门要高度重视目前中小企业的经营困难，从经济社会发展的大局出发，从践行科学发展观的要求，加快结构调整和促进经济增长的责任出发，从保持社会稳定，保证就业稳定出发，必须高度重视中小企业信用担保工作。引导担保机构充分发挥自身在提升中小企业信用，分散分担中小企业贷款风险，缓解中小企业融资难方面的重要作用。

二、切实引导支持中小企业信用担保机构加大对经营困难的中小企业担保服务力度

面对当前中小企业生产经营困难，要引导中小企业信用担保机构创新体制机制，积极拓展担保业务，切实采取有效措施，帮助中小企业尽快走出困境。

支持担保机构简化贷款担保手续，坚持便利原则，便捷企业申请，有条件的可开辟贷款担保绿色通道，尽量缩短贷款担保办理时间。要加强与银行协商，争取在授信额度内采取"一次授信、分次使用、循环担保"方式，提高审保和放贷效率。

合理确定并适当降低贷款担保收费标准。综合考虑借款人信用等级、贷款方式、贷款金额、贷款期限、管理成本、风险水平、资本回报及当地市场利率水平等因素，严格按照国家有关规定确定贷款担保收费标准。对有产品、有信用、有发展前景，确因生产经营出现困难的中小企业，要降低担保收费标准，特别是对中央和地方财政补助的担保机构要实行低收费，减轻企业融资成本。对还款确有困难的企业，要积极加强与协作银行沟通，争取予以适当展期，或由短期贷款转为中期贷款，以实现续贷续保，帮助企业渡过难关。

各地中小企业主管部门要引导支持中小企业信用担保机构改进贷款担保服务方式，及时了解企业特别是经营困难的资金需求，积极主动寻找客户。对客户群要作市场细分，对重点和优质客户，要在担保审批、收费标准、信用额度、担保种类等方面提供方便和优惠。对暂时达不到担保要求的中小企业，要开展咨询和培训等服务，培育潜在担保客户。

三、切实发挥担保机构在促进中小企业转变发展方式上的积极作用

当前中小企业生产经营困难主要集中于出口加工型和轻工、纺织等劳动密集型企业。这类企业正处于结构调整和产业升级关键时期，要引导中小企业担保机构在推进中小企业结构调整、产业升级、转变发展方式方面发挥促进作用。注重支持市场开拓功能强、有自主品牌、有专利技术的创新型企业以及产品质量好、节能环保的中小企业的贷款担保需求，优先为有产品、有市场、有信用、符合产业政策的中小企业提供便捷快速贷款担保服务。对中小企业调整、重组和改造项目，要加大担保支持。对就业容量大、劳动密集型的中小企业，要积极提供一些确保生产岗位稳定的担保业务。对工艺技术落后、安全生产隐患大、产品质量差、环保不达标的企业，不能提供担保。

要引导担保机构拓展贷款担保用途。根据当地经济发展和就业情况，除积极提供短期流动资金贷款担保需求外，积极为中长期贷款提供担保服务。当前，要配合有关部门为下岗职工安置就业和创业提供融资担保服务。

四、引导担保机构规范业务，防范风险

针对当前中小企业面临的形势，在推进中小企业信用担保机构大力拓展贷款担保业务同时，各级中小企业管理部门也要积极引导中小企业信用担保机构

高度重视防范担保风险。完善内部风险管理制度，确保充足的现金流，切实防范担保风险。要切实加强对担保机构运营的监控，及时跟踪贷款担保走向及变化，形成有效的风险识别、预警和应急处理机制，适时建立对担保风险定期分析制度，发布担保市场和担保运营情况的信息。

各级中小企业管理部门要加大监管力度，引导中小企业信用担保机构加强自身管理，规范操作行为。对从事小额贷款担保、帮助中小企业解决当前困难的担保机构形成的代偿损失，要通过财政补助、风险分担等多种措施降低担保风险，确保担保能力不受影响。通过市场信息收集和评估，定期分析行业风险、产业链风险和受保企业风险，切实防范和化解担保风险。

五、加强对担保机构的组织协调和服务指导

各级中小企业管理部门要加强与财政、人行、税务、银监等部门协调配合，采取有效政策引导中小企业信用担保机构加大对目前经营困难的中小企业担保服务支持力度。对中小企业信用担保机构开展的小额贷款担保服务，要积极争取各级财政支持，用好中央财政担保业务风险补偿、奖励和营业税减免等政策。对信用好、管理能力强、业绩突出的中小企业信用担保机构，引导协作银行与其建立平等紧密的合作关系，建立风险分担机制，共同缓解中小企业融资难问题。

各级中小企业管理部门要加强对中小企业信用担保机构的宣传，认真总结推广好的做法和先进经验。坚定克服当前困难的信心，加大调研力度，对由于融资难、贷款难、担保难影响到中小企业生产经营困难等问题，特别是停产亏损企业情况和下岗职工等影响社会稳定的问题，要高度关注，并及时分析，加强信息反馈，上下配合，齐心协力，为促进中小企业稳定健康发展做出应有贡献。

二〇〇八年十一月二十八日

A.2.4 关于印发《中小企业发展专项资金管理办法》的通知

财企〔2008〕179 号

各省、自治区、直辖市、计划单列市财政厅（局）、发展改革委、经委（经贸委）、中小企业局（厅、办）、新疆生产建设兵团财务局、发展改革委：

为了促进中小企业健康发展，进一步规范和完善中小企业发展专项资金管理，我们对《中小企业发展专项资金管理办法》进行了修改。现将修改后的《中小企业发展专项资金管理办法》印发给你们，请遵照执行。执行中有何问题，请及时向我们反映。

附件：中小企业发展专项资金管理办法

财政部　工业和信息化部
二○○八年九月三日

中小企业发展专项资金管理办法

第一章　总　则

第一条　为了促进中小企业健康发展，规范中小企业发展专项资金的管理，提高资金使用效率，根据《中华人民共和国预算法》和财政预算管理的有关规定，制定本办法。

第二条　中小企业发展专项资金（以下简称专项资金）是根据《中华人民共和国中小企业促进法》，由中央财政预算安排主要用于支持中小企业结构调整、产业升级、综合利用、专业化发展、与大企业协作配套、技术进步，品牌建设，以及中小企业信用担保体系、市场开拓等中小企业发展环境建设等方面的专项资金（不含科技型中小企业技术创新基金）。

第三条　中小企业的划分标准，按照原国家经贸委、原国家发展计划委员会、财政部、国家统计局联合下发的《中小企业标准暂行规定》（国经贸中小企〔2003〕143号）执行。

第四条　专项资金的管理和使用应当符合国家宏观经济政策、产业政策和区域发展政策，坚持公开、公正、公平的原则，确保专项资金的规范、安全和高效使用。

第五条　财政部负责专项资金的预算管理、项目资金分配和资金拨付，并对资金的使用情况进行监督检查。

工业和信息化部负责确定专项资金的年度支持方向和支持重点，会同财政部对申报的项目进行审核，并对项目实施情况进行监督检查。

第二章　支持方式及额度

第六条　专项资金的支持方式采用无偿资助、贷款贴息和资本金注入方式。项目单位可选择其中一种支持方式，不得同时以多种方式申请专项资金。

以自有资金为主投资的固定资产建设项目，一般采取无偿资助方式；以金融机构贷款为主投资的固定资产建设项目，一般采取贷款贴息方式。

中小企业信用担保体系建设项目，一般采取无偿资助方式，特殊情况可采取资本金注入方式。

市场开拓等项目，一般采取无偿资助方式。

第七条　专项资金无偿资助的额度，每个项目一般控制在300万元以内。

专项资金贷款贴息的额度，根据项目贷款额度及人民银行公布的同期贷款利率确定。每个项目的贴息期限一般不超过2年，贴息额度最多不超过300万元。

第八条　已通过其他渠道获取中央财政资金支持的项目，专项资金不再予以支持。

第三章　项目资金的申请

第九条　申请专项资金的企业或单位必须同时具备下列资格条件：

（一）具有独立的法人资格；（二）财务管理制度健全；（三）经济效益良好；（四）会计信用、纳税信用和银行信用良好；（五）申报项目符合专项资金年度支持方向和重点。

第十条　申请专项资金的企业或单位应同时提供下列资料：

（一）法人执照副本及章程（复印件）；

（二）生产经营情况或业务开展情况；

（三）经会计师事务所审计的上一年度会计报表和审计报告（复印件）。

（四）其他需提供的资料。

第四章　项目资金的申报、审核及审批

第十一条　各省、自治区、直辖市及计划单列市财政部门和同级中小企业管理部门（以下简称省级财政部门和省级中小企业管理部门）负责本地区项目资金的申请审核工作。

第十二条　省级中小企业管理部门应会同同级财政部门在本地区范围内公开组织项目资金的申请工作，并对申请企业的资格条件及相关资料进行审核。

第十三条　省级中小企业管理部门应会同同级财政部门建立专家评审制度，组织相关技术、财务、市场等方面的专家，依据本办法第三章的规定和当年专项资金的支持方向和支持重点，对申请项目进行评审。

第十四条　省级财政部门应会同同级中小企业管理部门依据专家评审意见确定申报的项目，并在规定的时间内，将中小企业发展专项资金申请书、专家评审意见底稿和项目资金申请报告报送财政部、工业和信息化部。

申报专项资金的项目应按照项目的重要性排列顺序。

第十五条　工业和信息化部会同财政部对各地上报的申请报告及项目情况进行审核，并提出项目计划。

第十六条　财政部根据审核后的项目计划，确定项目资金支持方式，审定资金使用计划，将项目支出预算指标下达到省级财政部门，并根据预算规定及时拨付专项资金。

第十七条　企业收到专项资金后，应按照《企业财务通则》（财政部令第41号）第二十条的相关规定进行财务处理。

第五章　监督检查

第十八条　省级财政部门负责对专项资金的使用情况进行管理和监督；省级中小企业管理部门负责对项目实施情况进行管理和监督。财政部驻各地财政监察专员办事处，对专项资金的拨付使用情况及项目实施情况进行不定期的监督检查。

第十九条　承担固定资产投资项目的企业，应在项目建成后1个月内向省级财政部门和同级中小企业管理部门报送项目建设情况及专项资金的使用情况，不能按期完成的项目，需在原定项目建成期前书面说明不能按期完成的理由和预计完成日期。

承担中小企业信用担保体系和市场开拓等改善中小企业发展环境建设项目的企业或单位，应于年底前向省级财政部门和同级中小企业管理部门报送专项资金的使用情况。

第二十条　省级财政部门应会同同级中小企业管理部门每年对本地区中小企业使用专项资金的总体情况和项目建设情况进行总结，并于年度终了1个月内上报财政部、工业和信息化部。

第二十一条　财政部和地方财政部门对专项资金的管理和使用进行监督检查，也可委托审计部门或社会审计机构进行审计。

对于违反本办法规定截留、挤占、挪用专项资金的单位或个人，按照《财政违法行为处罚处分条例》（国务院令第427号）进行处罚，并追究有关责任人员的责任。

第六章 附 则

第二十二条 省级财政部门和中小企业管理部门可根据本地实际情况，比照本办法制定具体的实施办法。

第二十三条 本办法由财政部会同工业和信息化部负责解释。

第二十四条 本办法自发布之日起施行。《财政部、国家发展改革委关于印发〈中小企业发展专项资金管理暂行办法〉的通知》（财企〔2006〕226 号）同时停止执行。

A.2.5 中国银监会关于认真落实"有保有压"政策进一步改进小企业金融服务的通知

银监发〔2008〕62 号

机关各部门，各银监局，各政策性银行、国有商业银行、股份制商业银行、资产管理公司，邮政储蓄银行，银监会直接监管信托公司、财务公司、金融租赁公司：

根据党中央、国务院领导同志对促进和改善小企业金融服务工作的重要批示精神，以及下半年经济工作要求，针对当前和今后较长时期内小企业经营所面临的困难，为缓解小企业融资难问题，银行业金融机构要按照科学发展观的要求，改革创新，求真务实，履行责任，有所突破，进一步改进对小企业的金融服务，加大对小企业的信贷支持力度。现将有关要求通知如下：

一、要最大限度将新增贷款规模真正用于支持小企业的发展

各银行业金融机构要认真贯彻落实"有保有压，区别对待"的方针，增强自觉性和主动性，加大信贷结构调整力度，改善资产期限的配置结构，并坚持总量微调和结构优化相结合，确保新增信贷总量用于改善信贷结构，真正用于加大对小企业的信贷投入。一是要单列规模，单独考核。要按照小企业信贷投放增速不低于全部贷款增速，增量不低于上年的原则，单独安排小企业的新增信贷规模，单独考核。要加强资产存量结构调整，贷款回收后，要加大力度投向重点领域和经济薄弱环节，优化存量信贷结构。二是要单列客户名单，单独管理，单独统计。要把握好宏观调控的重点、节奏和力度，根据国家产业政策和环保政策，将符合产业政策、环保政策，以及有市场、有技术、有发展前景的小企业作为重点支持对象，单独列出各级分支机构支持的小企业客户名单，以利于客户经理营销、信贷审批时准确把握。三是要单独定价，合理浮动。要

在防范风险的同时支持小企业可持续发展，在提高自身效益的同时履行好社会责任，对小企业贷款利率在风险定价的基础上合理浮动。不能借发放贷款之机搭销保险、基金等产品，不能附加不合理的贷款条件，不能变相收取不合理的费用。

二、要进一步增强小企业金融服务功能

各银行业金融机构要结合自身实际，选择合适的经营模式和组织架构把"六项机制"落到实处，实现小企业授信的商业性可持续发展。各大中型银行要增强服务意识，根据小企业融资需求"短、小、频、急"的特点，进行组织架构和流程再造，推进小企业授信事业部制，抓长效机制建设。要建立专门的小企业授信管理部门和专业队伍，建立分类管理，分账核算，单独考核的制度和办法，建立适应小企业授信特点的授信审批、风险管理、激励机制、人才培训和内部控制制度。各地方性银行机构要充分发挥服务小企业的功能优势，结合自身特点致力于县域和社区金融服务，在满足审慎监管要求、确保稳健经营的前提下，可充分运用所增加的信贷资源加大对当地小企业的信贷支持力度。各银行业金融机构在民营经济相对活跃、民间资本雄厚、金融需求旺盛的地区可适当增设机构网点；按照"低门槛、严监管"的原则，适当扩大村镇银行等新型金融机构的试点范围，加快审批进度。同时，要进一步规范和疏导民间借贷活动。

三、要加大力度推动金融创新

一是要创新小企业贷款担保抵押方式，在法律法规允许的范围内探索权利和现金流质押等新的担保方式，包括存货、可转让的林权和土地承包权等抵押贷款，以及知识产权、应收账款等质押贷款，推进股权质押贷款等。二是要在加强监管、控制风险的前提下，发展信托融资、租赁融资、债券融资和以信托、租赁为基础的理财产品，拓宽小企业融资渠道。要在规范管理的基础上，逐步推进小企业信贷资产证券化业务。三是要发展并创新小企业贸易融资手段，特别是扩大信用证项下贸易融资，探索非信用证项下贸易融资，鼓励将一般性应收账款用于支持小企业，包括发展应收账款融资，提供融通资金、债款回收、销售账管理、信用销售控制以及坏账担保等综合金融服务；鼓励仓单质押、货权质押融资，拓展供应链融资。四是要与保险公司加强互动。将银行融资与保险公司的信用保险紧密结合，银行凭借交易单据、保单以及赔款转让协议等文件，为企业提供贸易融资，利用保险公司分担风险能力较强的优势，扩大小企业融资的能力。五是要将信贷产品、资金结算、理财产品、电子银行等产品与贸易融资产品有效结合，捆绑营销，为小企业提供全面的金融服务。同时，要

加强小企业融资财务顾问和咨询服务，为小企业提供理财服务，并帮助小企业规范运作，有效避免各类经济金融诈骗，保证资金安全。

四、要科学考核和及时处置小企业不良贷款

银行业金融机构应坚持风险覆盖和可持续原则，减少金融交易过程中可能出现的道德风险。根据自身信贷管理和风险防范的特点和需要，采用先进的技术和准确的方法对小企业贷款进行风险分类，在科学测算的基础上合理制定小企业不良贷款控制指标和不良贷款比例，对小企业不良贷款实行单独考核。按照新的金融企业呆坏账核销管理办法，对小企业贷款损失依法及时核销。

五、要综合发挥各项配套政策的推动作用

银行业金融机构要充分合理运用财政税收政策调整的有利时机，加强对小企业的信贷支持，积极帮助出口企业做好资金结算等服务工作。要综合发挥直接融资、间接融资、风险补偿、财税支持等作用，拓展融资渠道，适应不同行业、不同业绩、不同盈利水平的各类小企业融资需求，降低小企业对信贷市场的依赖程度。监管部门和银行要主动协调有关部门加快推进信用体系建设，探索以信用建设为支撑的融资模式，改善小企业融资环境。加快建立适合小企业特点的信用征集体系、评级发布制度、违约信息通报机制以及失信惩戒机制，研究制定小企业信用制度管理办法，提供有效信息共享和传播平台。

六、要切实转变作风努力为小企业融资办实事、办好事

各单位、各银行业金融机构要改变工作方法简单、作风浮躁的问题。由领导带头深入小企业做调查研究，做到贴近业务，贴近客户，贴近市场，要真抓实干，真正为小企业发展办实事、办好事，办解燃眉之急的事，办雪中送炭的事。要从银行自身发展战略、市场定位出发，培养一批优秀的小企业作为将来忠实的优质客户群体。单位和机构负责人一定要走出办公室，走出会议室，深入基层，深入企业，开展进厂入店的调研活动，切实调查了解新情况新问题，倾听基层意见，倾听企业呼声，面对面的商量办法，研究措施，以真实的服务、真切的情感、真正的支持，塑造良好的银行形象，赢得社会的回报，赢得公众的信赖，为社会经济发展勇担社会责任，做出更大贡献。

各银行业金融机构要结合实际，提出具体工作措施，认真贯彻落实，并于9月20日之前将落实情况报送银监会。各地方法人机构将落实情况报银监会当地派出机构。

二〇〇八年八月二十九日

A.2.6　中国银监会关于银行建立小企业金融服务专营机构的指导意见

银监发〔2008〕82 号

各银监局，各政策性银行、国有商业银行、股份制商业银行：

为引导各银行业金融机构落实科学发展观，全面贯彻银监会"六项机制"建设要求，改进小企业金融服务，发挥专业化经营优势，根据近年来银行探索小企业金融服务的实践经验以及有关法律、法规，现提出以下指导意见：

第一条　小企业金融服务专营机构（以下简称专营机构）是根据战略事业部模式建立、主要为小企业提供授信服务的专业化机构。各行设立专营机构可自行命名，但必须含小企业字样（如小企业信贷中心）。此类机构可申请单独颁发金融许可证和营业执照。

第二条　专营机构的业务范围限于《银行开展小企业授信工作指导意见》（银监发〔2007〕53 号）中所包含的授信业务，即各类贷款、贸易融资、贴现、保理、贷款承诺、保证、信用证、票据承兑等表内外授信和融资业务，以及相关的中间服务业务。

第三条　各银行设立专营机构，应建立独立的风险定价机制。要充分利用各种渠道获得小企业信息，特别是现场实地核查和搜集非财务信息，按照收益覆盖成本和风险的原则，引入专业化定价技术，通过综合测算，在现行利率政策允许范围内实施差别化定价。

第四条　各银行设立专营机构，应建立独立的成本利润核算机制。要根据业务规模和收益，建立以内部转移定价为基础的独立成本利润核算机制，制定专项指标，合理安排各项经营成本，单独核算经营利润。

第五条　各银行设立专营机构，应建立独立高效的信贷审批机制。要在保证贷款质量、控制贷款风险的前提下合理设置审批权限，探索多种审批方式，可对部分授信环节进行合并或同步进行，以优化操作流程，提高审批效率。

第六条　各银行设立专营机构，应建立独立的激励约束机制。对小企业金融服务的业绩考核要独立于其他银行业务，制定专门的业绩考核和奖惩机制，加大资源配置力度，注重经营绩效和风险管理相结合，探索多种激励约束方式。

第七条　各银行设立专营机构，应建立专业化的小企业金融服务人才队伍。要把事业心、专业知识、经验和潜力作为选拔人员的主要标准，通过专题培训，推行岗位资格认定和持证上岗制度，提升小企业金融服务人员的业务营销能力和风险控制能力。

第八条　各银行设立专营机构，应建立违约信息通报机制。应通过授信后监测手段，及时将小企业违约信息及其关联企业信息录入本行信息管理系统或在内部进行通报；定期向银监会及其派出机构报告；通过银行业协会向银行业金融机构通报，对恶意逃废银行债务的小企业予以联合制裁或公开披露。

第九条　各银行设立专营机构，应建立独立有效的风险管理机制。采取与小企业性质、规模相适应的风险管理技术，对授信调查、授信审批、贷款发放、风险分类、风险预警、不良资产处置等各个环节的风险进行管控。

第十条　各银行设立专营机构，应根据小企业的特点和实际业务情况设立合理的风险容忍度。同时，建立授信尽职免责制度，在考核整体质量及综合回报的基础上，根据实际情况和有关规定追究或免除有关当事人的相应责任，做到尽职者免责，失职者问责。

第十一条　各银行设立专营机构，应建立单独的小企业贷款风险分类和损失拨备制度，制定专项的不良贷款处置政策，建立合理的快速核销机制，在国家政策允许范围内简化不良贷款核销流程，以降低不良贷款率，提高业务人员开展小企业金融服务的积极性。

第十二条　各银行设立专营机构，应注重开发、使用适应小企业金融服务的专业化技术，以推动小企业金融产品与服务的创新。

第十三条　银监会鼓励各银行参照本指导意见，从自身实际情况出发，探索建立多种形式、灵活有效的小企业金融服务专营机构。

第十四条　各银行应根据本指导意见结合各自实际制定小企业金融服务专营机构具体实施办法，并报银监会备案。

二〇〇八年十二月一日

A.2.7　财政部　工业和信息化部关于做好 2008 年度中小企业信用担保业务补助资金项目申报工作的通知

财金〔2008〕235 号

各省、自治区、直辖市、计划单列市财政厅（局），经贸委（经委）、中小企业局（厅、办），北京市发展改革委、海南省工业和信息化厅，新疆生产建设兵团财务局、发展改革委：

为充分发挥财政资金的引导作用，鼓励中小企业信用担保机构积极围绕中小企业开展贷款担保业务，完善中小企业信用担保与再担保机制，引导扩大中小企业信用担保机构的服务功能和整体水平，加强担保风险防范和监控，增强中小企业融资能力，解决当前中小企业生产经营困难，推动企业在经营条件趋紧的情况下进行调整，促进企业加大重组和改造力度，推动中小企业加快结构升级和产品换代。支持就业容量的劳动密集型产业，促进中小企业健康发展，中央财政安排专门支出对中小企业信用担保机构 2008 年度开展的中小企业信用担保业务给予补助。为做好 2008 年度中小企业信用担保业务补助资金（以下简称补助资金）项目申报工作，现就有关事项通知如下：

一、政策主要内容

对各地区（不含辽宁、吉林、黑龙江、内蒙古、大连）符合条件的中小企业信用担保机构 2008 年度开展的中小企业信用担保业务，按照贷款担保额的一定比例给予补助。

二、申报条件

申请补助资金项目的中小企业信用担保机构，必须同时具备以下资格条件：

（一）具有独立的法人资格，实收资本在 1 亿元以上（东部地区）或 5 000 万元以上（中西部地区）。

（二）依法设立时间超过 1 年，开展中小企业信用担保业务 1 年以上。

（三）财务管理制度健全，按规定提取、管理和使用各项准备金。

（四）经济效益良好。

（五）会计信用、纳税信用和银行信用良好。

（六）2008 年为中小企业提供贷款担保业务额占其业务总额的 80% 以上，单笔 800 万元以下的贷款担保业务额占其业务总额的 60% 以上或单笔 800 万元以下的贷款担保业务额在 5 亿元以上。担保的中小企业补助项目应符合国家产业政策。

（七）2008 年贷款担保总额达实收资本的 3 倍以上，且代偿率低于 2%。

（八）担保费率不超过银行同期贷款基准利率的 50%。

三、资金支持方式和额度

2008 年度中小企业信用担保业务补助资金采取无偿资助方式。

对中小企业信用担保机构 2008 年 1 月 1 日 - 9 月 30 日期间为中小企业提供的，单笔贷款担保额在 800 万元以下，担保期限在 1 年以上（含 1 年）的贷款担保业务，按照不超过担保总额的 1% 给予资助；对中小企业信用担保机构 2008 年 10 月 1 日 - 12 月 31 日期间为中小企业提供的，单笔贷款担保额在 800 万元以下，担保期限在 1 年以上（含 1 年）的贷款担保业务，按照担保总额的 1% 给予资助。

中小企业信用担保机构收到的补助资金，用于弥补代偿损失。

四、项目申报资料

申请补助资金项目的中小企业信用担保机构应提供下列资料：

（一）法人执照副本及章程（复印件）；

（二）担保机构的基本情况表；

（三）2008 年度担保贷款卡凭证复印件；

（四）2008 年度中小企业信用担保机构贷款担保情况汇总表（附件1）及协作银行担保业务说明或证明；

（五）2008 年度会计报表（包括资产负债表、现金流量表、利润表、担保余额变动表等）；

（六）2008 年完税证明及汇总表；

（七）其他需提供的资料。

五、项目的组织申报及审核

各省、自治区、直辖市及计划单列市财政部门和同级中小企业管理部门（以下简称省级财政部门和省级中小企业管理部门）负责本地区补助资金项目的申请审核工作。

省级中小企业管理部门应会同同级财政部门在本地区范围内公开组织补助资金项目的申请工作，并组织相关专家对申请机构的资格条件及相关资料进行审查。

省级财政部门应会同同级中小企业管理部门根据专家审查意见，将符合条件项目的相关资料一式两份（同时通过网络上报电子文本，网址：www. sme. gov. cn），在 2009 年 1 月 25 日前上报财政部、工业和信息化部。上报资料包括：

（一）补助资金项目申请报告；

（二）2008 年度中小企业贷款担保业务补助资金项目汇总表（附件2）；

（三）符合条件的中小企业信用担保机构申报的相关资料。

省级中小企业管理部门应保存项目申报单位提供的全部资料以备查。

六、项目审批及资金拨付

工业和信息化部会同财政部对各地上报的申请报告及项目情况进行审核，并提出项目计划。财政部根据审核后的项目计划，确定项目支持额度，将预算指标及时下达到省级财政部门。省级财政部门应根据预算管理有关规定及时将补助资金拨付至项目单位。

项目组织过程中有何问题，请及时向我们反映。

二〇〇八年十月二十九日

A. 2. 8 关于做好缓解当前生产经营困难保持中小企业平稳较快发展有关工作的通知

工信部企业〔2009〕1号

各省、自治区、直辖市、计划单列市经贸委（经委）、中小企业局（厅、办），北京市发展改革委，新疆生产建设兵团发展改革委，海南省工业经济和信息产业局：

为全面贯彻落实党中央国务院关于扩大内需，保持经济平稳较快发展的一系列决策部署和中央经济工作会议精神，坚定信心，开拓进取，着力缓解当前中小企业和非公有制企业生产经营困难问题，保持中小企业平稳较快发展，现就进一步做好有关工作通知如下：

一、充分认识当前做好中小企业工作的紧迫性和重要性

今年以来，各级中小企业管理部门面对全球金融危机蔓延，经济增长明显放慢等诸多不利因素影响，积极引导中小企业克服市场波动较大、生产成本增加等困难，加快结构调整和发展方式转变，多数企业经受住了市场优胜劣汰的考验，继续保持了发展态势。但是，部分地区和行业中小企业生产经营也出现了较大困难，特别是9月份以来，中小企业困难加剧，企业效益增幅下滑较快，亏损扩大，减产、停产和倒闭现象增多。对此，各地中小企业管理部门要坚决贯彻落实党中央国务院关于扶持中小企业发展的一系列政策措施，充分认识保持中小企业平稳健康发展，对拉动经济、稳定就业形势和扩大出口的紧迫性和重要性。要深入贯彻落实科学发展观，全面分析和正确把握经济形势，把思想和认识统一到党中央国务院对经济形势的判断和决策上来，坚定信心，迎难而上，积极应对。要增强工作主动性和预见性，预见要早，行动要快，积极配合有关部门，切实把解决中小企业困难，保持平稳较快发展作为当前中小企业工作的重中之重，切实抓紧抓好。

二、着力缓解中小企业融资难担保难问题

要全面贯彻落实国务院关于解决中小企业融资问题的决策部署，主动与财政、银监、银行等部门协调沟通，增加中小企业贷款规模，简化贷款程序，加大财政资金对企业贷款贴息和担保机构补助支持力度，着重解决流动资金不足

问题，帮助基础较好、有一定出口实力的中小企业尽快走出困境。要探索通过财政贴息和奖励等多种方式，鼓励金融机构加强中小企业贷款机制和金融产品创新。要与工商和金融等部门机构配合，积极开展股权质押、票据质押等形式贷款。推动扩大小额贷款公司和村镇银行试点，发挥其解决中小企业融资的作用。要帮助和支持符合条件的中小企业，积极开展中小企业集合发债的相关工作。要按照《工业和信息化部关于支持引导中小企业信用担保机构加大服务力度缓解中小企业生产经营困难的通知》（工信部企业〔2008〕345号）要求，创造条件逐步建立担保机构资本金补充机制，加大风险补偿，落实信用担保机构减免营业税政策，各地要积极推进中小企业信用再担保机构设立与发展，完善风险分担与补偿机制，做好强化市场准入和指导监管等工作，进一步引导和发挥中小企业信用担保机构的作用，缓解中小企业融资困难。

三、帮助中小企业积极开拓市场

要针对当前国际市场萎缩，国内市场波动较大特点，引导和帮助中小企业以显在、潜在的市场需求为导向，开发新产品、组织生产经营和技术改造，主动开拓和占领国内外市场。要以办好"中国国际中小企业博览会"和"APEC技术交流展览会"为契机，利用现代信息技术等手段，建立灵敏的市场信息分析与预测机制，把握市场动态，多渠道、多层次、多样化组织和推动各类中小企业产品展览展销活动，为中小企业搭建"展示、交易、交流、合作"平台，积极开拓市场，各地中小企业发展专项资金对此要加大支持力度。要协调商务、工商等部门营造公平竞争市场环境，着力解决大型商场对国内自主品牌产品要平等对待公平准入问题。要引导企业加强市场营销和队伍建设，强化营销队伍的激励和约束机制，着力在企业信誉、服务、品牌和产品创新上下工夫，强化营销管理，搞好市场定位，制定切实可行的营销策略，建立稳定的客户网络，搞好售后服务，引导消费，扩大市场。

四、切实推动中小企业结构调整，加快产业升级

当前，也是中小企业结构调整和产业升级加快的关键时期。各地中小企业管理部门要采取有效措施，分类加以推进。要大力支持有条件的企业抓住当前有利时机，开展资本运营，利用境内外资本市场实施并购重组，进行产业链整合，提高资源优化配置能力和市场竞争力。各地中小企业发展专项资金要重点支持产业集群龙头企业、骨干企业和技术创新型、劳动密集型、农产品深加工等中小企业技术改造。要引导企业把创新、质量、品牌、信誉作为企业的重点，增加研发投入和必要的引进，开展产学研结合，加大新产品、新技术开发和应

用力度，提高自主创新能力，增强发展后劲。要引导企业顺应产业集聚的趋势，按照布局合理、土地集约、生态环保、节约资源、科学管理、公共服务、降低成本的原则，向产业积聚和集群化方向发展，向产业链上下游延伸，加强配套，搞好分工协作。要大力推动实施规范发展工业园区和产业集群，加大对产业集群龙头企业和公共服务平台支持力度。鼓励支持中小企业走"专、精、特、新"发展和与大企业协作配套的路子，支持发展创新型企业，鼓励创业投资企业投资高技术中小企业。支持中小企业加快信息化建设，推进工业化与信息化的融合。要依法淘汰关停能耗高、污染重、不具备安全生产条件、达不到环保要求的企业。

五、大力推进管理创新，提高企业市场竞争力

各地要切实把加强企业管理，作为解决当前企业困难的重要措施。要引导企业练好内功，突出战略、营销、财务、风险和质量管理，千方百计增收节支，降低成本，靠管理求效益。要鼓励支持行业协会等组织的"送管理、送咨询、送服务"活动，帮助中小企业开展多种形式企业管理咨询服务。要大力实施品牌战略，积极培育产品、企业和区域品牌，支持有条件的企业和产品争创国际知名品牌。要以信息技术应用为重点，在产品设计开发、生产制造、物资采购、市场营销等环节，积极采用现代信息技术和现代管理技术。要积极引导企业开发人力资源，加大对职工的职业技能、现代知识的培训，着力提高经营者和职工素质。要引导中小企业结合生产经营的特点，培育具有本企业特色的企业文化，将职工建设社会主义的理想、个人价值的实现与企业目标有机结合起来，在当前应对金融危机的形势下，发挥职工在克服生产经营困难中的积极性、智慧和创造力，坚定信心，迎难而上，促进平稳发展。

六、创造良好的政策和市场环境，完善社会化服务体系建设

要全面落实国务院关于促进中小企业发展的一系列政策措施，积极配合有关部门狠抓落实。进一步落实《中小企业促进法》和《国务院关于鼓励支持和引导个体私营等非公有制经济发展的若干意见》（国发〔2005〕3号，简称"非公经济 36 条"）相关配套政策，公平和规范非公有制经济在市场准入等方面的政策措施。要主动配合有关部门，加大对企业负担的专项治理力度，严格执行《财政部、国家发展改革委关于公布取消和停止征收 100 项行政事业性收费项目的通知》，取消不合理的行政性收费项目，继续清理乱收费，切实减轻企业负担。要结合中小企业信用体系建设，引导企业强化信用意识，健全信用制度，建立信用自律机制。研究建立适合本地中小企业特点的信用信息征集、评级、发布制度以及失信惩戒机制。建立和完善中小企业信用档案数据库，进一步完

善中小企业信用档案试点工作。综合运用法律、经济、行政手段引导企业承担社会责任。要以建立公共服务平台为重点，推动中小企业社会化服务体系建设，引导和支持各类创业辅导、人才培训、融资担保、管理咨询、信息服务、市场开拓等服务机构转变观念，加强服务能力建设，提高服务质量。进一步推动中国中小企业信息网络建设，为中小企业提供政策、金融、商务、市场等服务信息，广泛推广和普及电子商务。建立健全中小企业统计监测体系，及时发布、宣传国家产业政策、发展规划、投资重点和市场需求等方面的信息。

七、全力维护企业正常生产经营，千方百计保持社会就业形势稳定

要采取有效措施，积极主动配合有关部门，加强对中小企业指导和服务，切实保障国家出台的各项中小企业政策措施落实到位。要区别情况，突出重点。除依照国家产业政策必须淘汰关闭退出的企业外，要千方百计减少企业停产、关闭和破产，千方百计帮助企业解决实际困难，帮助企业渡过难关，尽量不裁员、少裁员。要重点扶持行业骨干企业、龙头企业和劳动密集型企业，充分发挥它们对行业、配套企业的带动作用和稳定就业的作用。要依法维护职工的合法权益。要特别注意防止企业拖欠职工工资，确保拖欠工资及时足额发放，要配合有关部门对关闭和停产企业的职工妥善安排，努力帮助职工实现再就业。要积极落实国务院转发有关部门《关于促进以创业带动就业工作的指导意见》，加大对创业的政策扶持与服务，鼓励和支持创办小企业，不断开发新岗位，千方百计扩大就业。积极引导减产或停产的企业加强设备检测和维修，大力开展技术培训，为恢复正常生产经营做好各项准备工作。

八、充分发挥各方面力量，形成工作合力

各地中小企业管理部门要深入贯彻落实科学发展观，切实履行职责，进一步强化服务意识，主动上门，深入困难企业了解情况，及时发现解决倾向性、苗头性问题，高度重视企业稳定工作。要主动与相关部门沟通，加强协调配合，及时解决企业实际问题。要急事急办，特事特办，提高效率。要积极发挥行业协会等社会中介组织的作用，促进中小企业稳定健康发展。要加强对中小企业运行监测预警分析，适时发布产品供应、生产能力、在建规模、发展趋势、价格变化等信息，为中小企业做好信息服务，引导社会投资。

各地要将中小企业发展变化和工作进展情况及时上报我部。

工业和信息化部
二〇〇九年一月一日

A. 2. 9　浙江省促进中小企业发展条例

（2006 年 7 月 28 日浙江省第十届人民代表大会常务委员会第二十六次会议通过）

第一章　总　则

第一条　为改善中小企业经营环境，维护中小企业合法权益，引导中小企业以科学发展观为指导，自主创新，健康发展，根据《中华人民共和国中小企业促进法》等有关法律、行政法规，结合本省实际，制定本条例。

第二条　本条例所称中小企业，是指在本省行政区域内依法设立的符合国家有关中小企业划分标准的各种所有制和各种形式的企业。

第三条　县级以上人民政府应当坚持国家实行的积极扶持、加强引导、完善服务、依法规范、保障权益的方针，将促进中小企业的发展纳入国民经济和社会发展规划，确定扶持的重点行业和领域，制定相应政策措施，为促进中小企业的创立和发展创造有利环境。

乡（镇）人民政府应当依法为中小企业提供指导和服务。

第四条　县级以上人民政府负责中小企业工作的部门（以下简称中小企业工作部门）应当结合本行政区域发展状况，确定扶持重点，做好对中小企业的综合协调和指导服务工作。

县级以上人民政府其他有关部门应当在各自的职责范围内，对中小企业进行指导和服务，落实有关政策措施。

第五条　省统计部门会同省中小企业工作部门建立健全中小企业统计指标体系，制定中小企业统计制度，准确反映中小企业发展运行状况。

第六条　中小企业享有法律、法规规定的各项权利，任何单位和个人不得侵犯中小企业的合法权益。

中小企业应当依法承担相应义务，坚持合法经营、照章纳税、诚实守信、公平竞争，遵守国家有关劳动用工、安全生产、职业卫生、社会保障、资源利用、环境保护、产品质量、财政金融等法律、法规，不得损害国家利益和社会公共利益，不得侵犯职工合法权益。

第二章　创业扶持

第七条　保护中小企业依法参与市场公平竞争的权利，不得限制中小企业进入国家法律、行政法规没有明确禁止的行业和领域经营。

第八条 引导创办科技型、资源综合利用型、环保节能型、农产品加工型等中小企业，重点扶持初创的、具有成长性的中小企业。

第九条 支持利用民间资本和境外资本依法创办中小企业。

创业人员可以用货币出资，也可以依法用劳务或者实物、知识产权、土地使用权等非货币财产作价出资创办中小企业。

第十条 中小企业工作部门应当加强创业辅导工作，为中小企业提供创业培训、管理咨询、融资指导、技术创新、风险防范、企业诊断等方面的信息和服务。

第十一条 县级以上人民政府应当在城乡建设规划中安排必要的中小企业建设用地，采取利用原有存量建设用地、闲置厂房和引导中小企业进入工业园区等多种形式，为中小企业提供生产、经营场所。

第十二条 支持小企业创业基地建设，引导小企业集聚发展，扶持小企业创业。

引导各类社会资本投资建设多层标准厂房，出租或者转让给中小企业使用。

建设小企业创业基地和多层标准厂房以及承租多层标准厂房的，可以享受相关优惠政策。

第十三条 县级以上人民政府有关部门（以下简称有关部门）应当为中小企业创业人员提供工商、财税、融资、人才档案、户籍管理、子女入学、住房、社会保障等方面的政策咨询和便利措施，提高服务质量。

第十四条 县级以上人民政府应当根据法律、行政法规及国家有关政策，在税收上对中小企业给予扶持。符合条件的中小企业，可以按照国家规定适用相关税收政策。

第三章　创新推动

第十五条 根据国家产业政策和市场需要，鼓励中小企业发挥自主创新主体作用，增加技术创新投入，采用先进技术、工艺和设备，提高产品质量，推进技术进步。

第十六条 县级以上人民政府及其有关部门应当推动公共科技基础条件平台、行业专业创新平台和区域创新平台建设，为科研开发和科技成果转化提供基础条件和公共服务，增强中小企业自主创新的综合能力。

第十七条 鼓励中小企业积极引进人才，依法设立企业技术中心、科研实验基地、博士后科研工作站或者与国内外高等院校、科研机构、大企业合作建立产、学、研相结合的研发机构。

行业协会或者自主研发能力强的企业可以建立或者带动中小企业建立共性技术研发机构。

各级人民政府及有关部门应当对中小企业建立的各类研发机构在建设资金、建设用地、人才引进、科技项目和有关规费等方面予以优先支持。

第十八条 鼓励境内外企业、科研机构和科技人员创办各类科技企业孵化器和科技型中小企业。

科技企业孵化器和科技型中小企业可以适用高新技术企业的相关政策。

第十九条 中小企业的技术研发费用以及用于研发的仪器和设备，按照国家和省的规定在税收和固定资产折旧等方面适用相关政策。

中小企业采用国际标准、国外先进标准和新技术、新工艺、新材料开发新产品的，可以适用国家和省规定的相关政策。

第二十条 支持中小企业通过技术研发和创新形成自主知识产权。

工商、专利等有关部门应当为中小企业申请注册商标或者国内外专利提供咨询辅导和资金支持，为中小企业保护知识产权提供服务。

第二十一条 引导中小企业制度创新，优化资本结构，逐步建立现代企业制度，完善法人治理结构，提高经营管理水平，增强自我发展能力。

第四章 市场开拓

第二十二条 县级以上人民政府及其有关部门应当加强信息、物流等公共服务平台的建设，引导中小企业与国内外大企业协作配套，促进中小企业的产品进入国内外大企业的产业链或者采购系统。

第二十三条 加强对中小企业自主品牌保护。有关部门应当完善品牌建设激励机制。

中小企业应当树立品牌意识，提高产品质量，创造自主品牌，增强品牌产品在国内外市场上的竞争力。

第二十四条 引导中小企业积极采用国际标准、国外先进标准，提高产品质量，增强应对技术性贸易壁垒的能力。

县级以上标准化管理部门及其他有关部门应当跟踪研究国际标准、国外先进标准以及本省主要出口国家和地区的技术性贸易措施，及时为中小企业提供信息和服务。

第二十五条　引导中小企业运用现代信息技术，开展网上交易和电子商务等活动，开拓国内外市场，降低交易成本。

第二十六条　县级以上人民政府采购人应当及时在政府采购监督管理部门指定的媒体上公布采购信息，为中小企业获得采购合同提供指导和服务。

政府采购应当按照公开、公平、同等优先的原则，购买中小企业的优质产品和列入自主创新产品目录的产品。自主创新产品目录由省财政部门会同其他有关部门在国家认定的自主创新产品范围内确定。

同级财政部门应当会同中小企业工作部门加强指导和监督。

第二十七条　有关部门和机构应当在市场信息、展览展销、税务、海关、检验检疫、进出口信贷等方面提供指导和帮助，促进中小企业拓展货物进出口、技术进出口和国际服务贸易，支持有条件的中小企业到境外投资、开办企业或者设立经营销售和研发服务网点，帮助中小企业参加国际国内各种产品、技术的展销展览活动。

第二十八条　建立和完善产业损害预警机制，监测分析进出口异常情况，为中小企业及时运用贸易救济措施提供服务，保护产业安全。

第五章　资金支持

第二十九条　省级财政预算应当安排扶持中小企业发展专项资金，并根据年度财政收入情况适当增长。

市、县、区人民政府应当安排扶持中小企业发展专项资金。

有条件的乡（镇）人民政府应当根据实际情况，安排扶持中小企业发展专项资金或者以其他方式为中小企业发展提供支持。

扶持中小企业发展专项资金的具体管理使用办法，由同级财政部门会同中小企业工作部门制定。乡（镇）人民政府安排扶持中小企业发展专项资金的，应当制定具体管理使用办法。

第三十条　各级扶持中小企业发展专项资金重点用于支持中小企业创业、专业化发展及与大企业协作配套、信用担保体系建设、支持小企业融资贷款、社会化服务体系建设、培训和信息咨询等服务。

省级财政用于扶持企业发展的其他各项资金应当向中小企业倾斜，并逐步加大对中小企业的扶持力度。

第三十一条　中国人民银行在本省的分支机构和国家银行业监督管理机构在本省的派出机构应当按照各自职能推进和完善金融服务体系建设，增加和延伸中小企业信贷渠道，加强信贷政策指导，综合运用货币政策工具和窗口指导等措施，引导信贷投向，推动信贷制度改革和信贷产品创新，改善中小企业融资环境。

第三十二条　金融机构应当根据国家信贷政策，调整信贷结构，建立符合中小企业贷款业务特点的体制机制，创新信贷产品，提高服务质量，加大对中小企业的信贷支持。

第三十三条　中小企业工作部门可以向金融机构推荐财务制度健全、发展状况和信用记录良好的中小企业，帮助中小企业与金融机构加强融资合作。

第三十四条　中小企业贷款需要进行抵押登记的，有关登记部门应当为中小企业提供服务，不得强行要求对抵押物进行评估，也不得指定评估机构。

第三十五条　加快发展资本市场，引导有条件的中小企业，通过股权融资、项目融资、债券融资、租赁融资、境内外上市等途径，依法开展直接融资。

第三十六条　鼓励民间资本和境外资本依法设立创业风险投资企业。省人民政府和有条件的市、县、区人民政府应当依法建立创业风险投资引导基金，通过参股和提供融资担保等方式扶持设立创业风险投资企业。

创业风险投资企业对中小企业进行投资的，按照国家和省的规定适用相关的税收政策。

第六章　信用担保

第三十七条　县级以上人民政府及其有关部门应当推进中小企业信用制度建设，建立和完善中小企业信用信息征集、信用评价、信用风险防范和失信追究等信用制度。鼓励信用中介机构开展中小企业信用信息征集、信用评价、信用信息查询等服务。

加强电子政务建设，逐步建立部门之间联合的数据共享体系，依法为信用中介机构提供中小企业有关信用信息。

第三十八条　鼓励企业资本、民间资本和境外资本多元投资建立多种形式的中小企业信用担保机构。

县级以上人民政府应当在扶持中小企业发展专项资金中安排一定比例，用于支持中小企业信用担保体系建设的下列事项：

（一）政府出资或者参股设立中小企业信用担保机构或者再担保机构；

（二）对商业性和互助性信用担保机构的创业资助；

（三）对中小企业信用担保机构的风险补助。

第三十九条　中小企业信用担保机构应当实行市场化运作、企业化管理，建立健全担保业务的事前评估、事中监控、事后追偿与处置机制，有效防范与控制担保风险。

中小企业信用担保机构依法对中小企业向金融机构贷款、票据贴现、融资租赁等融资方式提供担保或者再担保；不得从事存、贷款金融业务及财政信用业务。

第四十条　鼓励信用担保机构加大对科技型中小企业技术创新活动的支持力度。信用担保机构向高新技术企业和科技型中小企业提供的信用担保额超过其担保总额百分之七十的，可以按照规定适用高新技术企业的相关政策。

第四十一条　符合国家规定的中小企业信用担保、再担保机构，经依法批准，其从事中小企业信用担保经营业务的收入，按照国家规定适用相关税收政策。

第四十二条　中小企业工作部门应当加强对中小企业信用担保机构的指导和服务，完善绩效评价机制，促进中小企业信用担保体系规范、有序、健康发展。

第七章　员工培训

第四十三条　加强中小企业教育培训体系建设，为中小企业提供政策法规、经营管理、安全生产、质量管理、职业技能等方面的培训服务。

第四十四条　中小企业应当合理安排经营管理人员和专业技术人员参加继续教育或者深造，提高经营管理和技术研发能力。

中小企业应当开展形式多样的自主培训。鼓励有条件的中小企业建立职业培训机构，对在职员工、新录用员工的职业技能进行培训，不断提高员工的从业素质。

第四十五条　中小企业应当按照国家和省规定的比例足额提取职工教育经费，专项用于职工的教育和培训，不得挪用。提取职工教育经费可以按照规定在企业所得税前列支。

第八章　社会服务

第四十六条　政府扶持建立的中小企业服务机构，应当向中小企业提供免费或者低收费的公益性服务，联系和引导各类社会中介机构为中小企业提供服务。

第四十七条　中小企业服务机构应当建立和完善中小企业信息网，依法公开政策法规、市场动态、中小企业信用等级等各类信息，为中小企业提供信息服务和形象宣传的网络平台。

第四十八条　各类社会中介机构应当依照法律、法规的规定和行业准则，为中小企业提供创业辅导、信息咨询、技术支持、人才引进、员工培训、风险投资、融资担保、产权交易、产品开发、质量认证、申请专利、市场开拓、展览展销、财务代理和权益维护等方面的服务。

第四十九条　鼓励科研机构、高等院校开展面向中小企业的科技服务、项目研发，培训中小企业经营管理及生产技术等方面的人员，提高中小企业营销、管理和技术水平。

第五十条　中小企业可以自主建立或者自愿参加行业协会组织，加强自我约束、自我管理、自我服务、自我发展。

行业协会应当反映中小企业的建议和要求，积极应对国际贸易争端，维护中小企业合法权益。

第九章　权益保护

第五十一条　中小企业及其出资人的合法投资和合法收益受法律保护，任何单位或者个人不得非法改变企业的产权关系，不得非法占有或者无偿使用企业财产。

第五十二条　任何机关或者单位不得在法律、法规规定和权限部门批准的收费标准之外，向中小企业收取费用。

第五十三条　任何单位和个人不得强制中小企业提供赞助、订购报纸杂志、加入协会、购买产品或者接受有偿服务，不得违反法律、法规规定强制要求中小企业参加培训、评比、考核等活动。

第五十四条　有关部门在履行管理职责时，不得为中小企业指定环境影响评价、安全评价、产品质量认证等服务的中介机构。

第五十五条　县级以上人民政府应当组织中小企业工作部门、财政、价格和其他有关部门，建立健全中小企业负担监测制度，对维护中小企业合法权益情况予以监测督促。

第五十六条　中小企业对侵犯其合法权益的行为，有权拒绝，并可以向有关部门或者中小企业工作部门投诉或者举报。

有关部门或者中小企业工作部门应当在收到投诉或者举报之日起二十个工

作日内办结并予答复。

第五十七条　政府及有关部门有下列行为之一的，由上级行政机关责令改正，情节严重的，对直接主管人员和其他直接责任人员依法给予行政处分；构成犯罪的，依法追究刑事责任：

（一）违法改变中小企业财产所有权的；

（二）违法对中小企业实施监督检查的；

（三）违法向中小企业收费的；

（四）截留、挪用扶持中小企业发展专项资金或者其他扶持资金的；

（五）强制要求中小企业提供赞助、订购报纸杂志、加入协会、购买产品或者接受有偿服务的；

（六）违法要求中小企业参加培训、评比、考核等活动的；

（七）其他损害中小企业合法权益的违法行为。

因前款行为给中小企业造成经济损失的，应当依法予以赔偿。

第十章　附　则

第五十八条　本条例自 2006 年 11 月 1 日起施行。

A.2.10　关于印发浙江省中小企业扶持资金使用管理办法的通知

浙财企字〔2009〕213 号

各市、县（市）财政局、中小企业主管部门（宁波不发）：

为进一步促进中小企业健康发展，我们对扶持中小企业发展相关专项资金进行了整合，并对《浙江省中小企业专项扶持资金使用管理暂行办法》（浙财农字〔2004〕194 号）进行了修改完善，研究制定了《浙江省中小企业扶持资金使用管理办法》，现印发给你们，请遵照执行。

省财政厅

省中小企业局

二〇〇九年九月二日

浙江省中小企业扶持资金使用管理办法

第一条　为进一步规范中小企业扶持资金的使用和管理，提高财政资金使用绩效，促进中小企业健康发展，根据《中华人民共和国中小企业促进法》、《浙江省促进中小企业发展条例》和国家有关规定，特制定本办法。

第二条　本办法所称的中小企业扶持资金（以下简称"扶持资金"）是指省财政预算安排的，用于改善中小企业外部发展环境、扶持中小企业创业创新发展的专项资金。

第三条　扶持资金的使用应当有利于促进中小企业的创业创新发展，有利于鼓励中小企业服务体系建设，有利于改善中小企业的外部环境，坚持体现公平、公正、公开原则。

第四条　扶持资金采取补助和奖励相结合的支持方式。对成长型中小企业和小企业创业新星给予奖励；对中小企业服务体系建设项目根据实际支出给予适当的补助。

第五条　扶持资金的使用范围

（一）支持中小企业创业创新发展。对省中小企业局会同有关部门评价认定的成长型中小企业和小企业创业新星，按照评价认定结果择优给予一定的奖励。

（二）支持中小企业融资服务体系建设。重点对全省性的中小企业融资服务平台项目给予一定的支持，对担保行业自律组织、信用评价机构等单位为中小企业提供优质服务、创新担保业务形式、建立风险防范机制、开展信用征集和评级等服务项目给予一定的补助。

（三）支持中小企业教育培训服务。重点对中小企业创业辅导培训、中小企业经营管理及专业技术人员培训和中小企业服务机构从业人员的培训教育项目给予一定的补助。

（四）支持中小企业公共服务平台建设。重点对依托中小企业集聚园区和小企业创业基地的生产型、科技型公共服务平台建设给予一定的支持，对中小企业服务机构开展中小企业共性技术服务中心建设、中小企业公共信息化建设以及省级中小企业专业协会建设等项目给予一定的补助。

第六条　当年已通过其他渠道获取中央或省级财政资金支持的项目，扶持资金原则上不再予以支持。

第七条　申请扶持资金的企业或单位必须同时具备下列资格、条件：

（一）具有独立的法人资格和相应的资质；

（二）规范的内部规章制度以及健全的组织机构；

（三）经济效益良好，社会效益明显，会计信用、纳税信用和银行信用优良，无违法违纪记录；

（四）按规定定期向财政部门和中小企业主管部门报送财务会计报表；

（五）申报项目须符合扶持资金年度支持方向和重点。

第八条　扶持资金申报程序

（一）每年6月底前由省中小企业局会同省财政厅研究确定年度资金支持重点，联合下发项目申报通知；各市、县（市）中小企业主管部门、财政部门按照要求联合组织项目申报。

（二）项目申报实行属地化管理，项目单位应按照本办法的规定和年度申报通知的要求，对符合条件的项目，由企业、单位按要求向所在地中小企业主管部门和财政部门提出申请。各市、县（市）中小企业主管部门和财政部门要明确职责分工，对项目申请单位报送的材料，认真进行审核汇总后，正式行文联合上报省中小企业局、省财政厅。省属单位由主管部门统一汇总后直接向省中小企业局和省财政厅申报。

第九条　凡符合本办法规定的使用原则和使用范围的企业、单位，均可申请扶持资金补助，申请时一般应提供以下材料：

（一）扶持资金申请文件及项目申请表；

（二）法人执照副本以及相关资质证明复印件；

（三）生产经营情况或业务开展情况，以及申请扶持项目所产生的绩效情况；

（四）具有一定资质的会计师事务所出具的上一年度财务审计报告和项目实施及投入情况的专项审计报告；

（五）申报通知要求提供的其他材料。

第十条　项目评审和资金拨付

（一）对各地上报的项目，由省中小企业局、省财政厅根据各自职责，按照有关规定对项目单位资格条件及相关资料进行初审筛选，并委托中介机构或组织相关技术、财务等方面的专家，依据本办法相关规定和当年扶持资金的支持重点，对申请项目进行评审，共同提出扶持资金补助意见。

（二）对确定的补助项目，省财政厅会同省中小企业局按项目单位财政隶属关系将资金拨付到相关市、县（市）财政局及省级有关单位，各级财政部门和省级相关单位要及时将扶持资金拨到项目单位。项目单位收到扶持资金后，要严格执行国家有关财务制度，进行财务会计处理，并确保项目资金专款专用，充分发挥项目资金使用效益。

第十一条　建立项目定期报告制度。各项目单位要在每年1月底前向当地县级中小企业主管部门报告上年度本单位财政资金使用情况、项目进展情况和存在问题。各地中小企业主管部门在每年 2 月底前将情况汇总报省中小企业局。

第十二条 健全绩效评价制度。省中小企业局要根据财政资金绩效评价的有关规定，建立健全扶持资金绩效评价制度，切实提高财政资金使用效益。绩效评价情况作为下一年度扶持资金安排的重要依据。

第十三条 加强监督检查和跟踪问效。各级财政和中小企业主管部门要加强对项目执行和资金使用情况的监督检查，督促项目承担单位按时完成申请项目的预期目标和成效。扶持资金必须专款专用，严禁截留、挪用。对弄虚作假骗取财政资金或截留、挪用等违法违规行为，按照《财政违法行为处罚处分条例》（国务院令第 427 号）等有关法律法规进行查处，并全部追缴拨付资金；对违法使用资金的企业或单位，从次年度开始 3 年内取消申请专项资金扶持资格。

第十四条 本办法自公布之日起施行。浙江省财政厅、浙江省中小企业局《关于印发〈浙江省中小企业专项扶持资金使用管理暂行办法〉的通知》（浙财农字〔2004〕194 号）同时废止。

A.2.11 山东省中小企业促进条例

（2007 年 7 月 27 日山东省第十届人民代表大会常务委员会第二十九次会议通过）

第一章 总 则

第一条 为了改善中小企业发展环境，维护中小企业合法权益，促进中小企业健康发展，根据《中华人民共和国中小企业促进法》和有关法律、法规，结合本省实际，制定本条例。

第二条 本条例所称中小企业，是指在本省行政区域内依法设立，符合国家中小企业标准的各种所有制和各种形式的企业。

第三条 县级以上人民政府应当按照积极扶持、加强引导、完善服务、依法规范、保障权益的方针，将中小企业发展纳入国民经济和社会发展规划，制定相应措施，完善促进中小企业发展的工作协调机制，为中小企业创造良好的发展环境。

乡（镇）人民政府应当依法为中小企业提供指导和服务。

第四条 县级以上人民政府负责中小企业工作的部门对本行政区域内中小企业工作进行综合协调和指导服务，依照国家有关发展中小企业的方针政策、法律法规，研究提出中小企业发展战略、规划和鼓励政策、管理办法，并会同有关部门监督实施。

县级以上人民政府其他有关部门应当按照各自职责，对中小企业工作进行指导和服务。

第五条　省统计部门应当会同省负责中小企业工作的部门及工商、税务、质量技术监督等部门，按照中小企业划分标准，建立全省中小企业统计指标体系，制定中小企业统计制度。

第六条　中小企业的合法权益受法律保护，任何单位和个人不得侵犯。

第七条　中小企业应当合法经营、依法纳税、诚实守信，遵守国家有关安全生产、环境保护、职业卫生、资源综合利用、劳动和社会保障、产品质量等法律、法规，不得损害国家利益和社会公共利益。

中小企业应当依法保障职工享有的各项合法权益，按照规定与职工签订劳动合同，按时支付工资，并为职工办理养老、失业、医疗、工伤、生育等社会保险。

第二章　创业扶持

第八条　各级人民政府应当按照平等准入、公平待遇的原则，依法保护中小企业参与公平竞争与交易的权利。法律、行政法规未明令禁止的领域，中小企业均可以平等进入。

第九条　各级人民政府应当加大创业扶持力度，制定和完善鼓励创业的政策措施，改善创业环境，鼓励自主创业，引导创办科技型、资源综合利用型、环保节能型、现代服务型等类型的中小企业，重点扶持初创的、具有成长性的中小企业。

第十条　县级以上人民政府负责中小企业工作的部门应当加强创业辅导工作，为创业人员和中小企业提供产业政策、创业培训、管理咨询、融资指导、技术创新、风险防范等方面的信息和服务。

第十一条　鼓励利用民间资本和境外资本依法创办中小企业。

鼓励以知识产权等无形资产作价出资创办中小企业。以无形资产出资创办中小企业的，出资额占企业注册资本的比例，可以由投资各方协商约定。法律、法规另有规定的，依照其规定。

第十二条　省、设区的市、县（市）人民政府应当在城乡建设规划中安排必要的中小企业建设用地。

鼓励中小企业集聚发展，支持利用存量建设用地、闲置厂房等改造建设中小企业创业基地。鼓励建设、承租多层标准厂房。

第十三条 国家机关和事业单位离岗分流人员、失业人员、残疾人员、高（中）等院校毕业生、退役军人、留学归国人员、科研人员等创办的中小企业，符合规定条件的，经税务部门批准可以减征、免征所得税、营业税。

失业人员在领取失业保险金期间创办中小企业的，可以一次性领取剩余享受期内不超过十二个月的失业保险金，符合就业资金补贴条件的，可以按照规定享受就业补贴。

第三章 技术创新

第十四条 各级人民政府应当鼓励中小企业根据国家产业政策和市场需要，发挥自主创新主体作用，开发新产品，采用先进的技术、工艺和设备，推进技术进步，提高自主创新能力。

第十五条 各级人民政府及有关部门应当扶持产学研相结合的研发机构、公共技术服务机构建设，为科研开发和科技成果转化提供基础条件和公共服务。

鼓励行业协会或者自主研发能力强的企业建立或者带动中小企业建立共性研发机构，为中小企业提供技术服务。

各级人民政府及有关部门应当对中小企业建立的各类研发机构、公共技术服务机构，在建设资金、建设用地、人才引进和科技项目等方面予以优先支持。

第十六条 各级人民政府及有关部门应当鼓励境内外企业、科研机构和科技人员创办各类科技企业孵化基地和科技型中小企业。

中小企业进行技术改造和利用新技术、新工艺、新材料开发新产品以及用于技术研发的仪器设备和费用，享受国家和省规定的有关扶持政策。

第十七条 各级人民政府及有关部门应当对中小企业符合规定条件的技术创新项目、与大企业产品配套的技术改造项目和节能减排项目，给予贷款贴息、项目补贴、税收优惠等政策支持。

第四章 市场开拓

第十八条 各级人民政府及有关部门应当加强信息、物流等公共服务机构的建设，引导中小企业与国内外大企业协作配套，进入国内外大企业的产业链或者采购系统。

鼓励中小企业优化重组物流资源、投资建立区域性商品交流中心和行业性产品购销中心以及兴办独立核算的物流企业。

第十九条 各级人民政府应当保护中小企业自主品牌，完善品牌建设激励机制，鼓励中小企业创建名牌产品、驰名商标、著名商标。

第二十条 引导中小企业采用国际先进标准，提高产品质量，增强应对技术性贸易壁垒的能力。

县级以上人民政府标准化行政主管部门和其他有关部门应当跟踪研究国际标准、国外先进标准以及本省主要出口国家和地区的技术性贸易措施，及时为中小企业提供信息和服务。

第二十一条 依法进行政府采购的国家机关、事业单位和团体组织应当及时在政府采购监督管理部门指定的媒体上公布采购信息，为中小企业获得采购合同提供指导和服务。

政府采购应当优先安排向中小企业采购货物、工程或者服务。

第二十二条 中小企业从事境外投资、对外贸易、劳务合作、招商、产品与技术的展览展销及自营进出口业务等活动的，享受国家和省规定的有关优惠政策，对外贸易、海关、检验检疫等部门应当给予指导与服务。

第二十三条 县级以上人民政府负责中小企业工作的部门应当会同有关部门建立和完善产业损害预警机制，监测分析进出口异常情况，为中小企业及时运用贸易救济措施提供服务。

第五章　资金支持

第二十四条 省、设区的市人民政府应当设立扶持中小企业发展专项资金，并根据年度财政收入情况逐年增加。

县（市、区）人民政府应当根据当地实际情况，设立扶持中小企业发展专项资金。

中小企业发展专项资金必须按照专款专用的原则使用和管理，其具体使用和管理办法由同级财政部门会同负责中小企业工作的部门制定。

省级财政用于扶持企业发展的其他专项资金，应当优先扶持符合专项资金投向的中小企业。

第二十五条 鼓励和引导民间资本和境外资本建立各类风险投资机构，为中小企业技术创新、科技成果转化提供资金支持。

引导中小企业依法通过股权融资、项目融资、债券融资、租赁融资、境内外上市等途径筹集资金。

第二十六条　金融机构应当建立健全中小企业金融服务机制，增加信贷产品品种，推进服务创新，拓宽中小企业信贷渠道，改善中小企业融资环境。

鼓励和引导金融机构加大对循环经济、环境保护及节能减排技术改造项目的信贷支持，优先为符合条件的节能减排项目、循环经济项目提供融资服务。

第六章　信用担保

第二十七条　省人民政府负责中小企业工作的部门应当会同中国人民银行相关机构、银行业监督管理机构和财政、工商、税务、质量技术监督等部门，建立和完善中小企业信用的征集、评估、公示、担保、风险控制和失信追究制度以及信用担保机构准入制度，推动中小企业信用体系建设。

第二十八条　省、设区的市人民政府应当安排中小企业信用担保专项资金，用于中小企业信用体系建设以及信贷风险补偿和补贴。

信用担保专项资金的具体使用和管理办法由同级财政部门会同负责中小企业工作的部门制定。

第二十九条　鼓励民间资本和境外资本投资设立商业性信用担保机构和企业间互助性担保机构。

中小企业信用担保、再担保机构从事中小企业信用担保业务的，享受有关扶持政策。

第三十条　县级以上人民政府负责中小企业工作的部门应当加强对中小企业信用担保机构的指导、服务，支持中小企业信用担保机构建立行业自律性组织，引导信用担保行业形成协调、互助、自我约束和自我完善机制，促进中小企业信用担保体系规范有序、健康发展。

第七章　社会服务

第三十一条　各级人民政府应当调动社会各方面力量，建立健全中小企业服务体系，为中小企业提供服务。

政府有关部门应当为中小企业提供工商、财税、融资和职工的人事档案、户籍管理、子女入学、住房、社会保险等方面的政策咨询和便利措施，提高服务质量。

第三十二条　各级人民政府应当支持建立和规范行业协会、商会等自律性组织。行业协会、商会及其他社会中介机构应当为中小企业提供创业辅导、信息咨询、市场营销、投资融资、技术支持、人员培训、对外合作、法律咨询、维护权益等社会服务。

第三十三条　县级以上人民政府应当为建立区域性的中小企业经理人才测评与推荐机构创造便利条件，培育并完善中小企业职业经营者市场。

各级人民政府应当鼓励和引导社会各方面力量，建立健全中小企业培训体系，形成政府引导、社会支持和企业自主相结合的培训机制，为中小企业培训经营管理、职业技能和技术应用等方面的专业技术人才提供有效服务。

第八章　权益保障

第三十四条　中小企业及其出资人的合法投资和收益受法律保护，任何单位或者个人不得违法改变企业的产权关系，不得违法占有企业财产。

因公共利益需要征收中小企业合法使用的土地或者拆迁其经营场所、生产生活设施的，政府及有关部门应当协助解决资金、建设用地等问题，并依法给予补偿。

第三十五条　任何部门和单位不得在法律、法规和国家、省规定的收费项目和收费标准之外，向中小企业收取费用；违反规定收取费用的，中小企业有权拒绝。

第三十六条　政府有关部门及其工作人员违反本条例规定，有下列行为之一的，由其上级行政机关或者行政监察机关责令改正，并对直接负责的主管人员和其他直接责任人员依法给予行政处分；造成经济损失的，应当依法承担赔偿责任；构成犯罪的，依法追究刑事责任：

（一）侵占、毁损或者违法查封、扣押、冻结中小企业合法财产的；

（二）截留、挪用专项资金的；

（三）违法实施罚款、没收财物、责令停产停业等行政处罚的；

（四）违法实施检查、审验的；

（五）强制或者变相强制中小企业加入协会、提供赞助、购买产品、订购报纸杂志、接受有偿服务的；

（六）违反规定强制或者变相强制中小企业参加评比、达标、鉴定、培训、考核的；

（七）其他侵犯中小企业合法权益的行为。

第三十七条　中小企业合法权益受到侵害，政府及有关部门应当及时受理当事人的投诉、举报和控告。

政府及有关部门接到投诉、举报或者控告后，应当在法定期限内作出处理；

对不属于本机关职权范围的事项，应当及时告知投诉人、举报人或者控告人向有关部门提出。

第九章　附　则

第三十八条　本条例自 2007 年 10 月 1 日起施行。

A. 2. 12　江苏省中小企业促进条例

江苏省第十届人民代表大会常务委员会公告第 106 号

《江苏省中小企业促进条例》已由江苏省第十届人民代表大会常务委员会第十九次会议于 2005 年 12 月 1 日通过，现予公布，自 2006 年 3 月 1 日起施行。

江苏省中小企业促进条例

（2005 年 12 月 1 日江苏省第十届人民代表大会常务委员会第十九次会议通过）

第一章　总　则

第一条　为了促进中小企业发展，维护中小企业合法权益，根据《中华人民共和国中小企业促进法》和有关法律、行政法规，结合本省实际，制定本条例。

第二条　本条例所称中小企业，是指在本省行政区域内依法设立，并符合国家中小企业标准的各类企业。

第三条　省人民政府负责制定本省行政区域内中小企业政策，对中小企业发展进行统筹规划。

设区的市、县（市、区）人民政府应当把中小企业发展纳入国民经济和社会发展总体规划，制定促进本地区中小企业发展的具体措施。

第四条　县级以上地方人民政府中小企业行政管理部门负责本行政区域内中小企业的综合协调和指导服务工作，督促发展中小企业各项政策措施的落实；政府其他有关部门在各自的职责范围内对中小企业进行指导和服务，落实有关政策措施。

省中小企业行政管理部门负责组织实施国家和省中小企业政策和规划，并根据国家产业政策和中小企业发展产业指导目录，结合本省企业的区域发展状况，定期公布扶持重点，引导和鼓励中小企业发展。

第五条　中小企业享有法律、法规规定的各项权利,任何单位和个人不得侵犯中小企业的合法权益。

中小企业应当履行法律、法规规定的相关义务,依法经营管理,不得损害社会公共利益和职工合法权益。

第二章　创业扶持

第六条　县级以上地方人民政府应当加大创业扶持力度,鼓励群众自主创业。建立完善鼓励创业的政策支持体系,积极开展创业服务,减少创业限制,改善创业环境,降低创业成本。

第七条　县级以上地方人民政府及其有关部门应当采取措施,支持创办各类中小企业,定期发布有关创业信息,提供创业政策指导和服务。

第八条　放宽中小企业准入领域,法律、行政法规未明令禁止和我国政府承诺对外开放的领域,中小企业均可以平等进入。

第九条　县级以上地方人民政府应当在城乡建设规划中安排必要的场地和设施,为创办中小企业提供条件。

县级以上地方人民政府应当引导创业者和中小企业进入各类开发区(园区)及其建立的产业化基地、科技企业孵化基地和技术创新基地创业和发展。

县级以上地方人民政府可以采用多种方式利用原有存量建设用地、闲置厂房和因资金困难等原因中止建设的建筑物等,改造建设创业基地,为创业者创业和中小企业提供生产、经营场所。

鼓励社会各类资本利用现有开发区(园区)资源,投资建设中小企业创业区。鼓励建造多层标准厂房。

第十条　中小企业可以依法通过招标、拍卖、挂牌或者协议的方式,取得国有土地使用权;通过与农村集体经济组织共同设立企业,由农村集体经济组织以土地使用权入股、联营,取得集体非农业建设用地使用权。中小企业依法取得的国有土地使用权,可以依法转让、出租、抵押;依法取得的集体非农业建设用地使用权,可以依据省人民政府的规定,以租赁、联营、作价入股等方式进行流转。

使用存量建设用地和多层标准厂房的中小企业,享受国家和省规定的优惠政策。

第十一条　失业人员、大中专毕业生、事业单位人员和转业、退伍军人创办中小企业的,有关部门应当予以扶持。

对机关和事业单位工作人员辞职创办中小企业的，应当给予合理经济补偿，其中工龄达到二十年的，经批准可以参照提前退休的工资标准给予一次性补偿。

高等院校以及其他单位科技专业技术人员和管理人员创办科技型中小企业的，可以保留公职二年，工龄连续计算。

第十二条　有关部门应当为中小企业在员工户籍、档案管理、社会保险等方面提供政策咨询和相关服务。

第十三条　对于失业人员、大中专毕业生创立的中小企业、当年吸纳下岗失业人员或者安置残疾人员达到国家规定比例的中小企业、符合国家支持和鼓励发展政策的高新技术中小企业，经主管税务机关或者有关主管机关审查批准，减征、免征所得税、营业税等有关税、费。

第十四条　鼓励以知识产权等无形资产作价出资创办中小企业。

以无形资产出资创办中小企业的，出资额占企业注册资本比例可以由投资各方协商约定。创办有限责任公司和股份有限公司的，按照《中华人民共和国公司法》和国家有关规定执行。

第三章　创新推动

第十五条　县级以上地方人民政府及其有关部门用于技术进步的专项资金，应当对中小企业技术创新予以支持。

第十六条　县级以上地方人民政府的技术进步专项资金应当安排一定比例支持中小企业信息化建设，引导中小企业运用现代化信息技术改造业务流程，改善经营管理，推动企业信息化水平的提高。

第十七条　中小企业建立的工程技术研究中心、技术研发中心、公共技术服务平台，区域性、行业性的技术中心、技术交流站和技术服务机构，可以享受国家和省规定的扶持政策。

第十八条　各类开发区（园区）建立的中小企业技术创新基地、产业化基地和科技企业孵化基地，可以享受政策和资金支持。

第十九条　中小企业申报国内外专利的，政府及其有关部门应当给予辅导并可以给予资金支持。

第二十条　中小企业在科技成果引进、转化及生产过程中，技术开发费用按照实际发生额计入管理费用，不受比例限制。

第二十一条　中小企业用于研究开发新产品、新技术、新工艺的费用，可以按照实际发生额计入成本在税前扣除；其中工业企业发生的该项费用比上年实际增长百分之十以上的，可以再按技术开发费用实际发生额的百分之五十抵扣当年度的应纳税所得额。

中小企业投资开发的项目，属于国家重点鼓励发展的产业、产品和技术目录的，在投资总额内进口的自用设备，按照国家规定免征关税和进口环节增值税。

中小企业技术改造投资符合国家产业政策的，可以按照国家规定以国产设备投资抵免企业所得税。

中小企业生产和销售新产品、高新技术产品或者转让技术符合国家有关规定的，可以依法享受国家规定的税收优惠政策。

第二十二条 中小企业技术创新项目以及为大企业产品配套的技术改造项目，可以享受国家和省贷款贴息优惠。

第二十三条 鼓励有专长的离退休人员为中小企业提供技术服务。

科技型中小企业支付给引进的从事技术开发的科技人员的报酬，可以按实列作技术开发费用。

第二十四条 支持中小企业创立企业品牌，维护商标信誉，通过科技创新与开发形成自主知识产权。

工商、专利等有关部门和司法机关应当宣传知识产权保护法律、法规，加大对中小企业知识产权保护力度，维护中小企业合法权益。

第四章 市场开拓

第二十五条 中小企业改造、重组企业物流源，投资建立区域性商品交流中心和行业性产品购销中心，新办独立核算的物流企业，可以按照规定享受减免所得税、国债贴息、绿色通关等政策支持。

第二十六条 中小企业与大企业建立以市场配置资源为基础的、稳定的原材料供应、生产、销售、技术开发和技术改造等协作关系的，其项目可以享受贴息支持。

第二十七条 政府采购应当安排一定的比例，向中小企业购买产品或者服务。具体比例由县级以上地方人民政府根据实际情况确定。

第二十八条 中小企业开展自营进出口业务，政府有关部门和机构应当提供指导和服务。出口高新技术产品的中小企业可以享受国家和省有关优惠政策。

第二十九条 鼓励中小企业到境外投资，扩大生产规模。允许境外带料加工装配企业按照国家规定将获利后五年内的所获利润充实资本金。

　　第三十条　支持中小企业取得质量管理体系认证、环境管理体系认证和产品认证等国际标准认证。对取得认证的企业，给予便捷通关待遇。

　　第三十一条　支持中小企业积极开拓国际市场，到境外投资，开展加工贸易、服务贸易、劳务合作和国际科技经贸活动。

　　中小企业制造高附加值产品或者提供高附加值服务、开拓外销市场的，外经贸、科技等政府有关部门应当给予技术和营销指导，协助中小企业参加国外展览，了解国际市场，办理联合广告、注册商标、申请专利和在国外设置发货仓库。

　　支持中小企业建立网站，开展网上交易活动，促进产品市场化、国际化。

第五章　资金支持

　　第三十二条　省人民政府应当在省级财政预算中安排省中小企业发展专项资金。

　　设区的市、县（市、区）人民政府应当根据本地实际情况，在本级财政预算中安排中小企业发展专项资金，为中小企业提供财政支持。

　　第三十三条　省中小企业发展专项资金主要用于下列扶持中小企业的事项：

　　（一）创业辅导和服务；

　　（二）支持信用担保体系建设；

　　（三）支持技术创新、技术进步和信息化建设；

　　（四）支持中小企业服务机构开展培训和咨询；

　　（五）支持专业化发展、产业集聚、清洁生产、与大企业的协作；

　　（六）和国家扶持资金的配套；

　　（七）支持国际市场开拓和国际合作交流；

　　（八）引导民间资本和境外资本参与中小企业风险投资。

　　省中小企业发展专项资金的具体管理使用办法，由省财政部门会同省中小企业管理部门另行制定。

　　设区的市、县（市、区）的中小企业发展专项资金的扶持事项及管理使用办法由本级财政部门会同中小企业管理部门制定。

　　第三十四条　省级财政用于扶持企业发展的其他各项资金，省人民政府财政部门应当确定并逐步提高扶持中小企业发展的比例。

　　第三十五条　金融机构应当根据国家信贷政策，调整信贷结构，创新信贷方式，改善中小企业的融资环境，完善对中小企业的授信制度，并为中小企业提供信贷、结算、财务咨询、投资管理等方面的服务。

金融机构应当提高对中小企业的贷款比例，对中小企业符合国家产业政策、有市场发展前景、技术含量高、经济效益好的高新技术成果转化和技术改造项目以及火炬计划项目，应当优先提供信贷支持。

鼓励有条件的地方采用多种形式依法组建面向中小企业的财务公司、民资银行等地方金融机构，为中小企业提供金融服务。

第三十六条　县级以上地方人民政府应当安排中小企业信用担保专项资金用于担保机构的建立、风险补偿和补贴。

第三十七条　县级以上地方人民政府以及有关部门应当推进和组织建立中小企业的信用担保体系，落实信用担保机构准入制度以及国家与省有关信用担保的优惠和扶持政策，完善信用评估和风险控制制度，加强对信用担保机构的监管。

鼓励民间资本和境外资本投资设立商业性信用担保机构和企业间互助性担保机构。

第三十八条　鼓励金融机构、信用担保机构和中小企业的合作，采用流动资金贷款担保、技术改造贷款担保、存兑汇票业务担保、招标保函担保以及下岗再就业担保等方式，扩大中小企业信用担保范围。

第三十九条　完善风险投资机制，发展各类风险投资基金，通过吸纳民间资本和境外资本，为中小企业提高技术创新能力、促进科技成果产业化提供资金支持。

第六章　服务指导

第四十条　省中小企业行政管理部门会同省统计部门建立健全中小企业统计监测体系，制定中小企业统计制度，反映中小企业发展运行状况。

第四十一条　县级以上地方人民政府应当建立健全中小企业服务体系，并引导和协调各类社会中介机构为中小企业提供服务。

政府资助建立的中小企业服务机构向中小企业提供服务的，应当免费或者降低收费标准。

第四十二条　推进省中小企业信用制度建设，推动建立中小企业、经营者、中介机构的信用信息征集与评价体系，推动以中介机构为运营主体的信用记录、信用采集、信用评估、信用公示、信用担保、信用风险防范、失信追究的社会化信用服务体系建设。

第四十三条　发展和规范各类行业协会、商会等行业自律性组织，支持其按照章程独立开展工作。

行业自律性组织应当维护中小企业的合法权益，向政府及有关部门反映中小企业的建议和要求。

鼓励行业协会、商会和各类社会中介机构为中小企业提供创业辅导、信息咨询、市场营销、投资融资、产权交易、技术支持、产品开发、人才引进、人员培训、对外合作和法律咨询等服务。

第四十四条　鼓励科研机构、大专院校发展面向中小企业的科技服务产业，从事技术中介、咨询、推广等服务活动，培训中小企业经营管理、市场营销、专业技术等方面的人员。

第四十五条　鼓励建立区域性的中小企业经理人才测评与推荐中心，促进中小企业职业经营者市场的发展。

第四十六条　支持中小企业充分利用世界贸易组织规则所允许的贸易救济措施，积极运用反倾销、反补贴、保障措施等合法手段，维护企业利益，保护产业安全。

第七章　权益保护

第四十七条　中小企业出资人的合法权益受法律保护，任何单位和个人不得非法改变企业的产权关系，不得非法占有或者无偿使用企业财产。

第四十八条　中小企业依法享有生产和经营自主权，任何单位和个人不得干涉和侵犯。

中小企业依法享有劳动用工权，在法律、法规规定的范围内，可以自主决定用工条件、形式、数量、期限和工资数额以及订立、变更、解除和终止劳动合同。

第四十九条　依法保护中小企业参与市场公平竞争的权利，任何单位和个人不得歧视，不得附加任何不平等的交易条件。

第五十条　中小企业因配合环境保护、城市规划、道路建设或者其他市政建设项目，经营活动受到影响或者需要拆迁的，政府及其有关部门应当协助解决资金、建设用地等问题，并依法给予补偿。

中小企业因自然灾害遭受重大损失时，政府以及有关部门应当给予适当救助。

第五十一条　规范行政许可行为，公开办事指南、许可条件和相关制度，除法律、行政法规规定外，一律不得对中小企业的设立设置前置性许可。

第五十二条　规范检查和检验行为，执行法定程序，除法律、法规规定外，不得对中小企业及其产品进行检查、检验。

政府及其有关部门依法进行的检查、检验，不得妨碍企业正常的生产经营活动。

第五十三条　规范行政收费行为，公示收费项目、标准、范围和依据。对于收费项目、标准、范围和依据发生变更的，应当在实施之日十日前公布。行政收费应当使用省级以上财政部门统一印制的财政收据。

任何机关或者单位不得在法律、法规和国务院财政、价格主管部门以及省人民政府规定的收费项目和收费标准之外，向中小企业收取费用。

对于违反前款规定收取行政事业性收费、检验和检测费等费用的，中小企业有权拒绝，已收取的应当立即返还，并支付自收取之日起至返还之日止的利息。

有关机关在行使审批权和登记权时，除依照法律、法规收取审批、登记环节的费用外，不得收取其他费用。

第五十四条　任何单位和个人不得以任何理由强制中小企业提供各种赞助或者接受有偿服务。

政府部门不得将行政职权转移到中介机构，不得为中小企业指定中介机构提供各种有偿代理和咨询服务，不得强制中小企业加入各种协会，不得向中小企业摊派订购报纸杂志。

第五十五条　任何机关和单位不得强制或者变相强制中小企业参加各类培训、达标、评比、鉴定、考核等活动。法律、法规另有规定的除外。

第五十六条　县级以上地方人民政府及其有关部门应当实行政务公开，为中小企业提供工商、财税、融资、劳动用工、社会保障等方面的政策咨询和服务，受理中小企业的投诉和举报。

政府及其有关部门对受理的投诉和举报，应当在三个工作日内作出自办、会办、转办或者督办的处理决定。自办的应当在十个工作日内办结。会办、转办和督办的，有关部门应当自会办之日或者接到转办、督办通知之日起二十个工作日内办结。投诉人要求答复的，承办单位应当在办结后及时给予答复。

因特殊原因不能按期办结的，经行政管理部门负责人批准，可以适当延长办理期限，但延长时间最长不得超过十个工作日，并告知投诉人。

第五十七条　政府及有关部门有下列行为之一的，由其上级行政机关或者监察机关责令改正，对直接负责的主管人员和其他直接责任人员依法给予行政处分：

（一）违法改变中小企业产权关系的；

（二）违法占有或者无偿使用中小企业财产的；

（三）违法撤换中小企业法定代表人的；

（四）违法向中小企业收费、摊派、检查或者进行行政处罚的；

（五）强制中小企业加入各种协会的；

（六）违法举办评比活动的；

（七）截留、挪用中小企业发展资金和其他专项资金的；

（八）对中小企业投诉事项推诿不办、查处不力或者违法处理的。

因前款行为给中小企业造成经济损失的，应当依法予以赔偿；构成犯罪的，依法追究刑事责任。

第八章　附　则

第五十八条　本条例自 2006 年 3 月 1 日起施行。

关于《江苏省中小企业促进条例（草案）》审议结果的报告
——2005 年 11 月 28 日在省十届人大常委会第十九次会议上

省人大法制委员会主任委员　吴　晶

主任、副主任、秘书长、各位委员：

省十届人大常委会第十五次会议对《江苏省中小企业促进条例（草案）》进行了初次审议。委员们认为，中小企业在我省企业中占绝大多数，对我省的经济发展发挥了重要作用，条例的制定对于促进我省中小企业的发展，扩大就业，富民强省，具有十分重要的意义。草案结构比较合理，规范的内容较有特色，针对性和可操作性较强。同时，委员们也提出了一些修改意见和建议。会后，省人大常委会法制工作委员会书面征求了十三个设区的市人大常委会和部分立法专家的意见。省人大法制委会同省人大财经委、省经贸委（省中小企业局）赴浙江、山西进行了立法调研，学习外省的经验和做法；在南京、常熟、江阴等地分别召开了座谈会，听取政府有关部门、高校、金融机构、担保公司及中小企业经营者的意见和建议；并专门赴日本、美国进行考察。此外，省人大常委会法制工作委员会还召开了省政府法制办、省经贸委、省劳动厅、省科技厅、省国税局、省工商局等政府有关部门参加的座谈会，就草案的修改内容听取建议和意见。省人大常委会王武龙、洪锦炘、方之焯等领导同志分别参加了有关调研与座谈活动。11 月 16 日，省人大法制委员会召开全体会议，对草案进行了审议。现将审议结果报告如下：

一、关于政府职责

有的委员和地方提出，促进中小企业发展，鼓励和扶持创业，不仅是一个部门或者几个部门的职责，而且是地方政府的一项重要职责，建议增加政府职责的相关规定。因此，法制委员会建议将草案第三条第一款修改为："省人民政府负责制定本省行政区域内中小企业政策，对中小企业发展进行统筹规划。"增加一款作为该条第二款："设区的市、县（市、区）人民政府应当把中小企业发展纳入国民经济和社会发展总体规划，制定促进本地区中小企业发展的具体措施。"

二、关于创业扶持

（一）关于场地和设施。有的地方和部门提出，用地难是当前中小企业创业面临的突出困难之一，草案对中小企业创业所需场地和设施的规定过于笼统，建议加以补充完善。因此，法制委员会建议增加一条作为草案修改稿的第九条："县级以上地方人民政府应当在城乡建设规划中安排必要的场地和设施，为创办中小企业提供条件。""县级以上地方人民政府应当引导符合条件的中小企业进入各类开发区（园区）建立的产业化基地、科技企业孵化基地和技术创新基地。""县级以上地方人民政府可以采用多种方式利用原有存量建设用地、闲置厂房和因资金困难等原因中止建设的建筑物等，改造建设创业基地，为创业者创业和中小企业提供生产、经营场所。""鼓励社会各类资本利用现有开发区（园区）资源，投资建设中小企业创业区，鼓励建造多层标准厂房。"

（二）关于鼓励创业。有的委员提出，为鼓励全民创业和自主创业，要进一步明确政府服务职责和各项扶持优惠措施，增强可操作性。因此，法制委员会建议增加一条作为草案修改稿第六条："县级以上地方人民政府应当加大创业扶持力度，鼓励群众自主创业。建立完善鼓励创业的政策支持体系，积极开展创业服务，减少创业限制，改善创业环境，降低创业成本。"同时将草案第十五条修改后作为草案修改稿的第十一条第一款："失业人员、大中专毕业生、事业单位人员和转业、退伍军人创办中小企业或者到中小企业就业的，有关部门应当予以扶持。"增加两款作为该条第二款、第三款，分别规定对机关和事业单位工作人员辞职创业和高等院校以及其他单位科技专业技术人员和管理人员创办科技型中小企业的优惠措施。增加一条作为草案修改稿第十二条，明确"有关部门应当为中小企业在员工户籍、档案管理、社会保险等方面提供政策咨询和信息服务"。将草案第十六条修改为草案修改稿的第十三条，规定对符合条件的中小企业减免税费的优惠措施。

三、关于资金扶持

（一）关于中小企业发展专项资金。有的部门和地方提出，应当将中小企业发展专项资金纳入财政预算以保证落实。因此，法制委员会建议将草案第六条修改后作为草案修改稿的第十五条："省人民政府应当在省级财政预算中安排省中小企业发展专项资金。""设区的市、县（市、区）人民政府应当根据本地实际情况，在本级财政预算中安排中小企业发展专项资金，为中小企业提供财政支持。"有的委员和部门还提出，对省中小企业发展专项资金的用途应当明确扶持事项的重点，使有限的资金发挥更大的效用。因此，法制委员会建议将草案第七条第一款修改后作为草案修改稿第十六条第一款，删去"在境外上市"、"实施循环经济"等内容，增加支持"技术进步和信息化建设"、"支持中小企业服务机构开展培训和咨询"、"引导民间资本和境外资本参与中小企业投资"等内容。增加一款作为该条第三款："设区的市、县（市、区）的中小企业发展专项资金的扶持事项及管理使用办法由本级财政部门会同中小企业管理部门制定。"

（二）关于金融机构的信贷支持。有的委员和地方提出，融资难是制约中小企业发展的又一突出问题，应当增加金融机构信贷支持的有关规定。因此，法制委员会建议增加两款作为草案修改稿第十八条第二款、第三款："金融机构应当提高对中小企业的贷款比例，对中小企业符合国家产业政策、有市场发展前景、技术含量高、经济效益好的高新技术成果转化和技术改造项目以及火炬计划项目，应当优先提供信贷支持。""鼓励有条件的地方采用多种形式依法组建面向中小企业的财务公司、民资银行等地方金融机构，为中小企业提供金融服务。"同时增加一条作为草案修改稿的第二十二条，规定"完善风险投资机制，发展各类风险投资基金"，为中小企业提供资金支持。

（三）关于中小企业信用担保体系。有的部门和地方提出，中小企业信用担保体系对于解决中小企业融资难具有重要意义，草案修改稿应补充完善相关内容。因此，法制委员会建议，将草案第十一条修改后作为草案修改稿第二十条："县级以上地方人民政府以及有关部门应当推进和组织建立中小企业的信用担保体系，落实信用担保机构准入制度以及国家与省有关信用担保的优惠和扶持政策，完善信用评估和风险控制制度，加强对信用担保机构的监管。""鼓励民间资本和境外资本投资设立商业性信用担保机构和企业间互助性担保机构。"同时增加一条作为草案修改稿的第二十一条："鼓励金融机构、信用担保机构和中小企业的合作，采用流动资金贷款担保、技术改造贷款担保、存兑汇票业务担保、招标保函担保以及下岗再就业担保等方式，扩大中小企业信用担保范围。"

四、关于创新推动和市场开拓

（一）关于创新推动。有的委员提出，要充分发挥我省科技、教育、人才的优势，推动中小企业技术创新，促进科技成果转化为现实生产力。因此，法制委员会建议增加一条作为草案修改稿第三十一条："鼓励有专长的离退休人员为中小企业提供技术服务。""科技型中小企业支付给引进的从事技术开发的科技人员的报酬，可以按实列作技术开发费用。"同时增加一条作为草案修改稿第三十二条，规定"支持中小企业创立企业品牌，维护商标信誉，通过科技创新与开发形成自主知识产权"，并明确工商、专利等部门的保护职责。

（二）关于市场开拓。有的地方和部门提出，应当鼓励和支持中小企业完善生产与管理体系，提高产品与服务质量，积极开拓国际市场，将企业做大做强。因此，法制委员会建议将草案第三十一条修改为草案修改稿第三十八条，增加对取得国际标准认证的企业"给予便捷通关待遇"的规定。同时将草案第三十二条修改为草案修改稿第三十九条，增加两款作为该条第二、第三款："中小企业制造高附加值产品或者提供高附加值服务、开拓外销市场的，外经贸、科技等政府有关部门应当给予技术和营销指导，协助中小企业参加国外展览，了解国际市场，办理联合广告、注册商标、申请专利和在国外设置发货仓库。""支持中小企业建立网站，开展网上交易活动，促进产品市场化、国际化。"

五、关于权益保护

有的委员和地方提出，《中华人民共和国中小企业促进法》没有规定相应的法律责任，而且本条例制定的目的是促进中小企业的发展，应当将重点放在中小企业的权益保护上，切实解决中小企业负担重的问题，维护其合法权益。因此，经过与有关部门的协商研究，法制委员会建议将草案第七章章名"法律责任"修改为"权益保护"，同时补充增加有关内容：

（一）突出中小企业的合法权益不受侵犯，增加草案修改稿第四十八条、第四十九条、第五十条，规定了保护中小企业出资人的合法权益以及中小企业生产经营自主权等权益的有关内容。增加一条作为草案修改稿第五十一条，规定政府及其有关部门对中小企业因社会公共利益需要使其经营活动受到影响或者需要拆迁的，应当给予帮助和补偿，以及对中小企业因自然灾害遭受重大损失时，应当给予适当救助。

（二）规范政府行为，增加一条作为草案修改稿第五十三条，将草案第三十七条修改后作为草案修改稿第五十四条，具体规范政府及有关部门的检查、检验和收费等具体行政行为。

（三）减轻中小企业负担，增加草案修改稿第五十五条、第五十六条对各种强制服务、摊派、评比等行为作出禁止性规定。

（四）补充法律救济途径，将草案第三十三条修改后作为草案修改稿第五十七条，规定了"在行政审批中心设立专门的服务窗口"，"受理中小企业的投诉"，并对投诉的处理作出了程序性的规定。

（五）完善对政府及有关部门和人员法律责任的规定，删去草案第四十四条、第四十六条、第四十七条，将草案第四十五条修改后作为草案修改稿第五十八条，明确了侵害中小企业权益行为的法律责任。

此外，还对草案作了部分文字、技术修改，并对有关条款的顺序作了相应调整。

法制委员会已按照上述修改意见提出草案修改稿，建议本次常委会会议审议后通过。

以上报告和草案修改稿是否妥当，请予审议。

A.2.13　（广东省）关于促进中小企业平稳健康发展的意见

粤府〔2008〕104号

各地级以上市人民政府，各县（市、区）人民政府，省政府各部门、各直属机构：

为贯彻落实中央关于扩大内需、促进经济平稳较快增长特别是扶持中小企业发展的各项政策措施，加大对中小企业的扶持力度，帮助中小企业渡过难关，保持我省经济社会又好又快发展，特提出如下意见。

一、切实缓解中小企业融资难问题

（一）加大对中小企业的信贷支持力度。金融机构要落实好国家已出台的金融支持政策，在总量和增量指标上，单列中小企业信贷指标，促使小企业信贷投放增速高于全部贷款增速；简化中小企业贷款程序，降低贷款门槛，下放审批权限，缩短审批时限；单独安排信贷规模，重点满足符合产业和环保政策，有市场、有效益、有发展前景的企业流动资金需要；对暂时无法按时偿还贷款的成长性较好、讲信用的企业，要采取有效措施，适当放宽还贷时间。（由省金融办牵头，会省经贸委、广东银监局、人行广州分行办理）

（二）创新金融产品和金融机构。深化改革与创新，开发适合中小企业需求的金融产品，加强对中小企业的金融服务。积极稳妥地推进小额贷款公司试点工作，并在总结试点经验的基础上，根据运行效果、市场需求等实际情况，适时推广。积极研究推进建立以民间资本为主体、专门为中小企业服务的区域性中小银行和村镇银行试点工作，引导民间资本支持中小企业发展。（由省金融办牵头，会省经贸委、工商局、广东银监局、人行广州分行等办理）

（三）积极推进银企合作。各级中小企业主管部门要积极搭建银企合作平台，向金融机构大力推介"千百亿"技术改造项目导向计划、"千百亿"名牌培育工程和成长型中小企业等重点项目，促进银企合作。通过融资洽谈实现合同性签约的，各金融机构要确保贷款资金按时到位；完成意向性签约的，各金融机构要加快审贷进度，提高贷款落实到位率。（由省经贸委牵头，会省金融办、广东银监局、人行广州分行办理）

（四）进一步完善中小企业担保体系建设。设立省级中小企业担保和再担保机构，形成省、市、县三级中小企业担保网络。切实加大对中小企业信用担保机构的财税支持，提高担保机构风险防范能力和融资担保能力，鼓励担保机构降低担保收费，降低企业融资成本。（由省经贸委牵头，会省财政厅、金融办、广东银监局等办理）

（五）拓展资本市场。研究制定《广东省中小企业改制上市的指导意见》，建立中小企业上市资源库，每年从资源库中选择部分成长型百强中小企业进行重点培育辅导，省、市级财政按该百强成长型中小企业上市的实际进度分阶段适当给予资金奖励。支持符合条件的中小企业发行企业债券、短期融资债券、集合债券，以及开展股权融资、项目融资和信托产品等形式的直接融资。（由省金融办牵头，会省经贸委、广东证监局办理）

二、加大对中小企业的财税支持力度

（六）加大中小企业财政支持力度。2009年安排22亿元支持中小企业发展。一是一次性新增10亿元中小企业专项资金，重点扶持中小企业技术改造和技术创新贷款贴息或补助，奖励为中小企业贷款担保成绩显著的担保机构，支持中小企业公共服务平台建设。各地级以上市根据实际情况设立配套资金，充分发挥省、市联动扶持中小企业发展的积极作用。二是省政府注资10亿元成立政策性担保机构，为重点基础设施建设和中小企业贷款提供信用担保、再担保业务。

三是安排 2 亿元扩大出口专项资金，用于扩大对一般贸易出口、企业开拓新兴国际市场的商品出口退税征退差额资助。（由省财政厅牵头，会省经贸委、金融办、外经贸厅等办理）

（七）实施积极财政政策。对省扶持企业发展各项专项资金编制滚动预算，通过调整支出结构和扶持方式等，在 2008—2009 年集中安排扶持中小企业发展。2009—2012 年省财政安排的装备制造业、中小企业专项等资金也提前于 2008—2009 年预安排，加强对中小企业的扶持。2009—2012 年省财政每年安排的 15 亿元省示范性产业转移园专项资金共 60 亿元，在 2009 年集中使用，主要用于加快省示范性产业转移工业园建设，完善园区各项基础配套设施，为中小企业转移发展打造良好的发展载体和平台。2008—2012 年省财政每年安排的 5 亿元产业转移奖励资金共 25 亿元编制滚动预算，集中在 2008—2010 年使用，用于包括中小企业在内的珠三角企业转移到省产业转移工业园的项目，属于园区主导产业并符合国家和省产业政策的给予固定资产投资奖励。（由省财政厅牵头，会省经贸委、科技厅办理）

（八）落实国家税费优惠政策。切实落实好国家扶持中小企业的 8 项税收优惠政策；对国家最近出台的增值税转型、提高出口退税率、暂停加工贸易保证金台账"实转"、企业研究开发费税前扣除、取消和停止征收 100 项行政事业性收费项目等新的优惠政策，要通过制订高效快速简便的操作办法，尽快落实到企业。研究充分利用国家税收政策出台对特殊行业、特殊困难企业的扶持措施。（由省财政厅牵头，会省地税局、国税局、经贸委、外经贸厅等办理）

三、支持中小企业实行产业转型和结构优化升级

（九）支持中小企业加快产业升级。省中小企业专项资金、挖潜改造资金、节能专项资金、产业技术研究与开发专项资金等优先支持经国家和省认定的各类园区尤其是省产业转移工业园区的中小企业加快产业升级；支持中小企业采用节水、节能、节材工艺以及综合利用废料、废气、废水（液）等技术改造；支持技术信息、技术培训、技术交流等公共服务平台发展，配套完善中小企业产业升级服务体系。省民营科技专项资金要支持科技型中小企业产业升级项目，支持中小企业开发新材料、新能源、高新技术产品和自主知识产权产品。省产业技术与开发费主要用于支持产业发展中重大、共性、关键技术研究开发，推动技术成果转移扩散。贯彻落实国家促进轻纺工业发展的 6 项政策措施，促进轻纺工业加快产业升级。（由省经贸委牵头，会省发展改革委、财政厅、科技厅、外经贸厅、环保局等办理）

（十）提高中小企业自主创新能力。鼓励和支持中小企业技术创新基地、技术创新中心和公共技术服务平台建设。省财政专项资金重点支持中小企业"高、新、特、优"技术改造和技术创新项目、"千百亿"技术改造工程、"千百亿"名牌培育工程和成长型中小企业项目。对创新能力强、拥有一定技术开发能力的企业开展技术创新项目银行贷款资金实行财政贴息。省产学研合作专项资金要择优支持举办中小企业与高等院校、科研院所、大企业合作交流会，推动产学研成果转化与应用。（由省经贸委牵头，会省科技厅、财政厅、国税局、地税局办理）

（十一）支持中小企业与大企业配套发展。建立为中小企业与大企业配套发展提供服务的工作机制，定期举办中小企业与大企业配套合作项目洽谈会，搭建中小企业与大企业交流合作平台。鼓励中小企业与大企业开展多种形式的经济技术合作，围绕大企业上下游产业链提供协作配套，建立起稳定的产、供、销和技术开发等协作关系。通过贷款担保和贷款贴息等举措，鼓励和支持中小企业围绕大型企业和重点项目发展配套工业，拉长产业链和产品链，形成产业集群。（由省经贸委牵头，会省国资委、财政厅办理）

（十二）支持创办中小企业。研究制定《广东省中小企业创业投资引导基金实施办法》，支持小企业创业基地建设、对拟创业人员进行辅导培训、给予办理证照费用补助、提供创业人员社保费资助等。以市为单位建立小企业培育信息库，将有品牌有市场有技术、成长性较好的企业统计入库，并将入库企业名单汇总上报省中小企业行政主管部门。省直有关部门通过信贷支持、人员培训、创业服务、信息化推进、市场拓展、财政扶持等措施提供优先服务，帮助做大做强。（由省经贸委牵头，会省发展改革委、财政厅、科技厅、外经贸厅、工商局办理）

（十三）扶持流通领域中小企业发展。全面推进流通业结构优化升级。用好省级现代流通业发展专项资金和省级现代服务业发展引导专项资金，支持服务型中小企业发展现代流通方式。对于符合高新技术企业认定标准的现代物流中小企业，给予税收优惠。鼓励工商业企业外包物流、研发等业务给服务型中小企业。每年围绕现代服务业发展重点领域和重点行业，论证筛选50个左右带动力强的服务型中小企业项目，树立为全省实施现代服务业项目示范工程。（由省经贸委牵头，会省发展改革委、地税局办理）

（十四）促进对外贸易企业转型升级。鼓励中小企业开拓国内外市场，参加国外展览展销，开展与进入国际市场有关的产品标准化认证。对加工贸易企业

扩大内销给予奖励，推动加工贸易企业转型升级。（由省外经贸厅牵头，会省财政厅、经贸委、质监局、地税局、国税局等办理）

四、加强和改善对中小企业的服务

（十五）加大政策宣传力度。各有关部门要对扶持中小企业发展的政策措施进行梳理，并集中放置于本部门官方网站的显要位置。对其中属于本部门牵头负责实施的行政许可事项，要公开办事程序、明确许可条件、承诺办理时限；不属于本部门牵头负责实施的行政许可事项，要作出明确说明，并负责引导到许可实施部门办理。对行政许可事项要编辑简单明了、通俗易懂的小册子，并通过有效途径直接送到每一户中小企业手中。（由省经贸委牵头，会省物价局、工商局等办理）

（十六）加快中小企业服务平台建设。大力发展中小企业综合服务机构和社会化专业服务机构，重点支持技术创新平台建设。组织实施中小企业"强企工程"，支持中介服务机构为中小企业提供经营管理、市场营销、技术支持、投资融资、人才培训等服务，提升服务机构的服务能力和服务水平。（由省经贸委牵头，会省财政厅等办理）

（十七）加强中小企业信用体系建设。进一步加强中小企业信息披露机制、信用评级体系和信用环境建设，督促中小企业建立健全和规范财务制度，提高中小企业信息透明度，充分发挥人民银行征信系统作用，有效评估中小企业资信状况及贷款风险，引导和推动金融机构进一步加大对中小企业贷款支持力度。（由省金融办牵头，会省经贸委、广东银监局、人行广州分行办理）

（十八）大力发展中小企业电子商务。省有关部门要以电子商务为重点，加快推进中小企业电子信息化建设，支持中小企业通过电子商务拓展市场，提高经营效率。省现代信息服务业专项资金要支持中小企业发展电子商务，开展产品网上销售业务。充分发挥"广东省中小企业启动电子商务和在线管理软件专项扶持资金"的引导作用，对首次应用"广东省电子商务专区"的中小企业给予资金补助。支持电子商务服务提供商开展面向中小企业的培训和应用指导。支持中小企业利用信息化产品、管理工具完善内部管理。（由省信息产业厅牵头，会省经贸委、外经贸厅办理）

（十九）建立重点企业直通车服务制度。在全省择优选取 1 000 家高增长、有自主品牌、市场竞争力强、自主创新能力强的企业，建立优强重点企业联系制度。省级有关职能部门要设立优强重点企业直通车服务窗口，为其提供业务申请、咨询、指导、监督及投诉受理等服务。优强重点企业的各项申报手续原则上由省级有关职能部门直接受理，对能在基层受理的事项，省级有关职能部门应督促基层单位在规定的时限内办理完毕。（由省监察厅、经贸委牵头，会省直各部门办理）

（二十）全面清理涉企收费项目。全面实行收费目录管理制度，清理核定行政事业性收费项目，通过报纸、网络等媒体定期公布收费目录，进一步规范收费行为，切实减轻中小企业负担。（由省物价局牵头，会省财政厅、劳动保障厅、工商局、经贸委办理）

五、加强组织领导

（二十一）统一思想，明确责任。中小企业占全省企业的绝大多数，既是物质财富主要创造者，又是社会就业的主渠道，在广东省经济社会发展中具有举足轻重的作用。各级政府及有关部门一定要以学习实践科学发展观活动为动力，把促进中小企业平稳健康发展作为争当实践科学发展观排头兵的重大举措，坚持加大财政投入与深化改革相结合，解决当前困难与解决长期性、根本性问题相结合，促进企业平稳发展与推动企业转型升级相结合，拉动当前经济增长与增强经济发展后劲相结合，促进经济增长与扩大就业、保持社会稳定和谐相结合。上述各项工作的牵头部门要切实负起责任，加强组织协调，加强督促检查，实行工作考核。相关部门要积极配合，确保政策措施落到实处。（由省监察厅牵头，会省直各部门办理）

（二十二）加强监测，掌握情况。加强对中小企业经济运行的监测与分析。各级政府统计部门要在 2009 年上半年建立中小企业统计指标体系，加强对中小企业经济运行情况的分析，及时掌握中小企业发展动态，为各级政府针对中小企业存在的困难和问题采取措施提供决策依据。各地中小企业经济运行情况要每月上报一次。（由省统计局牵头，会省经贸委办理）

（二十三）广泛宣传，增强信心。报刊、广播、电视、互联网等新闻媒体要把握正确的舆论导向，客观报道当前中小企业的发展情况和存在问题，广泛宣传中小企业克服困难取得成就的典型以及当前经济形势下中小企业的发展机遇；要广泛宣传国家和省扶持中小企业平稳较快发展的各项政策措施，正确引导社会预期，增强发展信心，营造良好的社会氛围。（由省政府新闻办牵头，会有关部门办理）

广东省人民政府
二〇〇八年十二月二日

附录2　浙江中小企业转型升级与金融支持调查问卷

敬启者：

　　感谢您在百忙之中填写此卷。本次问卷调查旨在了解和掌握浙江中小企业转型发展的基本状况，收集和分析中小企业发展中出现的新情况新问题。本问卷数据仅作为调研报告分析之用，对外将严格保密。

　　谢谢！

课题组

1. 企业名称：＿＿＿＿＿＿＿＿＿＿＿＿＿＿＿＿＿＿＿＿＿＿＿＿

2. 企业所在地：＿＿＿＿＿市＿＿＿＿＿县（市、区）

3. 贵企业创办于：＿＿＿＿＿年

4. 贵企业的主要产品：＿＿＿＿＿＿＿＿＿＿＿＿＿＿＿＿＿＿

5. 贵企业的登记注册类型是：

（1）国有企业　　　　　（2）集体企业　　　　　（3）股份合作企业

（4）联营企业　　　　　（5）有限责任公司　　　（6）股份有限公司

（7）港、澳、台商投资企业　（8）私营企业　　　（9）外商投资企业

（10）个体工业户　　　　　（11）其他企业

6. 贵企业属于：（1）省中小企业局评价认定的成长型中小企业

　　　　　　　　（2）省中小企业局微小企业培育库中的企业

　　　　　　　　（3）其他企业

第一部分　企业负责人情况

7. 企业负责人的性别：（1）男　　　（2）女

8. 企业负责人的出生年月：＿＿＿＿＿＿，籍贯：＿＿＿＿＿＿。

9. 企业负责人的文化程度：

（1）小学　　　　（2）初中　　　　（3）高中、中专　　（4）大专

（5）本科　　　　（6）硕士　　　　（7）博士　　　　　（8）其他

10. 企业负责人的培训进修情况（可以多选）：

（1）工商管理类学位教育　　　　　（2）夜校、函授教育

（3）现代远程（网络）教育　　　　（4）其他各类短期培训

第二部分　企业基本情况

11. 贵企业现阶段是否存在资金短缺的情况＿＿＿＿＿＿（1）是　　（2）否

如果存在资金短缺，缺口＿＿＿＿＿＿＿万元，贵企业所需资金主要用于：

（1）流动资金　　（2）固定资产投资　　（3）技改项目　　（4）新上项目

（5）其他＿＿＿＿

12. 贵企业的信用级别为：（1）＿＿＿＿＿＿＿级（A、AA、AAA）　　　（2）未

评级

13. 贵企业认为银行贷款难的主要原因是（如有多个选项，请按重要程度排

序）：

（1）银行对企业财务状况或经营状况要求过于苛刻

（2）担保条件过于苛刻

（3）银行对企业信用等级要求偏高

（4）银行缺乏专门针对小企业特点的信贷产品

（5）银行贷款业务流程设置不合理

（6）本企业的确还存在一些问题

（7）其他（请注明）＿＿＿＿＿＿＿＿＿＿＿＿

14. 贵企业生产经营资金主要来源及其比重（％）

截止时间	自有资金	银行贷款	民间借贷	政府拨款或投资	企业间拆借资金占用	资本市场融资	其他融资渠道
2009 年							
2010 年							
2011 年至今							

15. 贵企业获得银行贷款的保证方式为（多选）：

（1）信用贷款，无需担保　　　　（2）房产、设备抵押

（3）其他担保物担保   （4）专业担保公司担保

（5）其他企业或第三方担保   （6）其他担保方式（请注明）_____

第三部分　企业转型升级情况

16. 请对制约贵企业的主要因素影响程度进行打分：

1-7的分值表示影响程度从低向高依次渐进，请在相应框内打"√"（1表示影响程度很低，4表示一般，7表示影响程度很高）	程度很低←→程度很高						
	1	2	3	4	5	6	7
流动资金紧张							
缺乏中长期投资资金							
利率与汇率的变动							
美国次贷危机							
政府对节能减排的要求							
出口退税政策调整							
《劳动合同法》的实施							
能源与原材料价格上涨							
没有建立自己的销售网络							
企业治理结构不完善							

17. 您认为企业转型升级主要体现在哪些方面（可多选）：

企业转型升级的内容	将您认为属于转型升级的项目打"√"
产业转型	
（1）主业不变，进入新行业	
（2）退出原行业，进入新行业	
（3）在本行业中向上下游产业延伸	
（4）其他（请注明）	
产品升级	
（1）开发新产品	
（2）提高产品技术含量	
（3）打造名牌产品	
（4）实现企业经营重点从生产向研发战略转移	
（5）其他（请注明）	

续表

企业转型升级的内容	将您认为属于转型升级的项目打"√"
企业类型转型	
（1）从个体工商户转为公司制企业	
（2）从合伙企业、独资企业转为有限责任公司	
（3）从有限责任公司改造为股份有限公司	
（4）上市融资成为公众公司	
（5）其他（请注明）	
商业模式转型	
（1）采用新的营销模式	
（2）改善售后服务	
（3）实现企业经营重点从生产向营销战略转移	
（4）其他（请注明）	
进入新市场	
（1）开拓国际市场	
（2）从国际市场转向国内市场	
（3）从低端市场转向高端市场	
（4）其他（请注明）	
管理转型	
（1）实现新的人才战略	
（2）实行精细化管理	
（3）实现专业化生产	
（4）其他（请注明）	
创业者自身的转型	
（1）所有权和经营权分离，引进职业经理人	
（2）提升自身的战略决策水平	
（3）其他（请注明）	

18. 贵企业是否曾经经历过转型升级_____ （1）是 （2）否

如果是，则是_____年开始转型升级，属于以上哪一种转型升级_____

如果否，则您是否已经开始考虑企业转型升级问题_____ （1）是 （2）否

是_____年开始考虑的，是属于以上哪一种转型升级_____

19. 您考虑企业的转型升级的主要原因是：_____

（1）企业成本难以消化 （2）行业发展前景暗淡

（3）产能过剩、恶性竞争 （4）市场萎缩

（5）从企业的长远发展考虑 （6）找到新的市场渠道和新技术

（7）对当前的形势判断 （8）周围企业家都在考虑转型

（9）其他_____

20. 您怎样看浙江当前形势下企业的转型升级问题：

（1）当前形势为企业转型升级创造了条件，是企业转型升级的有利时机

（2）当前形势不利于企业转型升级，但是强化了企业转型升级的决心

（3）转型升级本身存在很大风险，不会考虑转型升级问题

（4）本行业发展前景良好，不会考虑转型升级问题

（5）没有考虑过这个问题

21. 贵企业产品商标的注册与使用情况_____，如果有，则于_____年注册第一个商标：

（1）全部使用自己的注册商标

（2）部分使用自己的注册商标，部分贴牌生产

（3）全部贴牌生产，但有自己的注册商标

（4）无注册商标

22. 贵企业产品品牌所获得的荣誉包括：

（1）中国名牌产品 （2）中国驰名商标 （3）省名牌产品

（4）省著名商标 （5）没有

23. 贵企业有较高技术含量的产品主要是依靠：

（1）自主开发 （2）模仿

（3）依托大专院校及其他研究机构 （4）委托加工

24. 目前贵企业拥有的专利数量共有_____件；其中，发明专利有_____件，外观专利有_____件，实用新型专利有_____件；已投入实际生产的专利共有_____件。

25. 您认为当前妨碍企业转型升级的最大困难是什么（请按重要性从大到小排列）：

（1）市场风险太大 （2）资金投入过大 （3）缺乏进入新产业的门路

（4）不掌握关键技术 （5）缺乏高端人才 （6）绿色环保壁垒

（7）技术门槛过高 （8）市场准入的限制 （9）产业政策的限制

（10）跨国公司拥有雄厚的资本实力　　（11）跨国公司控制市场终端

（12）跨国公司控制核心的专利技术　　（13）企业员工素质偏低

（14）企业家自身难以适应　　　　　　（15）其他_____

第四部分　企业发展环境与趋势判断

26. 从企业的角度看，您是否感受到政府在帮助企业共渡难关：

1～7 的分值表示政府对企业的帮助从小向大依次渐进，请在相应框内打"√"（1 表示没有帮助，4 表示一般，7 表示帮助非常大）	没有帮助←→帮助很大						
	1	2	3	4	5	6	7
政府的鼓励和支持对您经营企业的信心提升							
政府工作人员进入企业帮助企业解决实际困难							
在缓解企业融资难方面，政府的作用							
在解决企业用地方面，政府的作用							
政府在财政资金方面的支持							
政府在市场环境方面的改善状况							
各级政府出台的一系列中小企业扶持政策							

27. 贵企业曾经获得政府扶持的项目包括（多选，如果没有，请填"无"）：_____

（1）技改贴息　　（2）税收优惠　　（3）各种奖励

（4）培训补助　　（5）其他_____

28. 您是否认为当前浙江企业已经到了转型升级的阶段？如果是，企业如何推进转型升级？政府应采取哪些措施推动企业加快转型升级？（如写不下，可另附纸）

_____

_____

_____

_____

_____

_____

_____

附录3　浙江八种创新模式着力缓解中小企业融资难

"风险补偿"模式

通过政策引导，积极发挥银行小企业贷款的主渠道作用。我省于 2005 年就制定了《浙江省小企业贷款风险补偿试行办法》，充分发挥地方财政资金的放大效应和导向作用，积极鼓励银行业金融机构加大对小企业信贷的支持力度。政策实施 7 年来，已累计发放风险补偿资金 2 亿元，以此撬动银行小企业新增贷款698 亿元。

今年，省中小企业局又联合省银监部门建立小企业金融服务联席会议制度，推动全省银行金融业机构完善机制，创新产品。今年初，全省金融机构在信贷总规模内单列小企业信贷计划，对小企业业务单独考核、单独核算、单独配置资源，确保小企业贷款增速不低于全部贷款增速。引导推动小企业专营机构规范发展，鼓励银行业金融机构新设或改造部分支行为小企业金融服务专业支行。

截至 2010 年末，全省已设立小企业专营机构 580 余家。至今年 6 月末，全省小企业贷款余额 12 939 亿元，较今年初增加 1 092 亿元，同比增长 36.9%，超过各项贷款平均增速 21.6 个百分点。小企业贷款余额占全部企业贷款余额的41%，同比上升 6.7 个百分点，居全国首位，小企业贷款增量居全国第二位。

浙江是中小企业大省。改革开放 30 多年来，以民营经济为主体的中小企业快速发展，截至 2010 年底，全省各类中小企业总数已达 310 多万家。目前全省企业总数的 99%、工业总量的 96%、工业税收的 85%、外贸出口的 82%、工业企业从业人员的 95% 都来自中小企业。

今年 1 月至 6 月，全省规模以上中小企业实现工业增加值、工业总产值、出口交货值和利润总额分别增长了 12.06%、23.84%、17.18% 和 33.7%，尽管各项指标增幅有所回落，但总体处于正常的增长区间。但也应该清醒地看到，当前中小企业正处于国际经济波动、宏观政策趋紧、通货膨胀明显、要素制约加剧的外部环境，困难叠加，压力骤增，全省中小企业除了面临成本高、电力紧、用工荒、出口减等多重压力外，更面临着融资难、融资贵的巨大压力。面对困难，我省积极有效地整合社会资源，创新八种融资模式，着力构建多层次、多渠道、多形式的中小企业融资服务体系，努力缓解中小企业融资难。

"担保增信"模式

通过监管扶持，积极发挥融资性担保机构对中小企业贷款的增信作用。贯彻落实中国银监会等七部委联合下发的《融资性担保公司管理暂行办法》，出台了《浙江省融资性担保公司管理试行办法》，制定了《浙江省融资性担保机构规范整顿方案》，历时半年多时间对全省 1 341 家担保机构进行规范整顿，下决心淘汰了一批实力弱、业绩差、风险高、不规范的担保机构。

目前全省共有 664 家担保机构通过审核获得经营许可证。通过规范整顿，我省融资性担保行业整体形象得到明显改善，总体实力和业务创新能力明显增强。

截至今年上半年，全省担保机构已累计为 19.6 万家中小企业贷款提供担保，担保总额 3 112.2 亿元。今年 1 月至 6 月份，全省担保机构共为 2.3 万户中小企业提供 4.23 万笔融资担保，合计担保总额 450.4 亿元，同比增长 42%，平均每户担保金额为 195.65 万元，为缓解中小企业融资难发挥了积极的作用。

"资本对接"模式

通过举办"浙融会"，积极搭建金融资本与产业资本的对接平台。我省中小企业融资难的突出表现是融资渠道单一，主要还是以银行信贷为主，间接融资占 88%，直接融资只有 12%，这与发达国家中小企业的融资结构正好相反。

为改变现状，2010 年 10 月初，我省举办了首届"中国·浙江成长型中小企业投融资洽谈会"（简称"浙融会"），邀请国内外 130 多家知名 PE 机构、省内 30 多家金融机构、120 多家融资服务机构与全省 1 000 家成长型中小企业进行直接对接，取得很好的效果。据不完全统计，活动举办近一年来，已有 110 多家国内外 PE 机构在浙投资，投资项目达 430 多个，投资总额超过 600 亿元，有力地推动了我省中小企业转型升级。

在此基础上，今年 10 月 23 日至 25 日，我省举办第二届"浙融会"，通过开展"双千对接活动"：即 1 000 家成长型、科技型中小企业与国内外知名 PE 机构对接，1 000 个重点工业融资项目和产业集群项目与省内金融机构对接，通过政府推动和市场配置两种手段，积极搭建产业资本与金融资本的对接平台，推动成长型中小企业创业创新，提升发展。

"网络融资"模式

通过互联网技术，搭建全国首家中小企业网络融资担保服务平台。中小企业融资难，核心问题是企业与银行之间的信息不对称。截至 2010 年底，我省110 万家法人实体企业中，能在银行贷到款的只有 10 万家左右，90% 以上的企业尤其是小企业被挡在银行信贷门槛之外。

今年以来，省中小企业局在建行省分行网络银行"速贷通"业务基础上，携手全球网，首次引入担保公司，共同搭建了集"政府、银行、网络、担保"为一体的全国首家中小企业网络融资服务平台。该平台改变了传统信贷模式中企业一次次跑银行"点对点"对接的做法，企业只需点点鼠标就可完成网上贷款申请，实现与银行"点对面"对接，从审批到放贷控制在 10 天左右，而原来则需 1 个月，被中小企业形容为"贷款像网购一样便捷"。现在每天都有 1 000多家中小企业网上申请融资，相当于全省所有金融机构一天申请量的总和。

截至 7 月底，通过该平台申请贷款的客户数量累计达 7 255 家，成功获贷企业达到 3 598 家，审贷成功率达 49.6%。特别是通过引入担保机构，为小企业提供增信服务，让一批以传统方式贷款无门的小企业迈进了准入门槛。该平台自今年 2 月 28 日运行以来，已累计放贷 117 亿元，不良率仅 0.48%，远低于传统银行信贷 0.9% 的不良率。预计到今年底，该平台可为 1 万家中小企业实现网上融资，融资总额将突破 200 亿元。

"浙江板块"模式

通过培育扶持，推动中小企业境内外上市融资。2008 年省政府出台了《关于进一步加强我省企业上市工作的意见》，加大上市后备企业培育力度，积极推动科技含量高、成长性好、商业模式新，具有自主创新能力的中小企业在中小企业板和创业板上市融资。2010 年，省中小企业局又与美国纳斯达克证券交易所签署战略框架协议，积极推动浙江中小企业赴境外上市融资。鼓励已上市的中小企业通过增发、配股、公司债等形式实施再融资，不断扩大融资规模，形成了证券市场的"浙江板块"。

截至今年 8 月末，全省境内外上市企业总数已达 266 家，其中境内上市企业224 家，市值超过 1.3 万亿元，上市公司及其控股关联企业实际控制社会优质资产 2 万亿元左右。中小板、创业板上市公司数量分别位居全国第二、第三位。今年前 8 个月，全省新增上市公司 24 家，IPO 融资 268.55 亿元，14 家上市公司再融资 100.5 亿元。

"专项贷款"模式

通过政银合作，建立中小企业贷款应急周转基金。利用地方政府的信用优势、承办银行的本土优势和业务优势，由地方财政出资，银行按照 1:1 的比例放大信用贷款倍数，有效快速支持和帮助部分有市场、有技术、有发展前景的小企业融资解困。目前，全省已有 26 个市县政府与银行合作，开展小企业专项信用贷款。

如绍兴中小企业专项信用贷款已覆盖全市，累计发贷 51.2 亿元，受益企业达 2 018 家；嘉兴市已发放信用贷款 16.6 亿元；湖州市今年 1 月至 6 月累计向 203 户企业发放信用贷款 4.2 亿元，还开发了小企业信用贷款网上申报系统，以提高服务效率。义乌市政府率先设立了 2 亿元企业转贷应急资金，并制定了《企业转贷应急资金使用管理办法》及有关操作程序。这一做法通过贷款风险救助，及时为中小企业资金周转解决燃眉之急，避免贷款企业及关联企业出现资金链断裂的危机，也有效遏制民间高利率融资，得到了全省不少市县的效仿。

"债券融资"模式

通过抱团增信，开展多种形式的中小企业债券融资。充分利用集合债、集合票据、集合信托等防御利率风险最有效最直接的融资工具，为成长型中小企业募集所需的中长期资金。2010 年，省中小企业局实施"百亿中小企业集合债"工程，第一期"浙中小"集合债共 129 家企业入围，计划募集 57 亿元的 3 年期资金。

今年我省还相继推出诸暨市和义乌市两只中小企业集合票据，为 11 家中小企业发行总额为 8.05 亿元集合票据，发行利率仅为 4.67%。2008 年 9 月，杭州市政府联合担保公司推出小企业集合信托债——"平湖秋月"首期项目，成为全国首个科技金融创新产品。之后，杭州市先后发行专门针对 29 家文化创意企业的 3.2 亿元集合信托债"宝石流霞"。

此外，我省首创的国开行成长贷款融资平台，通过担保机构"抱团增信"，设立了温州、台州等分平台，已累计为 67 批次 1 034 家小企业发放贷款 20.56 亿元，真正使一批小企业获得了资金支持。

"融资总部"模式

通过打造"两个中心"，努力构建具有浙江特色的中小企业"资金洼地"和"资本高地"。制定《浙江省中小企业融资服务"十二五"规划》，充分发挥浙江中小企业多、民间资本厚、诚信文化浓，以及距离（上海）金融中心近的综合优势，积极打造"中小企业金融服务中心"和"民间财富管理中心"，着力破解中小企业融资难和民间资金投资难并存的"两难"困境。

力争到 2015 年全省金融机构小企业贷款比重达到 25% 以上，小企业贷款的年均增速高于全部贷款增速和全国平均水平；全省中小企业在境内外上市公司总数达到 350 家以上，新增募集资金达到 1 200 亿元以上，全省中小企业的直接融资比重达到 20%以上，以加快推进浙江从中小企业数量大省向素质强省转变。

　　本文摘自：新浪网．浙江八种创新模式着力缓解中小企业融资难［EB/OL］．新浪网，http：//finance. sina. com. cn/roll/20111024/094610675680. shtml.

参考文献

［1］陈云，王浣尘，杨继红等．产业集群中的信息共享与合作创新研究［J］．系统工程理论与实践，2004（8）.

［2］高长．台湾产业转型对昆山产业发展的启示［J］．海峡科技与产业，2004（1）.

［3］吕筱萍，贾爱萍．基于协同博弈模型的企业集群网络式创新策略［J］．科技进步与对策，2006（8）.

［4］刘志彪．长三角制造业向产业链高端攀升路径与机制［M］．北京：经济科学出版社，2009.

［5］鲁开根．增长的新空间——集群核心能力研究［M］．北京：经济科学出版社，2006.

［6］任志安，吴江．企业集群形成机理的进化博弈分析［J］．合肥学院学报，2005，15（3）.

［7］吴利华．企业发展中产业转型战略初探［J］．西南交通大学学报，2004（5）.

［8］于立，孟韬，李姝．资源枯竭型国有企业退出途径：产业转型问题研究［J］．资源产业，2004（10）.

［9］郑凯捷，刘枫．日本产业经济特征、转型及启示［J］．亚太经济，2002（5）.

［10］张谷．美国经济开放与产业转型历史［J］．国外社会科学情况，1997（1）.

［11］张谷．德国经济开放与产业转型特点［J］．欧洲，1997（3）.

［12］张谷．世纪之交的中国经济开放与产业转型问题［J］．经济学家，1997（2）.

［13］阙紫康．中小企业金融支持体系：理论、证据与公共政策［R］．深

圳证券交易所综合研究所，深证综第 0173 号，2009 – 08 – 05.

［14］李琳，粟勤. 关系型银行与中小企业贷款的可获得性——对中小企业问卷调查的实证分析［J］. 金融论坛，2011（4）.

［15］肖云. 湖北省金融发展与经济增长关系研究［J］. 中南财经政法大学学报，2009（2）.

［16］杨毅，颜白鹭. 西部地区中小企业贷款可得性影响因素研究［J］. 财务与金融，2011（4）.

［17］黄复兴. 中小银行风险预警与退出机制研究［J］. 社会科学，2009（12）.

［18］崔滨洲. 浙江经济转型与金融支持的互动关系研究［J］. 浙江金融，2011（7）.

［19］中国人民银行上海总部课题组. 金融支持上海经济转型问题研究［J］. 上海金融，2011（5）.

［20］林忠，鞠蕾，孙灵希. 中日韩中小企业技术创新环境比较研究［J］. 经济社会体制比较（双月刊），2009（6）.

［21］陶永诚. 支持浙江经济转型升级的金融产业发展研究［J］. 浙江金融，2009（3）.

［22］谢如良，王晓红. 政策性金融支持中小企业发展的国际经验［J］. 银行家，2011（2）.

［23］顾海峰. 产业结构合理化演进中的金融支持机理研究［J］. 河北经贸大学学报，2009（9）.

［24］沈坤荣. 转型期中国经济增长方式转变的金融支持——基于经济学文献的探讨［J］. 经济理论与经济管理，2010（11）.

［25］黄泽君. 学者：打开小微企业发展的"玻璃门"——访四川大学战略与发展研究中心主任揭筱纹［EB/OL］. 中国新闻网，http：//www. chinanews. com/cj/2011/10 – 24/3409888. shtml.

［26］新华网. 浙江中小企业现状：压力大但增长正常［EB/OL］. 阿里巴巴网，http：//info. china. alibaba. com/news/detail/v5001800 – d1020879251. html.

［27］浙江省统计局，国家统计局浙江调研总队. 国民经济社会发展公报［DB/OL］. 浙江统计信息网，http：//www. zj. stats. gov. cn/col/col164/index. html.

［28］北京大学国家发展研究院，阿里巴巴集团. 当前浙江省中小企业生产

经营的情况［R］．关于浙江省中小企业生产经营及融资情况的调查报告，2011：3.

［29］浙江省统计局.2010 年浙江省统计年鉴表 2－30：城镇新就业人数公报［DB/OL］．浙江统计信息网，http：//www. zj. stats. gov. cn/zjtj2010/index-ch. htm.

［30］叶海.1% 的面积创造了 10% 的出口浙江出口总额居全国第四［EB/OL］．浙江在线，http：//zjnews. zjol. com. cn/05zjnews/system/2009/02/25/015284170. shtml.

［31］浙江省统计局．浙江省统计年鉴出口总值分类表（2003—2009 年）［DB/OL］．浙江统计信息网，http：//www. zj. stats. gov. cn/zjtj2010/index-ch. htm.

［32］浙江省统计局．浙江省第一、二次经济普查主要数据公报［DB/OL］．浙江统计信息网，http：//www. zj. stats. gov. cn/col/col187/index. html.

［33］百度文库．浙江省中小企业科技实力状况研究［EB/OL］．百度网，http：//wenku. baidu. com/view/a49534d850e2524de5187e8b. html.

［34］浙江省统计局.2010 年浙江统计年鉴表 2－20 分行业城镇私营从业人员和个体从业人员人数［DB/OL］．浙江统计信息网，http：//www. zj. stats. gov. cn/zjtj2010/indexch. htm.

［35］豆丁网．中国小微企业融资供需分析及建议（上一）［EB/OL］．豆丁网，http：//www. docin. com/p－246322368. html.

［36］百度文库．小微业务风险点分析［EB/OL］．百度网，http：//wenku. baidu. com/view/a49534d850e2524de5187e8b. html.

［37］金融时报．小微企业融资困境有望缓解［EB/OL］．东方财富网，ht-tp：//finance. eastmoney. com/news/1350，20111025171555685. html.

［38］金涛．人行发布前三季度数据 新增贷款八成给中小企业［EB/OL］．浙江在线，http：//zjnews. zjol. com. cn/05zjnews/system/2011/10/21/017929742. shtml.

［39］中国商人．工信部：今年五项措施扶持中小企业［EB/OL］．证券之星网，http：//finance. stockstar. com/SS2011090200004172. shtml.

［40］浙江省统计信息网.1—8 月我省工业利息支出增长 35.6%［DB/OL］.浙江统计信息网，http：//www. zj. stats. gov. cn/art/2011/10/22/art_541_ 47544. html.

［41］王勇．抑制高利贷蔓延贵在破解小微企业经营难题［EB/OL］．浙江省经济和信息化委员会，http：//www. zjjxw. gov. cn/jxdt/qgjxyw/2011/10/17/2011101700031. shtml.

［42］浙江省中小企业局．2011 年上半年全省中小企业经济运行分析［EB/OL］．浙江在线，http：//www. zjsme. gov. cn/newzjsme/list3. asp？id＝20831.

［43］谢海燕．透过数据看浙江中小企业发展现状［EB/OL］．中国电子商务研究中心，http：//b2b. toocle. com/detail－－5886490. html.

［44］汪厚庭．德国中小企业成功经验的启示［J］．中共桂林市委党校学报，2007（3）．

［45］张弥．国外金融体系对中小企业的支持及借鉴［J］．财政问题与研究，2002（3）．

［46］王德侠．英国对中小企业的扶持政策及启示［J］．经济师，2007（2）．

［47］李瑞红．国外扶持中小企业发展的财政金融政策［J］．预算管理与会计，2010（1）．

［48］民生银行．富国银行小微企业贷款分析［EB/OL］．我的财讯网，http：//www. mycaixun. com/article/detail/91093.

［49］马常娥．中小企业：韩国的扶持发展及其启迪［J］．世界经济与政治论坛，2000（4）．

［50］黄刚，谢沛善，蔡幸．日本、韩国、台湾中小企业发展的金融支持经验及启示［J］．广西商业高等专科学校学报，2005（4）．

［51］崔德强，谢欣．印尼小额信贷模式及借鉴［J］．银行家，2008（4）．

［52］中国银行业监督管理委员会．哈萨克斯坦小企业贷款项目考察报告［R］．2005.

［53］刘宪辉．澳大利亚中小企业的“政策温室”［J］．中小企业投融资，2011（8）．

［54］李长江，潘孝珍．政府财政支持企业创新的经济学诠释［J］．数理统计与管理，2010（1）．

［55］齐春霞．完善我国中小企业信用体系研究［EB/OL］．中国电子商务研究中心，http：//b2b. toocle. com/detail－－4999023. html，2010－11－09.

［56］金融时报．人行大连中支积极支持小微企业融资［EB/OL］．东方财

富网，http：//finance. eastmoney. com/news/1365，20111012168400776. html.

[57] 王芳艳，周洪生. 为小微企业纾困四大监管新策齐发［EB/OL］. 金融界，http：//finance. jrj. com. cn/people/2011/10/28051011424110. shtml.

[58] 徐祖贤. 浙江椒江："金桥行动" 破解小微企业融资难［EB/OL］. 中国经济时报，http：//finance. eastmoney. com/news/1350，20111027172006568. html.

[59] 唐双宁. 人民财评：中小银行的 "六难" 处境与发展出路［EB/OL］. 人民网，http：//finance. people. com. cn/GB/15745497. html，2011 – 09 – 25.

[60] 吴晓灵. 推动小额信贷业务健康发展［EB/OL］. 金融时报网，http：//www. financialnews. com. cn/jryw/txt/2011 – 08/06/content_ 385215. htm.

[61] 齐桉梓. 担保公司发展面临新困境［EB/OL］. 和讯网，http：//news. hexun. com/2011 – 04 – 12/128679159. html.

[62] 胡作华，陆志良. 浙江官员谈中小企业现状：压力不小　增长正常［EB/OL］. 搜狐网，http：//roll. sohu. com/20111025/n323336627. shtml.

[63] 吴刚. 增值税暂行条例实施细则实施　降税支持小微企业［EB/OL］. 人民网，http：//cq. people. com. cn/News/2011112/2011112113935. htm.

[64] 姜永涛，姜倩. 德国的新一代中小企业——中国乡镇企业考察团赴欧洲考察报告［J］. 乡镇企业导报，2000（11）.

[65] 程超. 浙江打造创投产业基地　将为缺资金的中小企业 "解渴"［EB/OL］. 新民网，http：//www. cqcb. com/cbnews/instant/2011 – 07 – 07/1529352. html.

[66] 井水明. 用产权市场化解中小企业融资困境［EB/OL］. 中国共产党新闻网，http：//theory. people. com. cn/GB/49154/49155/8196531. html.

[67] 杨秦. 中小企业上市前最好发行集合债——访中国中小企业协会投融资服务中心主任刘永利［EB/OL］. 中国经济导报，http：//www. cqcb. com/cbnews/instant/2011 – 07 – 07/1529352. html.

[68] 朱建民. 关于加快推进发行中小企业集合债券的提案［EB/OL］. 财经网，http：//www. caijing. com. cn/2009 – 03 – 04/110111660. html.

[69] 周建松，姚星垣. 基于浙江经济强省建设的现代金融服务体系构建［J］. 浙江金融，2011（1）：10 – 13.

[70] 和讯网. 2011 年中小企业钱从哪来？［EB/OL］. 和讯网，http：//news. hexun. com/2011 – 01 – 14/126802647. html.

[71] 杭州温岭商会.2010 年浙江省中小企业发展的基本情况［EB/OL］. 杭州温岭商会，http：//www. hzwlsh. com. cn/policy – x. asp? id = 65，2011 – 10 – 30.

[72] 民建浙江省委会.浙江省中小企业可持续发展的调研报告［EB/OL］. 浙江在线，http：//www. zjol. com. cn/05zjmj/system/2005/11/23/006376518. shtml.

[73] 浙江日报.浙江全省城市化率59%　位居全国各省区前列［EB/OL］. 搜狐网，http：//esf. soufun. com/newsecond/news/4430236. htm，2011 – 10 – 30.

[74] 张道生.浙江：中小企业已成为吸纳农民就业大容器［EB/OL］. 浙江在线，http：//zjnews. zjol. com. cn/05zjnews/system/2008/01/11/009131668. shtml.

[75] 单东.金融危机条件下浙江民营企业的转型升级［J］.特区经济，2009（4）：123 – 129.

[76] 朱小燕.浙江学习实践科学发展观　推进经济转型升级［EB/OL］. 浙江在线，http：//zjnews. zjol. com. cn/05zjnews/system/2008/10/07/010004349. shtml.

[77] 钱水土，金娇.区域金融结构优化与浙江产业结构的转型升级［J］. 浙江金融，2009（8）：19 – 20.

[78] 王宏理.存量做优增量做高——浙江经济转型升级的科技思考［J］. 今日科技，2010（7）：11 – 14.

[79] 徐竹青.浙江制造业升级转向与制约因素分析［J］.浙江学刊，2010（7）：221 – 224.

[80]《浙江非国有经济年鉴》编辑委员会：2010 年浙江非国有经济年鉴［M］.杭州：中华书局出版社，2010：323 – 367.

[81] 浙江日报.三难现象　浙江工业小企业遭遇成长烦恼［EB/OL］.中国电子商务中心网，http：//b2b. toocle. com/detail – – 5816136. html，2011 – 10 – 30.

[82] 陈跃雪.中小企业缺乏金融支持的困境分析［J］.银行与企业，2002（12）：39 – 41.

[83] 中国证券监督管理委员会.2010 中国证券期货统计年鉴［M］.上海：学林出版社，2010：97 – 98.

[84] 郑南源.浙江省中小企业信用担保创新与实践［R］.中国人民银行

杭州中心支行，2010：1 – 11.

[85] 王振家. 国外小微企业生存状态概览 [J]. 光彩，2011 (3).

[86] 李远远，蔡翔. 国外政府对小企业发展的支持策略研究 [J]. 技术经济与管理研究，2010 (6).

[87] Malhotra, M. & Chen, Y. & Criscuolo, A. & Fan, Q. &Hamel, A. & Savchenko, Y. [R]. Expanding Access to Finance：Good Practices and Policies for Micro, Small, and Medium Enterprises. World Bank, 2006.

[88] King, R. G., Levine, R. Finance and Growth：Schumpeter Might Be Right [J]. Quarterly Journal of Economics, 1993, 108：717 – 738.

[89] Pagano, M. Financial Markets and Growth—An Overview [J]. European Economic Review, 1993, 37 (2)：613 – 622.

[90] Greenwood, J., Jovanovic, B. Financial Development, Growth, and the Distribution of Income [J]. Journal of Political Economy, 1990, 98 (5)：1076 – 1107.

[91] King, R. G., Levine, R. Finance, Entrepreneurship, and Growth：Theory and Evidence [J]. Journal of Monetary Economics, 1993, 32：513 – 542.

[92] Beck, T., Levine, R., Loayza, N. Finance and the Sources of Growth [J]. Journal of Financial Economics, 2000, 58：261 – 300.

[93] Britton John N H. Network Structure of All Industrial Cluster：Electronics in Toronto [J]. Environment&Planning, 2003, 35 (6)：983.

[94] Kevin Crowston, Michael D. Myers. Information Technology and the Transformation of Industries：Three Research Perspectives [J]. Journal of Strategic Information Systems, 2004 (13).

[95] Zucker L. Production of Trust：Institutional Sources of Economic Structure, 1840—1920 [J]. Research in Organizational Behavior, 1986 (8).

[96] Peek& Rosengren. Small Business Credit Availability：How Important Is Size of Lender？. Journal of Saunders, 1996.

[97] Berger, Udell. Small Business Credit Availability and Relationship Lending：The Importance of Bank Organizational Structure [J]. Economic Journal, 2002, 112 (447) L：32 – 53.

[98] P. Arestis, P. Demetriades. Financial Development and Economic Growth：Assessing the Evidence [J]. The Economics Journal, 1997, 107 (5)：783 – 799.